秘花

日本文化的深层

姜建强——著

文汇出版社

姜建强

旅日作家，东京书房出版社总编。

出生于上海，曾在大学任教多年，20 世纪 90 年代赴日本留学。

后在东京大学综合文化研究科担任客员研究员。

代表作有《另类日本史》《皇宫日落》《汉字力》等。

会有人不喜欢照亮黑夜的新月吗？

只要不失偏颇，似乎就可以这样说：日本仍然是我们今后不可缺失的一个观察点、兴趣点和魅力点。

这是因为，我们每个人在日常中，不得不遵循这个社会得以正常运转的各种规则、礼仪、分寸、仪表、样态，努力在各种关系中表现出自己最体面、最矜持的状态。而在这方面做得好的，恐怕莫过于日本人了。这就像被纸拉门过滤后的微暗光线照射着瓶中的几枝野花，隔着庭园可眺望远处的能剧舞台一样，这里整个的就是时间宏远而致密的美的文化实验地。

都说日本人会装、会演。但如果这个"装"、这个"演"本身已经融入生活并成为生活的一部分，则表明人所固有的虚假意识被机能内在化后生出了某种表象的自觉。这就如同日本人对客人的那么一种笑（亦称"日式微笑"），虽很难说都发自内心，但这绝对是在悠久岁月中，对命运的领悟而凝缩成精致礼仪的一个日常。实际上，所谓广义的文化，就是人的生活所依赖的一切，就是一个社会的人们过日子的方式。人创造出文化，同时又被文化所制约。从这个意义上说，文化无所不包。它是共时态的、不易流行的。这就像除了风声，别无他响的雪原上的白桦林，总有某种东西被它深深包裹着，如民家的灯火，如客栈的笑声，如一条通往未知的笔直林道。

记得谷崎润一郎在《阴翳礼赞》中说过："有什么好办法呢？那就试着关灯看看吧。"在他的眼里，阴翳就是一切水、一切风。这就让人联想到日本著名的平面设计师原研哉二〇二二年出版的《低空飞行》。他在书中说，日本充满了日本人自己都没有意识到的潜在资源。虽然有人会说日本什么都没有，但是日本也有属于自己的"奢侈"之物。这种奢侈之物并不教导人们如何奢侈，而是教导人们如何学会崇敬。而崇敬恰恰是围绕着将大自然的奥秘视为价值来源并加以尊重而产生的。为此，他在书中呼吁，日本需要再次冷静地面对它的风土，面对它的一千多年来使其保持一个国家的文化积淀。"如是这样的日本，你意向如何？"原研哉在书中设问。确实，与世界上其他文化相比，日本文化拥有自己的特异性。如精髓不易明白，如理解需要时间。但这没有关系，当用美的方式让万物与精神相匹配时，虽然并不会让你感到惊讶，但在之后所产生的"理解冲击"，则会引发你对日本文化更深更浓的兴趣。

前几年去世的日本著名学者梅原猛，在《美与宗教的发现》一书中，就成书于九〇五年的《古今和歌集》发表评论说，当可能性难以变成现实的时候，日本人不会从外在的敌对力量中寻找原因，也不会从自己的无能为力中寻找原因，而只会从命运的无常中寻找原因。因为很显然，如果从外部的敌对者那里寻找原因，就会产生愤怒的感情，如果从自己的无能为力那里寻找原因，就会产生罪恶的感情。而如果从命运的无常那里寻找原因，那人的心情则是平和的、悲切的。当然这里多少带有屈从与遵从之意，不过更多的是对现实性的屈从，是对不可变的遵从。而恰恰在屈从与遵从中，人才能更大限度地获取可能性。这是平安时代《古今和歌集》的诗人们给予我们的智慧，当然也是日本人物哀情感的原型。柏拉图说过，理性意味着无数延伸的感性要素的分配。这也就是说，在我们看来最为情绪的对象中潜在着理性结构。或许由此故，我们才说文明是物质的、普遍的，文化是精神的、个别的。尽管这两者都是人工作为的。

日本学者森田六郎在二〇一一年出版畅销书《读懂日本人心的日语》。书中举例日本人心中非常微妙的几个关键词：けじめ（分寸）、控えめ（低调）、甘える（撒娇）、人並み（与常人无异）、ほのめかす（暗示）、しつけ（教养）

遠慮（顾虑）等。如就分寸感而言，日本人拿捏到位，他们会根据时间、场合以及与对方的关系，清楚地划分界限，采取适当的态度与行动。在日本，如果女性使用"僕／ぼく"（我）的男性用语，会被视为一种不寻常。但如果男性模仿女性行为，并使用"アタシ"（我）的女性用语时，则少有抵触感。"アタシ"用语有一种湿润感，有一种女人味。这是日本女人在内心嘀咕（愤怒或真实感受）时，总习惯使用"アタシ"而不用"ワタシ"来表示"我"的一个原因。"ア"和"ワ"的不同，表现出"性别美学"日语中的一个特殊性。这种特殊性，一方面表现出性差以及性差在今天有被刻意模糊的一面，另一方面则是体面与矜持在社会规范和历史传统中所表现出的与众不同。在一国的语言中，至今还分男性用语和女性用语，这至少能说明这个国家的人的优雅和教养。这就如同僧侣身上的长袍，也总能让人在朴素的背后感受到肃穆与庄严一样。

在书写方式已经进入到二次元甚至三次元的今天，谁还会在意一支铅笔呢？但就有一位日本人，在前几年写了一本《思考铅笔》的书。作者小日向京在书中说，铅笔作为唯一不会干扰思考流的书写工具，其握法、削法、写法以及它的木屑香和铅芯香，闻着它，用着它，爱着它，实在太美妙了。削木杆与削铅芯，发出的声响是不同的。不同的声响，带动不同的情绪，其中夹杂了小感动，小憧憬。还有不同铅笔的软度和硬度，书写在不同的纸张上，其表现力又是不一样的。铅芯变圆，线条粗细就会发生变化。铅芯削尖，弯曲的长度就会伸展眼前。"有笔，有纸，世界现在是我的了。让我们开始吧。"这固然是作者小日向京的一个心向，但也不无是日本人对物的一个趣味，一个把玩。

理学博士串冈庆子的《筷托的世界：餐桌上小小的玩心》，讲述自己收集了至少两千个各种形状的筷托。由季节性场景、动物、植物、图案和吉祥物等构造而成。这些藏品的俏皮玩乐精神和随意之美，让人愿意花上几个小时欣赏。筷托并不是餐桌上的主角，但也许正因为如此，每个精美小巧的筷托，看起来才如此赏心悦目，并跳跃出自由自在的形式。如有窑元"京丰"制作的麻雀筷托，翻转过来会发现雀鸟的小脚印，非常可爱。十四代酒井田柿右卫门制作的柿子筷托，有两颗成熟且已软化的柿子，看起来很是甜润美味。毫无疑问，筷托的世界是一个不能再小的世界了，但小世界里有游玩之心，有喜乐之心。而发现这种玩心，显然需要方方面面的不遗余力，并充满爱意才行。可贵的是，日本人并不缺失这种爱意。

带着哭腔的声音分外真切，如同天边闪烁的繁星一般，寂寞地颤抖着。仅仅为了恋，哪怕星辰坠落，也要活下去。于是，作为高中女生的校服的百褶裙，总是烫得一丝不苟。风里夹带着某种气味，那是水、泥土和植物的气息。日本人喜欢讲述相遇、连结、追寻的物语。接续线条的叫连结，接续人间的也叫连结，甚至时间的流动也叫连结。用的都是同一个词——結び／ムスビ。人们在月下编织的绳结，也显现了神的技艺和时间本身的流动。无数的线条汇集在一起，形成一个形状。捻搓拉缠，有时折回，有时断开，有时停滞，然后再接续。这就是打结，这就是时间。日本九〇后新锐作家冬野夜空的《如果所有的恋都要结束——140个字符的恋的物语》中的《理想的恋人》，这样写道："深夜一起去便利店，或者整天一起散漫——""我抬起你的下颚，羞涩地笑着，未经同意就吻了你——"只有一百四十个日语字符的超短小说，写尽了情绪中的伤感、炫目、唯美与连结之间的关系。想起《窗边的小豆豆》这本老旧的畅销书，当时 (1981 年) 只有四十多岁的黑柳彻子，写战前东京一个小地方的"巴学园"，对儿童教育就已经有这样的认知了："世界上最可怕的事情，莫过于有眼睛却发现不了美，有耳朵却不会欣赏音乐，有心灵却无法理解什么是真。"想来这段文字，就是对何谓"连结"最好的注释了。

夕阳西下，周围的一切笼罩在灰白的暮霭中。但就在这灰白的暮霭中，日本游客却在便利店发现了一个"美味日本"。这个美味，不再是过去的饭团和盒饭，也不再是传统的生鱼片和寿司，而是一个全新概念的"美味"。如在"7–11"店，发现了"葡萄干奶油夹心饼干"；在罗森店，发现了"Q弹口感蛋糕卷"和"牛奶布丁";在全家店,发现了"哈密瓜面包"。这正如日本人所说的"松软感"和"黏糯感"等在日本发展起来的口感,似乎对全世界都有吸引力。确实,自二○一三年日本料理(和食)被联合国教科文组织登记为非物质文化遗产以来,访日游客的最大理由就是想品尝日本的美食。拉面、烤肉、天妇罗、炸猪排、烤鸡肉串、章鱼烧等,还有居酒屋的美酒、酒店的自助早餐等。

写下《武士道》名著的新渡户稻造,在一九○四年写《岛国根性》的随笔,为岛国根性辩护说:岛国生活决不会矮小我们的精神,日本人所固有的岛国根性,诸如狭隘、偏屈、猜疑、空夸、大言、固执以及过分的名誉心,并不是我们地理环境的产物。"岛国根性"这个词语,是研究近代日本的先驱之一久米邦武,在明治五年(1872)为言说岛国英国创生的。身处岛国而否定自己的岛国根性,这是有趣之处。不过,在对美的认知上,日本人还是很技巧地区分了两种不同的美。日语中有"美しい"(美丽)和"綺麗"(漂亮)两种表述。在日本人看来,只是很漂亮的东西,在某种意义上谁都能做出。只要通过清理、造型、惯例、手册,都能制作出很漂亮的东西。所以,若以"漂亮"为基准,太固执于"綺麗",人就会成为"执着"于某物的动物。而"美丽"则会内在地打动人心,内在地驱动人的身体,并让人颤抖,让人发狂。一旦恋上这样的物,人,就不是他自己的自在物。

日本的民艺领袖柳宗悦说过，人回归自然，便能达到超越美丑的境界，显现佛性的本来面目。这句话，我在较早前就读到了。当时就在想，是否能围绕这句话写一些文字？诸如写一些精致的器物流于纤弱、陷于技巧、恼于病态什么的，或者写一些自然的、无心的、自由的制作的器物则没有被人的作为所伤害什么的，或者干脆写一些日本文化的温润之美、轻巧之美、清爽之美、侘寂之美等。我甚至联想，京都伏见稻荷神社的红色鸟居，像隧道般的绵延，虽然谈不上美丽，但一想到它与人们小小的祈愿连接在一起时，也确实令人心动与心惊。那么，是不是能有一本书，写下这种心动与心惊呢？坂口安吾说过，他不想在龙安寺的石庭里休憩，而宁愿在一棵大树下闭上眼睛。这又是为什么？又与什么有关呢？

　　好在《书城杂志》这本最美杂志满足了我的写作心情，几年来不定期地刊发了我书写日本文化的长文。现在回过头来看这些文章，似乎也正好切中了我在这篇序言开首所说的"三点"论，即观察点、兴趣点和魅力点。就像"信徒"（believer）一词很难适用于日本人的宗教信仰一样，如果用居高临下的"史论"来描述日本文化，其结果可能就是在一片繁茂的森林里，会看不到柔软的桐树、杉树、樱花树；会看不到坚硬的榉树、栗树、橡树。当然，黄色的桑树、青色的黑柿、有斑点的枫树、直木纹的柏树，都会在视野之外。

好在我是用一种先验的情绪，散漫地串起太多的迷醉与沉思。这就如同日本有茶道、花道、柔道、弓道、剑道、书道，虽都有一个"道"字，但全然不言道，而是从形与型入手。多少年后，人们才会慢慢悟出这些个体行为的诸种理由。这与从小津安二郎电影中的吸烟行为，研究战后日本的烟草文化，其道理是一样的。所谓物哀的精髓，不就是飘零的样态比盛开的花朵更美丽吗？

幸运的是，刊发多年的文章，最终结集成书出版了。这要感谢《书城杂志》编辑团队。感谢编辑部主任兼责任编辑齐晓鸽，她有着属于自己的文化视野和历史心情。几年来，我的文章都是经过她细细打磨每个角落的。

新书出版了。就像低低的夜空里，悬着一轮新月。

我在想，会有人不喜欢照亮黑夜的新月吗？

目录

冷冷的山肌与红红的草莓

日本俳句文化的桃青李白

俳句的桃青

日本俳句。想到桃青。

俳圣芭蕉取俳号为"桃青"，与"李白"对彩。当然更是豪兴的对彩。芭蕉很自信，在实相与空无之间行走者，必定是桃青与李白。不过青对白，芭蕉还是在中国诗仙面前，露出尊崇的青涩。两人时空相距一千年，但千年对人的文化心理结构而言，则如同山静似太古——什么也没有发生。芭蕉独身五十一岁，李白有妻六十一岁。《李白全集》一千零一十首,《芭蕉俳句集》九百八十二首。

人只需脚下寸土,便可走进一个新天地。俳句只需十七音节,便可翻越一座山。山即心。所以日本人说唯有俳句才是将自己的生命意志挺立于风雅世界的文学。人文地看,首先是时间的边际状态(日暮余晖等)触发生命的边际状态(朝颜夕衰等),从而让人体验生命的真。从这一视角看,俳句就像禅门公案,给读者一个敲门砖,敲逆向之门,敲非二元之门,然后使读者超越第一层知的屏障,进入到我行走,香炉也随之摆动的状态。

月光下,走向同一个老树桩,感觉这个世界就是泡影,就是梦幻,就是露珠。禅学家铃木大拙提出"纯粹主体性"概念,就是为俳句设立灵性的区域。我们无法搞清你日暮不归是为了什么,无法搞清感动你至天明的又是什么,但我们知道你是对经验世界的一种反乱和独骚。

"传来静静啄物声,一看是蝴蝶。"这是高浜虚子的名俳。蝴蝶吮吸花蕊本无声,但俳人仿佛听到了啄物声响,听到了本应无法听到的声音。这与其说是冥冥中的梵音,还不如说是非写实的直观灵性,触发了俳人对生命的一种无以名状的体验。

"黄莺呵,翠竹林中欢快跳,足胫也带寒。"这是尾崎红叶的名俳。这是种怎样的心绪呢?你可以这样构图:一只黄莺,在翠竹绿枝上跳来跳去,早春竹枝的冰凉感,竟是这样浸润给了黄莺，其细足嫩胫也带上了寒意。之前，我们只知道"唯有月明霜冷，浸万家鸳瓦"（王国维），但我们现在才知道还有翠竹嫩寒，染千只莺胫。之前，我们只知道听人说，心细莫如在沙海里发现针尖，但我们现在才知道还有人在自然的寒意中，纤细地发现了佛法为何这个终极问题。

一位美女俳人叫加贺千代女。在她的家乡石川县白山市设有纪念她的俳句馆。她五十一岁那年冬天削发为尼，死后留下俳句一千七百多首。不算多，但质高品精。其中一首是名俳中的名俳："呵呀，牵牛花藤缠吊桶，打水便向邻家借。"话说俳人清早出门，到井边打水，一束盛开的牵牛花藤，美美地缠绕着水桶。俳人不忍夺桶打水，因为如是这样，牵牛花就会遭遇断枝折蔓的命运。但生活用水又不可或缺，怎么办？无奈之下便去向邻家借。物语像童话，像寓言，像水墨，更像喃喃诵经声。这里，是俳人作趣犯傻吗？不是的。清晨的初夏是美的，盛开于初夏的牵牛花是美的，缠绕于水桶的长蔓柔藤更显美。转瞬之间，俳人内心明白了一件事：她遭遇了出自神佛之手的处女作，她遭遇了不可接近的神秘之美。总之，她遭遇了美本身这件事。她的心，被美折服。面对萦萦而生，任何来自为一己生存的经验事实和实用理由，都不足以伸手触碰这个朝花夕衰的美。

至美，甚至敌人都可以不杀。日本中世源平大战有一段佳话。有一天，源氏军的熊谷直实在交战中生擒了一位平氏军的武士。当熊谷一把掀开他的头盔，欲取他的首级时，诧异地发现对方竟是一位非常美貌的少年。熊谷动了惜美之心。他扶起这位少年说，你这美貌的年轻人，走吧，我的刀不会沾上你美貌的血。所以室町时代的世阿弥在《风姿花传》里说，人要惜美，是因为美有了寂灭的命运，才愈显美。这里讲的是一个"惜"字。芭蕉送俳弟许六，遂秉灯送至柴门之外而惜别，芭蕉和许六的心田，却是一片明亮。这里讲的也是一个"惜"字。《源氏物语》中，光源氏在探访花散里的途中，呆呆地站在家住中川的旧情人的屋檐下，听杜鹃在雨中啼鸣。从光源氏到千代女，连接他们的都是人要惜美的伤悼自怜——这俳句的桃青。

俳句是自虐的一个自觉

俳句是文学吗？

只活了三十二年的正冈子规，与夏目漱石离别时分，写下俳句："我去，你留，两个秋。"

这是文学吗？

如果说这是文学，那么文学有这样表现的吗？如果说这不是文学，那么还有什么文学比这"两个秋"更迷醉呢？

有俳圣之称的松尾芭蕉，写下俳句："菊香，奈良，古佛们。"

如果说这是文学，那么文学有这样表意的吗？如果说这不是文学，那么还有什么文学比这"古佛们"更道破呢？

柳枝上，停留着一只乌鸦，一动不动地瞧着树下肌肤雪白的女子。她正在沐浴。一位叫虚子的先生也在边上看。看得入迷的虚子，只用五十秒的时间吟出一俳句："迷醉美女浴，这神魂颠倒的乌鸦呀。"这里，是乌鸦神魂颠倒了吗？显然不是。因为乌鸦是不会有情感于女人沐浴的。感兴趣的、受刺激的还是虚子。用自己着迷的目光，看待歇在长柳上的乌鸦，于是产生了错觉——乌鸦和他一样神魂颠倒。夏目漱石在《我是猫》里就此评说："错觉固然是错觉，但这就是文学之所以文学，且具有意义。"喜欢俳句的漱石，巧妙地在小说里植入与他同时代的俳人高浜虚子，为俳句背书，为俳句书写文学意义。于是有此一说：《我是猫》原本就是俳句的写生。

在回答什么是"春夜语言"的时候，我们记得芥川龙之介是这样回答的：老柴上加薪火。这当然是俳句思维。如是这般，那我们在还原俳句春夜的时候，又可做怎样的描述呢？我想起了小津安二郎。他有一俳云："鲷鱼刺，鲠在喉，夜长正是秋。"小津说过，在所有的艺术当中，在动态的构成法上，最接近电影的莫过于俳句。拍电影就是在作俳（参见《小津安二郎全日记》，上海译文出版社2020年）。你看，只要将小津导演的电影名略作排列，就是不俗的俳句:《早春》呀《晚春》呀,《东京物语》如《麦秋》——这《秋刀鱼之味》。看来俳句的极意,俳句的精髓,本质上就是电影(文学)的极意,就是电影(文学)的精髓。

"柴门上,上锁的,是一只会动的蜗牛呀。"会蠕动的圆鼓鼓的蜗牛,是柴门上的一个锁。你看,在小林一茶的眼里,文学只是个白菜帮,俳句才是其托白的绿叶。俳句精巧而纯粹,虽然视域相对狭窄,但这恰恰是自虐的一个自觉。

俳句思想吗?

其实,俳句并不思想。一思想,俳句就死定。犹如人类一思考,上帝就发笑一样。

芭蕉俳句中名句的名句:"古池,青蛙跳入,水的声。"

多少人为这首俳句折腰,说这是哲学的、美学的、禅学的、考古学的、历史学的、逻辑学的,甚至是物理学的。有一位叫石神丰的日本学者,在二〇一六年写下论文《芭蕉与康德》,前无古人地将芭蕉与康德并论。说芭蕉的古池论就是康德的两大因果律在俳句里的再表象再升华。这两大因果律是:一、遵从自然的因果关系等于时间的因果关系——原因是时间的开始;二、遵从自由的因果关系等于原理的因果关系——原因是原理的开始。古池是时间的开端,水声是原理的开端。从时间因果律到原理因果律,就是古池→青蛙→水声。从表象深入内核，用瞬间连接永恒，超越了具象和经验世界，露出水面的是思想。

就在不得不承认俳句是思想之际，留下近二万四千首俳句的日本近代俳句之祖正冈子规，则不以为然。他说芭蕉不就是这样茫然地坐着，万籁寂静，窗外的古池，跳入一青蛙，荡起水声，于是脑海里倏然蹦出一俳，芭蕉破颜转笑，自己也觉得奇妙无比，哪来你们说的瞬间与永恒呢？为此子规说，这不就是写生吗？哪里是禅学悟道？哪里是思想穿透？整个的就是即景寄情而已。

"正在吃柿子，法隆寺敲响钟声。"奈良法隆寺里的石碑上，刻有子规的这首俳句。与法隆寺一起，成了世界文化遗产。据说子规最爱吃柿子，曾一口气吃了十六个大柿子。他写这首俳句，就是要告诉我们，俳句不装自己，不显自己，不歌自己，更与思想无缘。因为很显然，食柿子与法隆寺，再是如何的康德，再是如何的黑格尔，都在逻辑上无接点。只是感性上既喜欢法隆寺，也对柿子上心。尽管一个是季节的馈赠，一个是宗教的馈赠，但搭在一起并不违和。就像雪堆配火轮。

这样来看，感性才是俳句的母体，更是日本人文化体质的母体。而感性又是个人的、私密的、内向的，是不能授予他人的。它用最朴实的语言、最直率的情性，将思想还原为劈柴生火担水的家常和邈远出尘的情愫。"仔细看呀，一棵荠花开在泥墙下。"芭蕉带着孩童的欢快,好像发现了"新大陆"。泥墙下,探头的嫩青,在小声地告诉我们,生活不仅是秩序的逻辑的,还是感性的惊喜的。

在井原西鹤的《好色一代男》里,世之介是一位遍历女性的色男。但当他听到日暮寺院的钟声,他还能回想起后醍醐天皇的皇子恒良亲王,在八岁时咏唱的和歌:"朝思暮恋无已时,每闻晚钟倍思君。"芥川龙之介的《尾生的信义》,描写尾生在黄昏的桥下,一直等待着那位始终未露面的她,等呀等,一直等到河水上涨自己被淹死,她还是没有出现。有这样情性的民族,你叫他如何出思想?有这样情性的国民,你和他如何讲逻辑?俳句的,一定是俳句的。全民皆俳,实在是这个民族壮丽的晨浴。

作为哲学家的西田几多郎,一生作俳句百首。但是他深感俳句不是哲学。他说,如果说哲学的动机是看透人生的悲哀,那么俳句就是对这个悲哀的超克。俳句看物即物,深入道物自身,最后显现"物自在",这与哲学的路径很不相同。西方哲人是要破门寻找意义,日本俳人是要搁置意义,将表象反复摇晃。正是在这个意义上,法国符号学家、哲学家罗兰·巴尔特说日本俳句的意义,在于"摆脱"了西方对于意义的迷恋。显然,巴尔特机敏地抓住了意义问题,但用"摆脱"一词表明他还是俳句的门外汉。因为日本俳句并不是被动地"摆脱"意义,而是一开始就视意义而不见。西田亦留下俳句："捕捉穿越芒草的野鼠。"这是个怎样的景象？请想象一下。

冷月无声的还是俳句

俳句是世界上最短的诗，只有十七音节。首句五音，次句七音，末句五音。如芜村的俳句：

菜の花や，月は東に，日は西に。

（东有新月白，西有残阳红，远远望去菜花黄。）

なのはなや→五音／つきはひがしに→七音／ひはにしに→五音。

日语汉字，一字多音节是特点。如紫（むらさき）有四个音节，志（こころざし）有五个音节。一首俳句里，如果同时用上"紫"和"志"这两个汉字，就占去了九个音节，还剩下八个音节可用。这就需要俳人在作俳时，斟酌再斟酌，抑制再抑制。因为一旦默不作声，十七音节都嫌多。日本国民诗人谷川俊太郎说：为什么日本人喜欢俳句？就在于俳句是一种沉默的形式，与日本人心意相通。因为是最大限度地抑制语言，所以俳句需要"切"。切断散文的文脉，切断语言的羁绊，切断修饰的经纬线。

现代俳人长谷川櫂在《俳句式的生活》中说，俳人就是料理人，杀活是为了更鲜活。这也如同插花，插花需要剪枝，但剪枝不是肃杀而是为了让花儿更鲜活。千利休为了一朵小小牵牛花，肃杀其他牵牛花，成茶道佳话。吉川英治写历史小说《宫本武藏》，描写剑术高人柳生石舟斋用刀剑切斩芍药枝干，其切口小巧而干脆，令欲与之比试剑术的宫本武藏自叹不如。这就是日本历史上著名的"以剑插花"物语。室町时代（1336—1573）是日本历史上最为豪迈奔放的时代。作为历史人物，诞生了信长，诞生了秀吉，诞生了利休，诞生了光悦。作为艺术形态，诞生了料理，诞生了插花，诞生了剑道，诞生了茶道，当然也诞生了俳句。室町人生活在战乱的血色黄昏中，不断杀戮、不断流血的同时，也在思考一轮插花、一片言语怎样让其存活的问题。室町时代给予俳句的是血，俳句染红的当然也是血。在砍头流血的片刻，你还能滔滔不绝、洋洋洒洒吗？

　　正因为俳句的根是扎在前文明的土壤里，所以沉默成了一种状态，一种史前状态。陶渊明说"欲辨已忘言"，但日本俳人说我们不是忘言，是故意不为之。从这一意义上说，俳句如同一位深锁宫中的巫女，自己不能告白，因为语言在她的魂体之外。中国高度逻辑辨析的"白马非马"论，日本人总是有云里雾里的感觉，总在问：他们在辩什么？日本人信奉"不言为花"，因为一旦言物，必定"唇寒秋风"。记得日本学者鹤见俊辅说过，明治时代著有小说《银匙》的作家中堪助，本想创作长诗，但最终未能成功。为何没有成功呢？他将原因归结于日语本身，说用日语不可能写出长诗。而另一诗人千家元麿受普希金长诗《叶甫盖尼·奥涅金》影响，创作长诗《从前的家》，但最终也以失败告终。(参见《战争时期日本精神史》，岩波新书 2001 年)从长诗是日本人的短板来看，表明日本人并不想让他人触摸他内心的痛点——沉默。于是只有在日本，将"笑与微笑"(わらい／ほほえみ)区分成两种完全不同的表情状态：一种有声，一种无声。于是只有在日本，巧妙地用电车里的广告来规避对方视线。无声而又眼神相离，于是他们找到了能勘破知性时间，走心于沉默寡语的俳句。

唐代诗人李华写《悼古战场文》，用了七百多字写尽古战场的"伤心惨目"。同样是对古战场的感怀，千年后的芭蕉，则用俳句再现"伤心惨目"："夏草呀太凄凉，古战场呀一枕武士梦。"(夏草や兵どもが夢の跡) 冷月无声的还是俳句。

零度写作的无我之境

俳句只开半扇门，还有半边留给读者开。俳句只推半扇窗，还有半边留给读者推。俳人不能没有个人体验，不能没有直观直觉，但俳人又对个人体验和直观直觉抱有警惕。看似嬉戏但实为晤谈。这种严格限制自己（俳人）意念的进入，严格克制自己（俳人）"本情"感染他人，以文学样式而言，俳句为最。所以，俳句又可称为"零度写作"或"克制写作"。由此故，俳句少有"青春作伴好还乡"的零泪狂喜，因为俳人"还乡"这个体验，是无论如何不能"作伴"的，更不能影响他人是否也还乡。正是在这个意义上，芭蕉一再提醒他的俳弟们，若要写出佳句，就必须忌用"私意"与"杂念"。俳句的这种"无我之境"，村上鬼城的一俳是为典型："初冬小春日，这啃咬石块的，红蜻蜓。"

你看，时令已入初冬，气候却如春日。红蜻蜓居然趴在石上一动不动，愉悦地作啃咬状。冬日里的阳春返照，显然是短暂的即逝的，红蜻蜓居然看透了这点，享受着这个不可多得的瞬间。写到这里，我们看不到俳人鬼城这个"我"存于何处，在干些什么。但又恍惚觉得啃咬石块的红蜻蜓，有鬼城的影子在晃动。原来俳人自己的境遇，就酷似这无我之境的红蜻蜓。

苦旅中的芭蕉，在越后市振的小旅馆里，与新潟来的二位游女同宿。写下俳句："游女投宿，一起睡，萩花与秋月。"萩花（胡枝子）绽开，月亮出来了。二位前来投宿的游女就是萩花、就是秋月？抑或，俳人是月，游女是花？萩花与秋月，孰高洁孰悲凉？显然，芭蕉没有多思量，他把自己克制住了。因为一思量就是有我之境，不思量才是无我之境。而一旦进入无我之境，眼前这两位游女就与萩花、秋月重叠，难分谁是秋月谁是萩花。日语的"寝る"（睡），是萩花的借辞，在表艳情浓恋的同时，又与清爽皎洁的秋月生出雾泽青霭。真可谓相生相克芭蕉俳。把自己克制住，才能秋月不采月下花，萩花不媚一轮月。然后进入意味深长的无我之境：既摘花又捞月。

紧张的二元对峙

我们在阅读俳句的时候，总是被它的整合力和对峙力折服。仔细思考的话，俳句只是在黑暗中射出的一道极小的光亮。而这道极小的光亮，又是如何包孕了一切企图从而达到本质的彼岸的？而且，俳句并没有对官场不能忘怀的那种失意而触发的言志，也没有对利禄不能舍却的那种贪婪而拨动的引诱，只是单纯地将自己化作一条白鱼、一块鲑鱼干、一只飞蚊、一羽蜻蜓、一匹寒鸦。或者，只是单纯地将自己化作一轮梅、一朵花、一弯月、一棵树、一株草，甚至将自己化作一声干咳也心甘的平淡无奇。那么，俳句的折服力从何而来？

于是，我们看到了一种可能，一种"我心素已闲"的可能。俳句的折服力来自雅与俗、动与静那种紧张的二元对峙。通过二元对峙，唤起情感透迤，起爆刹那顿悟。先看雅与俗的二元图式——

猫儿叫春，累了，瞥见闺中朦胧月。(松尾芭蕉)

我的故乡，连苍蝇都刺人。(小林一茶)

边哺乳，边数胸前跳蚤咬过的印痕。(小林一茶)

插上杜鹃花，女童撕裂鳕鱼干，好阴凉。(松尾芭蕉)

擦鼻纸里，夹着一枚紫罗兰。(斯波园女)

这里，叫春猫与朦胧月、故乡与苍蝇、哺乳与跳蚤、杜鹃花与鳕鱼干、擦鼻纸与紫罗兰，怎么看都是不可思议的雅俗对峙，怎么看都是轻轻一虐，令人莞尔一笑的搓红滴翠。

再看动与静的二元图式——

日光之影呀，穿透睡眠中的蝴蝶。(高桑阑更)

残雪，松涛，呼呼地吹。(村上鬼城)

互影互动互怜，这水仙花与白纸拉门。(松尾芭蕉)

死寂呀，声声蝉鸣沁岩石。(松尾芭蕉)

梅林深处有人家，幽微灯火如半星。(夏目漱石)

这里，日光与蝴蝶、残雪与松涛、水仙花与白纸拉门、蝉鸣和岩石、梅林与灯火构成动静二元图式。在一动一静的不经意间，给人冷艳和流动的美感。破常识、破日常、破实在，方显俳句的真意。《古今和歌集》里的和歌，梅花开，必有黄莺鸣叫，由于移情的作用，喜欢梅花的同时，也就喜欢上了黄莺。"梅开／莺春"成了日本人的思维定式。但是芭蕉不以为然。他说你们喜欢的黄莺，竟然在饼上方便。"屋檐下，黄莺拉粪于饼上。"这里的饼，还是日本过新年家家户户都要吃的镜饼。是粗相吧，当然粗相。是不雅吧，当然不雅。但这就是破实在的趣。俳句就是要表现这个趣。

从这个视角看，俳句写苍凉写壮观，绝对逊于汉诗。你看，高浜虚子的代表作"枯野接远山，群峰染淡阳"，已经是俳句里写雄浑的最高水准了，但与"白日依山尽，黄河入海流"相比，高下即显。但俳句写即景写诙谐，则在汉诗之上，如小林一茶的"对着梅花张小嘴，麻雀也念佛""鼻子贴着木板墙，一个字——凉"，芭蕉的"海苔里一粒沙子，咬坏了我的牙，老矣"。读毕，滑稽后的大俗若雅，释然的是人的真与生活的真。而从要素上来看，显然还是二元构图在起作用：麻雀—念佛、鼻子—凉爽、海苔—沙子。怎么拍脑袋，恐怕都是难以设想的内敛含藏。但这就是俳句。

"一座死火山哟，冷冷的山肌红红的草莓。"这是饭田蛇笏留下的好俳：死去的火山与活草莓，冷冷的与红红的。意图上视觉上的反差与对峙是为了什么？从草莓和红红的实相来看，显然是为了留住生的色，留住命的彩。不能不说，这是有密度有机质的生命咏叹。

花月心与苍凉心

江户人芭蕉在《笈之小文》道：所见之处，无不是花；所思之处，无不是月。讲的是俳句以寂为美的花月心。

晋人陆机《文赋》云："遵四时以叹逝，瞻万物而思纷。"讲的是汉诗以逝水与流光为美的苍凉心。

芭蕉有名俳"春去也，鸟啼鱼落泪"。确实，春去也，谁也不开心，所以鸟也啼，鱼也落泪。这一图式，汉诗少见。汉诗虽不缺"鸟啼"句，如"月落乌啼霜满天"，如"鸟啼花发独愁思"，但绝无"鱼落泪"的一语破的。汉诗里，"鸟啼"可以"山更幽"，可以"松径深"，可以"昼寂寂"，甚至可以苍凉地"孤烟直"。但俳人感物如斯的"鱼落泪"，实则是"花月心"的无碍无挂的至人之境。

读日本俳句，总能发现一些固定搭配的意象图式——

梅花总是一轮的，菊花总是一枝的，台风总是一过的，月光总是湿润的，滴水总是蚀石的，归路总是匆匆的，秋夜总是长长的，夕暮总是哀愁的，火蛾总是抓狂的，乌鸦总是寂灭的，樱花总是飘零的。此外还有松配鹤、梅配莺、萩配猪、牡丹配蝴蝶、红叶配小鹿、菊花配酒盅、圆月配老松、柿子配夕阳等。再有，寒月石径与木屐的高扬声相生，幽深夕暗与月见草相辉，秋日黄昏与枯枝鸟相契。

读中国古诗，也总能发现一些固定搭配的意象图式——

芭蕉听雨、残荷听雨、亭阁楼台、小桥曲径、梅花窗前、古道西风、长烟落日、寒江独钓、高天归鸟、塞下秋风、虚怀归物。此外还有遥相望、归客船、寒江雪、烧不尽、夜归人、使人愁、何处是、小天下、花溅泪、鸟惊心、寒寂寂、萧萧下、空悠悠等意象搭配。

同样写星月，榎本其角的俳句意象图式是：星月明明明，松影映照榻榻米。

同样写星月，杜甫的汉诗意象图式是：星垂平野阔，月涌大江流。

怎么看都能显见不同：一个是岛国的，一个是大陆的；一个是鸭川的，一个是长江的；一个是幽怨缠绵的，一个是大气磅礴的。一个把星月灿烂收敛于只有巴掌大的榻榻米，一帘晚月，不可抗拒的是纤细花月之美；一个把星月灿烂高瞻于广袤宇宙，驰目骋怀，不可抗拒的是卷舒苍凉之美。俳句格局上的小，胸襟上的小，气度上的小，一目了然。但恰恰是这个一目了然，使得俳句传播着"微光和战栗"。

"自古逢秋悲寂寥"（刘禹锡），人心同然。但同样写悲秋，汉诗多是由物及悲，俳句多是由人及悲。你看——

秋阴不散霜飞晚，留得枯荷听雨声。（杜牧）

虽然悲秋，但还"听雨声"，表明悲上悲。这里的季语是枯荷。

桐庭多落叶，慨然知已秋。（曹丕）

一叶知秋，连动着的是自然节韵。春绿夏红，秋黄冬白，时序也。

你再看芭蕉的俳句二首：

我为君哭，秋风肃杀，坟冢为之动。

闻猿断肠，弃儿在秋风中哭泣。

一个是为君恸哭，犹如秋风；一个是弃儿哭泣，秋风断肠。都是对个体生命夭折的悲秋，都是对个体存在遭遗弃的悲秋。这是最为本体也是最为自然的恸哭。这是天地的哭，宇宙的哭。因为还有什么比个体生命更值得去哭去泣的呢？再是秋雨如漏壶，再是秋灯如孤萤，与个体的困顿相比，还是太斯文太淡定太局外。

　　这样看，同样是对羁客的怨思、对浪人的酸苦，同样是对命运的沉疴、对生命的精进，同样是对春日春晓的痴顽、对秋天秋水的感怀，同样是对世事多艰的耿耿于怀、对世俗迫隘的无可奈何，俳句与汉诗生出的美学意象还是有所不同。当苏东坡唱出"正是河豚欲上时"的喜悦时，日本俳人则写出俳句"偷人妻，拼死吃河豚，惊魄又美味"（江户时代无名氏）。河豚与偷情配对，试问还有比这更濡活心灵的吗？至今有的河豚料理店，还在餐盘上刻上这首俳句，以引发食客的逸态。这逸态，当然也是俳人的逸态。当辛弃疾勾画"春在溪头荠菜花"的图景时，日本俳人安原贞室则流露不假修饰的率直："啊呀呀，啊呀呀，都是花，樱满吉野山。"用"啊呀呀"作俳，仿佛自己就是樱。与杜甫"天然二寸鱼"的意象不同，芭蕉则是"一寸白"图式："曙色即白鱼也白，渔网银花一寸白。"语言的色泽光鲜如同欢跳的银白鱼。张若虚的《春江花月夜》，三十六句二百五十二字，可谓浩浩渺渺、如烟如歌，写透了月映万川的苍凉心。

而山崎宗鉴仅用十七音节作俳"圆圆月亮安手柄，恰如团扇一把手中玩"，一幅活脱的万人摇月写意图。

俳句与汉诗，如同汉字文化圈的两朵花。你是喜欢俳句这朵花还是喜欢汉诗这朵花，全由着个人体验来。就像黛玉葬花与源氏归隐，就像遍地黄花与满道樱花。

俳味染绿太多小诗

前面提及的法国符号学家、哲学家罗兰·巴尔特，一直在苦思冥想一个问题：写作何以才能归于自身？一次偶然的旅日，他邂逅了日本俳句。邂逅本身倒不是新闻，成为新闻的是他有了惊喜大发现：俳句的诗学才是后现代人可以栖身的后花园。回国后的巴尔特随即出版散文集《符号帝国》，其中有四篇文章讨论俳句。他抓住俳句"因缘巧遇"和"随兴而为"的特点，认为这种碎片化和机缘性的写作才是未来社会"即景寄情"的文本。俳句如同"刺点"刺中人心，使人能在瞬间颠覆固有情景模式和知面（studium）文本。一个意象，一种诙谐，使得意义让给了空无。

俳人作句，事先并不存在目的论的奢侈：从小宇宙感知大宇宙，从微观抵达宏观。照巴尔特的说法，俳人只是在时空的界面上留下凹痕。这个凹痕，你去触摸它，可能有言外之意，但也有可能抑制意义。你看芥川龙之介的俳句："青蛙自问：我的一身绿，可是漆刷的？"有言外之意吗？好像有天地一绿乃生命之胎动的意义。但当你明白天地一绿只是来自绿漆而已，则有了抑制意义的扩张与想象的可能。你看井原西鹤的俳句："小女采摘茅草花，遗落小木梳，这枯木乱草呀。"有言外之意吗？好像有枯朽的冬日对句采花女鲜美的仲春之意。但遗落的小木梳又恰到好处地封闭了意义的驰骋。不就是漫步荒野，发现了一把小木梳的那个纯粹那个日常吗？是的。就在起落之间，但已断笔绝句。这就是俳句的诗学。

日本俳句的诗学，引发世界性小诗热潮。一九一六年泰戈尔访问日本，对芭蕉的名俳赞不绝口。回国后出版《飞鸟集》。虽然还有重理崇思的痕迹，但已经是相当俳味化了。你看——

> 你看不见你自己，
>
> 你所看见的只是你的影子。

（郑振铎译）

再看——

> 海水呀，你说的是什么？
>
> 是永恒的疑问。
>
> 天空呀，你回答的话是什么？
>
> 是永恒的沉默。

（郑振铎译）

这里，自己—影子，海水—疑问，天空—沉默，泰戈尔显然染上了俳人灿然的机趣。

再看冰心。这位被梁实秋评说为"冷若冰霜的教训者"的五四清新派诗人，曾写下："心灵的灯，在寂静中光明，在热闹中熄灭。"虽然多少还有"山川含万古"的汉诗风，但已经是耳得为声，目遇成色了。这首小诗，若与一茶的俳句相比较："电闪雷鸣横切雨帘，凉意带上了电。"这里，一茶的凉意倒反带上了电，与冰心的寂静倒反是光明的，热闹倒反是熄灭的，有了异曲同工之妙。显然，染上俳味的是冰心。

与日本俳句"毫不相干"的宗白华，在笔者看来倒是最相干的。你看他的小诗："心中的宇宙，明月镜中的山河影。"再看："墙外的水轮，依旧转着；磨坊里的主人，已从流水中老了。"怎么看，都是俳句的情绪、俳句的风姿、俳句的思路。人在言语中，不知道自己什么时候已是言语的"囚犯"了。更不知道自己就是"囚犯"之身，不经意间俳句的言语击碎了写实的墙。

俳句就像河边的萤火虫

有趣的还是那位与李白配色的桃青。"仔细看呀，一棵荠花开在泥墙下。"显然，俳人不仰天望远，而是专注脚下。专注脚下，就是专注每天生活中冒出的鲜活。专注鲜活，俳句也就鲜活了。于是，小林一茶欢快地唱道："瘦青蛙呀，要挺住，这里有我一茶在。"

当然，也有俳人没有一茶这么欢快，但对鲜活的激发，却不逊一茶。一位叫野泽凡兆的俳人，写下名俳："寂静呀寺院，吭当一声闩门响，抖落花瓣僧人去。"

应该是暮春时节，应该是太阳落山，应该是樵夫归来，应该是烟水迷离。关上伽蓝寺门的重重一声响，如雷鸣，抖落一树花、一天星、一轮月。寂静的世界里，回荡着拉长再拉长的"吭—当—"声，况味着花开花落的鲜活。

准备收起春衣了，那春花呢？俳句就像河边的萤火虫，飞舞着透亮，闪过一道道鲜活。

还是有人抬头看见了月亮

日本人瞬间意象的美学视角

一

这个世界上唯一不可思议的，恐怕就是还活着这件事。

会自然醒，而且眼睛还能再度睁开。仔细想来，确实诚惶诚恐。

我在。我正在此处。

我在。但我并不思。因为所有的思，最终都走向徒劳走向混沌走向不可触及。

我在。我正在此处，将一个鲜活——生鱼片，放入嘴中。"咪溜"一声，从喉咙到食道到胃袋，分秒之事。

村上春树说，闭着眼睛，就能闻到风的气味，而且是五月硕果膨胀之风。

于是，我闭上了眼睛。但风味呢？那五月之风的况味呢？全然没有。但感知系统却给出了另一个感觉图式：这个世界最为沉静的时间，是在黎明破晓前的一瞬。原来，人的感知是有差异的，对瞬间的感受也是不同的。哲学家说，普遍性的存在必然会触及生命的本质。那么，我在／我正在此处，是否就是最大的普遍性？每个个体的身体，是否就是生命的本质？可能正是从这个视角出发，日本人才不无敏感地说，听到枯叶被踩碎的声音，看到夕阳的橘红色，心里就升起感动。这样鲜明的一刻，就是生命正要开始的瞬间吧。你看，重视自己身体的感受，在日本人看来是一件多么了不起的事情。

于是，我们仿佛在这个国度里，看到了什么叫揽镜自怜的伤感，看到了什么叫未成年的骨感少女。在这个国度，思考如何活着的人生哲学是没有用的。他们不用思考说话，用身体说话。

二

这样说来，美的心向，日本人确实与我们不同。

中国人那种"白日放歌须纵酒，青春做伴好还乡"（杜甫）的喜悦，放置日本是再也听不到那巨兽般吼叫的蒸汽机车，暴风雪的夜晚只有单调风声的寂感。中国人直言"碧桃红颊一千年"（李商隐），但晚近的日本人说，富山县海湾里的一轮月，如同黑糖葛粉裹着白豆沙，云薄月淡。中国人喜欢说"不到园林，怎知春色如许"（汤显祖），但日本人说女人的呼吸吹落在我的后颈上，用手一抹，是一片枯萎的藤花。你看《红楼梦》，我们男女情长，是要永远永久的。但他们的《源氏物语》，则将男女私情敲打成无数瞬间，然后是一夜到天明的分别。

瓷器的英语是 china，漆器的英语是 japan。看似是在分庭抗礼，其实是在叙说不同的话语。在日本，漆器文明是通过一只木碗、一把汤勺、一个饭盒来表现美存在于被感知的瞬间。在中国，瓷器文明是通过一具茶杯、一只饭碗、一个花瓶来表现"玉艳独发陵清寒"。

美的东西，要在尚美的时候终结它。金阁寺要在生辉生艳之际，一火烧毁。三岛由纪夫的雄性美肌，要在色泽饱满之际，一刀切腹。溪齐英泉的浮世绘描绘男女在雪地交欢，却又落樱遍野，雪原一片绯红。战国武将松永弹正，第二天就要与城同亡，可就在死前之夜，还有心情接受一以贯之的延命针灸。冈仓天心在《茶书》里，提到千利休的时候，用了"花御供"这个向神佛献花的用语，显然是暗示在最后的最后，千利休杀死自己的身体才是最鲜烈最艳美的时刻。以花喻死，川端康成借此说，美一定是生息在死的中间。这种从欢乐到寂灭，在日本人看来也就是落花的一瞬间，也就是夕月雁叫的一瞬间。

日本鬼怪作家京极夏彦的《百鬼夜行·阴》，用"我"之口这样说："蔚蓝的天空，广袤的海洋，这些与我一点也不相配。举凡太过健康，太过正当，太过炽烈，太过整齐之事物，我生性难以接受……我所讨厌、畏惧的不是海的景观，而是海的本质。累积成海洋的并非是水。"你看，这里的"我"，是一种怎样的瞬间意象呢？

三

那么，何谓瞬间？

瞬间，就是时间停止的那个瞬间？但时间怎么会停止呢？

瞬间，就是太阳落山的那个瞬间？但太阳怎么能落山呢？

原来，在我们的观念中，时间确实会停下的。停下干什么呢？让我们的相爱之人在无时间的"圈外"互吻香唇至永久？

原来，在我们的观念中，太阳确实能落山。落山干什么呢？让我们的艺术家勾画烟寺晚钟的悠远回响至永久？

　　这样说来，所有的观念之物都是瞬间这个"时"的闪闪烁烁，都是此一刹那被彼一刹那的更新。就是在刹那生灭中，传来木屐踏过板桥的声音，传来门外的雨滴"哗哗"地淋在伞上的声音。转换意象来看，瞬间，就是雨点敲打车窗，雨帘在车窗玻璃斜斜地从一端流到另一端。流着流着，短暂停住的瞬间，又接着流动起来。流动起来的瞬间，又静止的瞬间，车窗画出一道道交错的瞬间静止与瞬间流动的线纹。

　　你看，斗牛士用手中的必杀剑，突然刺中斗牛的那个瞬间。选定45°角，锋剑深深地、干净利落地刺中牛的颈部，临近心脏的大动脉和大静脉即刻被切断。是牛被刺了，还是斗牛士自己被刺了？只在瞬间。受此一击的斗牛，刚要跨出本能反击的那个瞬间，轰然倒下。真可谓穿透一瞬间，此在即永恒。

　　你看，樱花片片飘落。飞散的樱花在触碰地面的那个瞬间之音，你能听到吗？恐怕没有人会听到。但确实有声音发出。好像既不是花瓣的声音也不是地面的声音。直观地感觉这个知的世界，然后日本人将这个触碰的瞬间加以描述——天地间砰然一个大响声，如同小行星撞击地球时发出的瞬间大响声。

　　这就联想到日本人构筑的茶室世界。炉火不裂，草庵不响，沸水不惊。在这里，瞬间似乎没有进化也没有退化，但"一期一会"这个非连续性的连续，则表明时间在意义的入口遭到了终结。川端康成的《千只鹤》里，太田夫人死了，残留着口红印记的志野茶碗也打碎了。但打碎归打碎，那白瓷上面的一点红，则透着冷艳的美感，令菊治如在梦幻的瞬间中。在《雪国》里，有"飞蛾看起来老是贴在纱窗上，其实是已经死掉了。有的像枯叶似的飘散，也有的从土墙上掉下来"的描写。有趣的是小说主人公岛村为此给出一个设问："为什么都死得这么美呢？"这就令人想起《源氏物语》里的源氏，在与自己的后母藤壶一场情欢之后，他不无动情地说："你那熟睡的面容如同死去般美丽。"你看，打碎的茶碗，留着残红美，死去的飞蛾，倒有冬天的枯寂美，而容貌最佳时，则在死灭时。死去的瞬间，寂灭的瞬间，才能看到干枯的树梢上挂着的一弯新月。这就如同很多日本年轻人在三一一大地震断电之后，才不无惊奇地发现，天上还有一轮明月在高照。

四

　　日本学者加藤周一在《日本文化中的时间与空间》中，第一个明确提出在日本文化中共存着三个不同类型的时间：一个是无始无终的直线时间，一个是无始无终的圆周的循环时间，一个是有始有终的人生时间。加藤认为，直线时间是历史时间，循环时间是日常时间，人生时间是普遍时间。这三个时间的共同指向都是现在／此处（いま／ここ）。它的逻辑延伸就是现在（いま）即永远，此处（ここ）即世界。所以在日本人的时间观里，过去如流水，过去的也就过去了，而明日有明日之风吹拂。唯有今天，是实在的，能感知能体验的。时间之流，在西方首先是个原子不断分割的物理问题，但在东洋，在日本，则是个重叠无数瞬间的审美问题。看来，唯有美，才能被神关注。

小津安二郎的电影，为什么我们中国观众也非常喜欢？就在于小津所发想的"坐的美学"，本质地看就是坐在此刻当下的瞬间，就是坐在潮涨潮落的瞬间，就是坐在夕阳西下的瞬间。在缓慢与平淡中，显现岁月静好。而在川端康成的笔下，女人们则用柠檬化妆，她们背着恋人，把柠檬汁涂在胸前和大腿上。接吻后，男人会说，喂，我舔到柠檬，就想吃橙子。这显然也是一瞬以外无他的幸福感。白茶花的清雅、女郎花的动人、桔梗的艳姿、秋菊的香气，不论哪个季节，日本人总是在不经意间，但又总是充满情趣地将这些花草，插在花瓶或湿漉漉的原木水桶里。

日本武道的极意是什么？笔者以为不在于死，而在于生，在于现在还活在这里。如何才能生，如何才能现在还活在这里？只有一条，就是从死里求生放活。所以，武士一早醒来就想着今天如何去死。如果想今天不死，就要找出今天不死的方策来。不是避死求生，而是求生避死。所以，武道又要求放下手中刀。这看似是理解上的难点，但转换思路来看，武士放下作为凶器的刀，举起的则是作为武器的刀。将自己内敛（放下凶器的刀）的一瞬，这个一瞬则是永久地潜在于体内，这个一瞬也是他人无法击破的。这里的逻辑在于：必死必被杀才获必生。

在日本，居酒屋晚上都爆满。其中一个原因就是日本人有"此在"的现世观。村上春树的短篇集《没有女人的男人们》的《木野》篇中，那个中年男人总是坐在居酒屋吧台前最靠里的位子上。大约三十分钟把啤酒喝完，然后喝威士忌，兑同样量的水，再加冰块。然后看书，然后站起，然后掏钱包结账，然后流泪。村上用"闷葫芦男人"形容他。而就是这位"闷葫芦男人"几乎天天都来喝酒。为什么？是在寻找存在感，表明他还活在"现时态"。村上对此写道："这期间雨一直不间断地下着，冷冷地浸润着这个世界。"哈哈，浸润还是冷冷的。

如果将一个旅游行程分为预约、到达、滞在、出发和到家这五个阶段的话，一个调查表明，最令日本人兴奋的是预约阶段，占回答数的77%，而世界平均数是54%。到达阶段，日本人的兴奋点达到了74%，相对世界平均数的51%要高出很多。回家的兴奋点日本人是3%，为最低，而世界平均数是 9%。这些表明日本人对"现在／此处"的感受最重，其情绪的波动也像个小孩，出去玩最高兴，回家就不高兴。而小孩是不知昨天和明天的，今天才是他们玩不够的嘉年华。

<h2 style="text-align:center">五</h2>

由于只是现在才是活，由于只是此处才是真，所以日本人在心绪跳跃和审美情趣上，瞬间意象感也就特别强烈。或者干脆说，日本人是为瞬间而活的。

日本摄影家杉本博司在《显现之像》（又译《现象》）的文化论集里说，人有将时间停住的欲求。而这个欲求的根源性则来自于人本身的欲望。人的欲望总是想占有什么，想留住什么。因此世界是被欲望后才存在的，写真也是被欲望后才发明的。你看古董鉴定商的那双眼睛，总是隐藏着某种可怕的魔力。虽然有的鉴定商瘦骨如柴酷似木乃伊，但那双眼睛绝对是妖艳的、具有穿透力的。这是长年将古董对象化的一个结果。为什么会有这个结果呢？就在于古董本身就是由无数瞬间集合而成的魔物。或者说，古董本身就是人的欲望在时间上的停留。那么整天看无数瞬间的集合物，这双眼睛也就具有了看穿万物的魔力。

这就像京都的金阁寺。无疑，金阁寺是美的存在。她是太阳，她是月亮；她是春风，她是秋雨；她是薄雾，她是晚霞。总之，她是一切美的集合和化身。但是最极致的美，最顶端的美，是寂灭，是夭折，是毁坏，是自戕，是枯萎。于是，金阁寺的小和尚，就用一把火，瞬间烧了它。原来，这位小和尚也具有了古董鉴定商的那种眼力——一眼能把瞬间美看透的眼力。

但这个眼力与魔力就是真吗？杉本博司对此存有疑问。写真所表现的时间碎片与那个看似不可替代的瞬间，就是"真"吗？杉本博司说他自己至今都不知"真"为何物。如果瞬间不为真，那么瞬间是什么？捕捉瞬间的意义又何在？从这里生出日本人的瞬间意象：昨天的"我"与今天的"我"是不同格的。作为个体的我，每天都是新生。所以日本有"一日一生"的说法。活在当下，当下就是瞬间，瞬间就是当下。在日本人的眼里，寒山扫雪发呆的瞬间，就是对生的惊喜和对死的凝视的瞬间。由此故，在日本，一切有形之物，可以说都是瞬间意象的产物。

六

比如——

私欲与艺术，你能分辨吗？当两片嘴唇碰在一起，不是有诗人说仿佛是春天来了吗？

短暂就一定不灿烂吗？那流星的修饰语不就是灿烂吗？

生过几个孩子的清少纳言说，婴儿在吃草莓的瞬间，是嘴唇最美的瞬间。

当然还有那位总带几分色相的永井荷风。他说就枕后的不眠之夜，倾听蟋蟀的叫声，胜过恋人的私语。令人怀想不已。

这就很令人纳闷。听蟋蟀的叫声，就胜过恋人的私语？看来这就是日本人瞬间意象的使然了。

全球只有日本才有的大相扑比赛，日本人将其称为"国粹"。完全是肉的冲撞，肉的搏击，肉的厮打。看不出有任何美感，更看不出内含的体育精神。但当两名近乎全裸的两百多公斤的巨大血肉之躯，在拼尽全力互相冲撞的瞬间，所发出的轰然巨响和产生的接近八百公斤的撞击力，倒也着实令人感到人竟然有如此的奇力和伟力！气吞山河，力顶千钧，并非尽在传说中。这令人想起远古日本《出云神话》中"比力定乾坤"的故事。显然，大相扑的看点在于瞬间一击。

再比如柔道。如果说拳击的精髓是反复还击，那么柔道的精髓是瞬间借力。你打我一拳，我就还你一击，这是美国人的心思，是在直线的运动上。永远不以力还力，只需借助对方之力，便能取胜，这是日本人的心思，是在奇妙的圆线运动上。真正的柔道高手，是绝对的冷静和无言，从来不依仗自己的气力，他只将对方的攻击之力加以巧妙引导和利用，就能制服对方。敌人的气力就是战胜敌人的最好方法。因此柔道的最高智慧就是借力取胜，其典型就是"一本胜"——一个过头顶的大背包。柔道决不炫耀技术，它有一种迫不得已的很内向的自卫性格。它能瞬间使人骨节分离，肩胛脱臼，头骨断裂，其精准程度像个解剖家。这样看，日本人的柔道思维在于，坚强者死之徒，柔弱者生之徒。是以兵强则不胜，木强则折。这就是日本"柔道之父"嘉纳治五郎所言的"瞬间身心功法"。

当然还有日本的插花。与西洋插花相比，日本的插花是减法，西洋的插花是加法。一个是要尽可能地多，填满空间，一个是要尽可能地少，虚无空间。花期很短，所以花具有永恒之命。早上开的花，傍晚就枯萎。带着这种惜情与哀情插花，其瞬间表现出的侘寂，才是日本的情绪。日本的茶道也是瞬间之物。小川流煎茶道，一碗煎茶的量只有八滴茶水的程度，但用的茶叶则有五克之多。因为很显然，如果只是湿润口渴的喉咙，喝茶不可能成为道。喝茶之所以能成道，则在于茶室、主客、花束、光线、沸水、空间和时间，在做了反复调和之后，点上的一服茶，就具有了疗"心渴"之伤的功效。因为是疗"心渴"之伤，所以只需八滴的茶水量。他们说这叫"瞬间滴"。

日本有俳句。俳句恰恰是表现瞬间与即逝的最佳形式，当然也是表现物哀的最佳形式。瞬间景象，瞬间顿悟，瞬间情思，瞬间而止。因为表现瞬间，它必是奇数之美，必是凋零之美，必是残缺之美，所以也必然走向物哀之美。如"砍下一棵树，露白的切口，今晚的月亮"（松尾芭蕉）。而中国的诗歌，总是以偶数和工整来完成承上启下的建构，表现的是一种圆合与气韵。如"水流心不竞，云在意俱迟"（杜甫）。非常乐感，也非常达观。

　　因为注重瞬间，带出的一个效应就是鲜活。鲜活是生命的最高，而瞬间就用来定格这个最高。日本料理中的一个"旬"字，就是在设问把鲜活放入嘴里，你能感知初夏和深秋的那轮月有何不同？在长刀直入金枪鱼肚腹的瞬间，用生蚝刀撬开生蚝的瞬间，或者小心地将河豚的精巢去掉的瞬间，这个鲜活承受着血腥与残暴。虽有无法原谅的罪恶感，但也是没有办法的。牺牲一个鲜活，是为了另一个鲜活更鲜活。自然生物体的因果链就是这样设定的。日本美食家北大路鲁山人说过，用刀具切鱼片，下刀的那个瞬间，能让料理活，也能让料理死。风情的人切出风情的线，世俗的人切出庸俗的线。所以日本人吃生鱼片的感觉，就是凉飕飕的感觉，就是软软的小清新的感觉。滑入喉咙的触感，能引发情欲的触感，这是否就是日本人喜欢生鱼片的最大原因？无怪乎古人说食色性也。

不错，瞬间一般都表现为稍纵即逝或千变万化。但瞬间也不总是稍纵即逝或千变万化。指向永恒不变的那个瞬间，则是瞬间中的瞬间，乃为最高。如日本的歌舞伎，演剧三百多年来没有任何的变化。八十岁的日本老人，年迈后再次观看，剧目与舞台样式与孩提时观看到的毫无变化，还是以前的那个浓缩了时间与空间的瞬间，变化了的只有自己的心境，一种生命时时与死的静谧为邻的心境。年轻时没看明白的地方现在看明白了，一种成长的乐趣油然而生。而这种乐趣在其他演剧中是没有的。所以日本人说，所谓"艺"，等待就是活着。这也如同日本的能乐。曲终人散会有时，但绝不会落幕告终。这个艺术特点表明，余白的瞬间永在。

七

瞬间意象与感悟力。

都说日本人感悟力天下第一。那么这个天下第一的感悟力从何而来？现在看来就来自深入骨髓的瞬间意象。切断时间的连续之链，每天都有无数个瞬间发生。但每天也有无数个瞬间从你身边溜走。捕捉瞬间，并不是人人可以为之的，需要的是感悟力。现在看来，恰恰是这种感悟力，才是创生的原动力。日本茶道家小堀宗实著有《日本的五感》一书，说日本人都是用视觉、听觉、嗅觉、味觉和触觉这五感来娱乐和体验世界的。作者自己的庵号就叫"不传庵"。想表明的一个意思是，"不传"还不是人的活动的最终目的，如何做到如临济宗（禅宗）所言的"不传的传"，才是感性传承的最高，才是禅心养成的最佳。

蓟草长高了，松虫草开花了，落叶松泛出黄褐色，芒草穗子透出了雪白。日本人的感觉神经就是为四季交替而生的。一听到茅蜩清凉的鸣叫，心中感觉秋天临近了。一听到寒蝉的鸣叫，就想到秋天真的到来了。再听到伯劳那嘹亮的高音，就想到完全是深秋时节了。《万叶集》里，有吟诵蟋蟀的万叶歌。有研究者认为这里的蟋蟀应该是虫类的总称。但平安时代的文学，出现了铃虫、松虫、蝈蝈、螽斯等。对古人来说，一到秋天，蓑虫就叫了，喊着"爹呀、爹呀"的，蚯蚓也叫了。为此，蓑虫和蚯蚓都进入了俳句的季题。

从树梢飘下一朵樱花，五片花瓣直立着，完好地保留着花萼。又一朵，像小伞一样轻轻坠地。观察敏锐的日本人感到反常，再仔细一看，原来有四五只小雀，正在叮食花心中的樱花蜜。被啄过的樱花，便迅速落进纷乱的花瓣丛中。日本人对秋天的感受是，邻家院子里的柿子开始变红了。虽然白天的阳光还有残暑感，但傍晚夕阳的红黄色已经与夏天的颜色不一样了。日本人还将秋天分为三阶，九月是开端，十月是全盛，十一月是尾声（はしり／さかり／なごり，日语读来更有节奏感）。秋分一过，夜晚变长，人们的心情也被秋意感染，进入了物哀的季节。明治诗人室生犀星说，他窥视过蝉的内脏，发现它好像没有肠子，顿觉蝉好可怜。它的腹腔是干瘪的，空荡荡的。如今一想起饥饿的蝉，就悲从中来。

镰仓高校前的黄昏，"江之电"在湘南海岸边缓慢地穿过夕阳，吭当吭当的声响与海岸拍浪的声响，三两海鸥从近处飞向远方。这样的场景，生出的是悲伤吗？不是。因为悲伤还是"我"思虑的一个结果，而瞬间在本质上是去"我"去"心"的一个结果。所以它并不思虑，也不逻辑，所以它呈现出的是一种瞬间的凄美、瞬间的哀怜，如同秋日里的柿子色，也如同京都一保堂的"嘉木"茶，有隐约中的玉露之感。

松尾芭蕉有俳句："多静呀，蝉声入岩石。"大自然中最孱弱的蝉声，居然能渗入岩石中，那周边是一种怎样的静啊。反之，坚硬的岩石能被渗透，那需要一种怎样的动（声）力啊。以动托静，用静衬动。芭蕉对瞬间的自然之动的感悟力是惊人的。村上春树曾在一篇文章中说，如果将芭蕉这首俳句给美国学生看，并叫他们写上一百多字的读后感，恐怕够呛。为什么够呛呢？笔者以为就在于感悟力的差异。美国学生无法理解瞬间与动静之间的关系。

八

一个人的感悟力强了，就会在意他人的存在，在意他人的心向。

以前读芥川龙之介短篇小说《手绢》，没有太大的感觉。现在再读，印象深刻的是，当小说里的先生听到一位母亲在他面前说，儿子终于死了，谢谢您此前的照应，这位先生猛然吃了一惊。端起的茶碗还没有来得及挨上柔软的口髭。他在思量：这碗茶是喝还是不喝？"这样一种和青年的死完全无关的思想，在一瞬间困扰着先生的心灵。"但也总不能拿着茶碗停在那儿。于是先生"下了决心，猛一口喝了半杯，微微皱着眉头，好像梗住似的说了句——哦呀"。显然，这里的心绪是细腻的。一位母亲向先生通报儿子的死讯，这位先生非常顾及他人感受性的表现在于，如果还是按原先节奏喝茶的话，就显得没有吃惊感和悲伤感，那就有失礼之处。而如果就此将茶碗放下，用打断节奏不再喝茶来表吃惊和悲伤的话，这位母亲的心理负担恐怕会更重。因为她向他通报儿子的死讯，仅仅是表面的程序而已，私人关系并没有亲密到这个份上。在最后瞬间的权衡下，这位叫长谷川的先生还是决定喝。不过是"猛一口喝了半杯"地喝，而不是慢条斯理地品茶似的喝。之所以要这样喝，其精妙之处在于，既表示听了青年的死讯后，吃惊得连喝茶的动作都走样了，又暗示了我毕竟还是先生，再是何等的悲伤之事，茶，还是要喝的。

芥川龙之介这个短篇发表于一九一六年，距今已有一百多年。但日本人在意他人感受的这个文化特征并没有消失。非但没有消失，而是更强化了。日本中世的文化名人世阿弥曾经说过"隐秘是花"这句话。日本的建筑美学家黑川雅之对此理解道："不是表现全部，而是通过部分的隐秘来驱动对方的想象力。"何谓"驱动对方的想象力"？这就好比在过横道线的时候，尽管是规定行人优先，尽管你再怎样不慌不忙地慢走，车都是等你的。但日本人在过横道线的时候，还是用小跑的速度通过。这显然是考虑到等在一旁的驾驶员的心情了。虽然交通法给了我优先权，但在情分上、在感觉上，这个优先权的使用绝不能夸张，更不能漫不经心。还有日本人一起乘电梯时也都沉默不语，再多的人电梯里也是一片安静。这是为什么？这是考虑到如果说话，大家都能听到。只有与对话者之间明白的事给他人听到了，不礼貌是主要的，保密是次要的。在同一空间下，让他人接受与他无关的信息，是给他人添麻烦的一个表现。从乘电梯不说话延伸开来的，就是日本女人基本不用很浓烈的香水。香奈儿5号，确实能刷存在感，但日本人基本不用。这是因为在日本人看来，香水不单纯是消耗品，它还含有这么一个要素：整体（他人）美中的个别

（自己）美。所以必须自觉地收敛香气调和周围。自己（个别）美不能压倒和影响他人（整体）美。这种顾及他人感受还表现在出厂的洗发露和护肤品，很多都是无香型或微香型的。

一到夏天，日本人全身脱（除）毛的广告就大为活跃。这迎合了日本女性对于发达的脸毛、胎毛和体毛的抗拒心理。日本开发的脱毛用品也让人眼花缭乱。拔、刮、染、擦，且各个部位都有不同的道具。如对腋毛处理的基准是光滑平整。凡能看得到毛根孔的或有鸡皮疙瘩状的，都属不及格。而现在的脱毛又扩展到对私处 V 字区域的处理，又称"比基尼线脱毛"。日本人为什么热衷脱毛？说穿了还是因为在意他人。当穿戴半袖或无袖衬衣的手臂，在拥挤的车厢里高举时，露出的腋下如果腋毛刮得不够清爽，就是对他人视线的污染。

由于太顾及他人感受，日本人因自身的体臭也陷入了与人交往的恐惧之中。感到自己体臭，所以不去上学，不去上班的大有人在。日语里有"加龄臭"的说法，是说年纪越大，体味就越重。由于恐惧出汗，只好放弃喜好的体育运动。为了消除体臭，只得加长入浴时间，或增加一天的冲洗次数。现在日本医院的皮肤科出现了"自臭症"这个新病名。这是个什么病呢？就是因为含有体臭的"我"的出现，使得大家都不愉快。与"我"说话的时候，"他／她"抽起了烟。抽烟是"我"口臭的原因吧。所以，"我"必须看病，过于敏感的"他／她"也必须看病。以前日本人是为了喜爱洁净而进行晨浴，现在则是为了消除体臭而必备口香糖和漱口水。日本一些地方还为此设立了气味相谈所，专门来调和因气味发生的纠纷和困惑。

日本学者高桥敦在二〇一七年出版了《日本人五人中有一人为HSP》一书。什么叫"HSP"？就是指超敏感体质。测试有五条指标：被他人的情感和健康状态左右，与他人交往后感觉疲倦想一人独处，总是不知不觉地迷醉于空想之中，喧闹和刺激一多就感到不安，没有理由地情绪时好时坏。作者说占有三条就是HSP体质。现在日本人五人中就有一人为这种生物学体质，占总人口的百分之十五至二十。行为特征表现为很难割舍他人是他人，自己是自己，心情的转换也显得比常人迟缓。虽然HSP不是病，但完全矫正不可能，只能小幅改善。于是本来就喜欢戴口罩的日本人，近年又戴出了装饰口罩。装饰什么呢？窥视与被窥视都心烦，我不想看你的表情筋，你也不要看我的表情筋。于是，把自我遮挡在口罩的夹层里。长期内在的紧张与冲突，带来的一个负面就是日本人多患有精神不安症和忧郁症。草间弥生的圆点画作，现在看来就是一个精神不安者强迫自己的一个结果。所以，到处都是心疗诊所又是日本社会的一个特点。"理性是忧郁症患者的杀手。"就连鬼怪作家京极夏彦都能说出这么内行的话，表明忧郁在日本已成"国民病"。

九

岛国的自然风土。

毫无疑问，地震、台风和火山是根源性的。在地震、台风和火山的淫威下，根本就没有永久之物。河川不是原先的河川，房屋不是原先的房屋，田园不是原先的田园，就连水中的泡沫都不是原先的。成书于一二一二年的《方丈记》，就已经点出了天地异变带来的刹那无常。日本三一一大地震引发大海啸，在冲走万物的瞬间，日本人再次坚信，一切存在于时间中的万物，没有例外，都要寂灭。

既然生者必灭，会者必离，那么，人还要追求永恒干什么？与其追求不着边际的永恒，还不如抓住眼前瞬间的残美。为此，日本人直观感性地将世界理解为花的世界。飞花不落，飞雪不动。在不落和不动的瞬间，烘焙惜情和哀情。这就如同《源氏物语》里的源氏，看到秋花岑寂的嵯峨野，直叹美景已去，悔之晚矣。所以日本文化就其本质而言是阴柔文化，一明一灭一尺间，非常物哀。不过一旦阳刚，便很残酷。你很难想象三岛由纪夫的头颅，是怎样被介错砍下来的吧？

花吹雪，月朦胧。瞬间意象敏锐了日本人高度的感悟力。而高度的感悟力又养成了日本人在意他人感受和相互体谅的心情文化。如果将这种心情文化放入空间和造物的细节里，那么如同黑川雅之在《日本的八个审美意识》中所说，由"细节的集合体构成的环境，则是日本的理念"。这里的精彩之处在于，如果每个人的心中都在意他人的感受，那么这个相互形成的共鸣感，就形成了日本的美意识。黑川雅之将这种美意识形象地比喻为"女性复杂而又充满温柔的身体"，这种身体能将"对方舒适平和地卷入其中"。

日本学者山口周在二〇一七年出版了《为什么全球精英都在培养美感力》，一下成畅销书。在 AI 恐慌的今天，在 MBA 无用的今天，唯一的生存法就是自己养成美感力。二十一世纪，是感性获利的时代，更是美感力竞争的时代。从美感养成来看，日本无疑又是捷足先登。将《源氏物语》翻译成现代日语的田边圣子，将《源氏物语》与宝冢歌剧并列。她说这两种文化样态，所要表现的都是没有胜负、不分黑白的世界，有的只是瞬间的爱与恋。对不完全、不对称、不规则、不逻辑的感铭与发现所带来的美，照日本人的说法就是"负的美学"或"减法的美学"。残月、枯枝、粗碗、古庵、落花——不完全之美总是孕育着余白，余白则是穷尽了所有观念，具有无限的可能性。

取下眼镜，世界就变得模糊。但日本人就喜欢在模糊中感知新鲜清纯的山水精气，因为这样才能澄明人的感觉。

禅宗为什么能在日本开花？就在于禅的瞬间性和感受性与日本人的心向相符。正是在这个意义上，铃木大拙才说，禅就是日本的性格、日本的灵性。能在修长清澈的眼眉中，发现映现出的鲜嫩的叶色，能在增添的一层深绿的碧影中，发现人的手指尖也为此被染绿了，这么一种瞬间性和感受性，才是引领世界的美感力。日本学者铃木孝夫早在二〇一四年就出版了《日本的感性能改变世界》一书。书中论点就是，与其争论不如多体验他人情绪，与其对立不如融合。这个世界有必要融合。

日本二次元文化能漂洋过海，表明它所具有的无臭性。而无臭性恰恰就是普遍的东西，而普遍的东西恰恰就是触及人生命本质的东西。二〇一九年夏天，继《你的名字。》之后，新海诚的又一动画新作《天气之子》在日本上映。仅十天，观影人数就破三百万，票房收入达四十亿日元。何以人气？如果说，《你的名字。》是讲男女相爱却错过的经典爱情故事，那么《天气之子》则是讲人都要寻找到自己的快乐方式。都是对人的瞬间意象的一咏三叹。新海诚在接受采访时说，日本的四季这么美好，但每个人的感受不尽相同。我有自信能表现出每个个体的瞬间。你看，还是瞬间论，还是情绪论，还是感受论。这就如同川端康成一九二七年写《伊豆的舞女》，一九六二年写《古都》。相隔三十五年，当年的感受力没有一点顿挫，还在反复咏叹"花开即死亡，死亡为极致之美"的日式情绪。

十

这个世界需要美感来拯救吗?

对此,笔者只想说,在理性遭遇破绽的今日世界,在"上帝已死"已成笑料的今日世界,任何发想都不为过。这个世界并非万物宜人,但即便满地都是六便士,还是有人抬头看见了月亮。

有一种心向叫「秘花」

日本花文化的一个视角

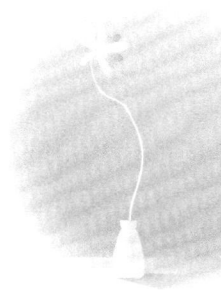

"心中无花，则类鸟兽"

二〇二一年的东京，早早地进入了梅雨季。

石间、路边、竹畔、门侧、篱旁……镜花水月的紫阳花，也早早盛开。紫色、粉色、蓝色、白色，团团簇簇，点缀着初夏的东京。正冈子规的俳句说："紫阳花呀，你是昨日真今天假。"原来，紫阳花在五月长雨沁润下的色变，只在一夜间。

一年多来，笔者在东京防疫抗疫，外出散步也成常态。

走街串巷，计算下来至少路过千家万户了。赞叹的是万户千家的日本人，几乎家家都种植各类花草苗木。道旁路边，房前屋后，浅庭深院，新绿与白花，红花与新翠。庭内花香飘溢，墙外花枝伸展。令人驻足观赏，揣度着绿篱墙内主人的心境，想象着亲手折花，清香盈袖的片刻。恍惚间有女人的呼吸吹落于后颈，用手一抹，原来是一片红红的杜鹃花。日本人说，爱花者无坏人。又说盗花者亦风流。俳圣松尾芭蕉更直言："心中无花，则类鸟兽。"这些话听起来如同暮春晚霞中的丁香，满枝开出紫色小花，幻如迷离的晨雾。不过，日本诗人高村光太郎，在其有"爱的编年史"之称的《智惠子抄》里这样写道："淡紫色的桐花在枝头悄然绽放之时，新茶已正当时令。一年之中，再也没有如五月这般鲜明得刺痛眼睛，又如梦幻般匆匆而逝的季节。"（安素译，中信出版集团 2017 年）笔者以为这倒颇有新意地道出了何谓五月的日本，何谓日本的五月花。

一万两千年前，有人向墓地献上第一朵花。至此，超越兽性，花心成了人心的一部分。而人类向爱意献花，则要晚近得多，年轮上不会超过三千年。本质虽同然，但一个是悲情，一个是欢情。显然还是欢情把花引入了艺术之域。爱情诗的诞生，将花固有的甘美和芬芳与人相连，第一次展示了人情、人意和人思其实就是花情、花意和花思在人世间的一个冥想和礼拜。如《诗经》"彼采葛兮，一日不见，如三月兮"所描述的就是这种人生长情花长意。花开，当然不是为了人类，但人类则用开花来传情和疗伤，倒也生出因缘的文明之花。结婚的教堂，没有一束百合，何来纯洁？伤心的墓地，没有一束黄菊，何来哀思？病人的床头，没有一束康乃馨，何来安慰？流血的战场，没有一束玫瑰，何来杀伐？而在日本，茶室的神龛，插上一株冷冷的山茶，才是不安的魂灵得以安顿的小宇宙。这样看，人若没有花，独活亦艰难；花若没有人，开败亦枉然。这正如多少年前明治思想家冈仓天心在《茶之书》里的领悟："若是牡丹，须由盛装打扮的侍女为其浴洗；若是梅花，须由苍白瘦削的僧人为其浇溉。"（谷意译，山东画报出版社 2010 年）

何谓花的"深渊色"

日本人爱美。为美而迷醉倒也不是童话。美女俳人加贺千代女写下名俳中的名俳："呵呀，牵牛花藤缠吊桶，打水便向邻家借。"为了保有牵牛花零露瀼瀼的美姿，宁可放弃日常的打水。这里，花心与人心表面看"脉脉不得语"，但"盈盈一水间"的互为感应，着实令人舍形而悦影。因为同样是娇艳速朽的牵牛花，在宋人苏辙的眼里，则是"牵牛非佳花，走蔓入荒榛"。由于太野太荒太缠，故俗不入流。毫无疑问，是千代女的牵牛花俳句，为日本花文化留下了最美篇章。这样看，日本家家户户种花植木，是否与这种美的天性有关？尼采说过艺术世界的构成主要是两种精神：一是"梦"，梦的境界是无上的形象（如雕刻）；一是"醉"，醉的境界是无比的豪情（如音乐）。如是而言，梦花与醉花，或花梦与花醉，则也难舍这两种精神取向。江户俳人与谢芜村说："朝颜花呀，一朵深渊色。"何谓"深渊色"？不就是人醉看花的华梦幻景——脚下万丈深渊，醒来满眼碧蓝色。这就如玄奘所言"水色沧浪"。"沧浪"为何色？是单纯的青色吗？难道不该理解为一种灵动色吗？

　　荷马的著名史诗《伊利亚特》，歌咏希腊联军围攻特洛伊九年，为的是夺回美人海伦。海伦的美使他们相信即便搭上九年的劳作与牺牲，也是值得的。想来这位海伦也是闭月羞花、沉鱼落雁了。以花喻人，在平安女流文学《源氏物语》里，将紫上喻为樱花，将末摘花喻为红花，将玉鬘喻为红瞿麦，将六条贵女喻为朝颜。多少年后，在《红楼梦》里，则以芙蓉喻黛玉的"风露清愁"，以牡丹喻宝钗的"艳冠群芳"，以杏花喻探春的"瑶池仙品"，以蔷薇喻麝月的"韶华胜极"。花貌与人貌，花情与人情，花精与人精，可能就是天底下最配之物吧。都说落花最是无情物，但这无情物倒反能触碰有情物——人——的心底之伤、之痛，有时想来也真有愧耻不如蜂蚋之感。川端康成在《山音》中写道："人在濒死时刻，能听到山音，那是自然的呼唤声。"其实以笔者之见，与其说能听到山音，还不如说能听到植物世界的无音之音。这就如同栗树上的毛栗，外壳自动爆开，果实落地的无声之声。又如朝颜花，一旦被雨打湿，连颜色也会消失殆尽。当然，也是无声之声。

日本古典与花

日本奈良时代编撰的最古诗歌总集《万叶集》，共收录四千五百一十六首诗歌。其中有一千五百四十八首歌咏了一百六十六种与观赏和实用有关的植物。《万叶集》中歌咏最多的花木前十依次为：萩（胡枝子，138 首）、梅（118 首）、松（81 首）、藻类（74 首）、橘（66 首）、蓑衣草（44 首）、芒草（43 首）、樱（42 首）、柳（39 首）、梓（33 首）。（参见中尾佐助《花与木的文化史》，岩波书店 2002 年）日本植物文化学家中尾佐助还认定，在世界古典中，提及植物最多的不是《圣经》，而是《万叶集》。进入《圣经》前十的植物都与实用有关，如前三的葡萄、小麦、无花果。中尾佐助对此认为，这就表明颠沛流离的"圣经民"以果腹为主，生活安定的"万叶人"以审美为主。（同上）另外，在《万叶集》中收录作品数最多的大伴家持，歌咏了四十八种植物。而他自家的庭院，种植了加上外来物种的二十一种植物。自然派诗人代表山部赤人，歌咏了十多种花草。作为女歌人登场的大伴坂上郎女唱咏了十六种花木。

到了平安时代，诞生了纤细优美的王朝文学的结晶《古今和歌集》（905）。《古今和歌集》由醍醐天皇指令纪贯之编撰，收录和歌一千一百首，分类出春夏秋冬的四季植物。歌咏植物多达七十八种，其中十五种为《万叶集》所没有的。歌咏的花木前三依次为：樱（61 首）、红叶（40 首）、梅（28 首）。显然，审美心向从梅转向樱是其最大看点。

镰仓时代的《新古今和歌集》（1205），是由后鸟羽上皇指令藤原定家编撰。收录一千九百八十首和歌。歌咏的植物对象有七十七种，虽与《古今和歌集》几乎相同，但有二十四种植物属于新面孔，如紫罗兰、山茶花等。歌咏的花木前三依次为：樱（100 首）、松（71 首）、红叶（28 首）。

描写平安时代宫廷男女色恋的《源氏物语》，共有一百一十种植物登场。长篇小说由五十四帖构成，其中二十四帖是以花木名为其卷名。如我们熟知的有桐壶、夕颜、若紫、末摘花、朝颜、红梅、红叶贺、葵、早蕨、柏木等卷名。此外，《源氏物语》还首次营造了春夏秋冬四季庭园，配置了四季不同的花木。堪称日本随笔总代表的清少纳言的《枕草子》，笔下的植物多达一百二十种。最能表现幽玄、闲寂和无常的吉田兼好的《徒然草》，由二百四十三段文字构成，写入五十九种植物。镰仓时代的歌人藤原定家，在《明月记》里记载自家庭院种有四十五种花木。室町时代的公卿一条兼良，在《尺素往来》里留下自家花圃种有一百一十六种植物的记录。这里成为话题的是藤原定家。他与后白河天皇第三皇女式子内亲王有染，结下匪浅之缘。内亲王不久便薨。世阿弥的女婿、能剧金春流第五十七代当主金春禅竹，以此为素材编导了著名能剧《定家》。喜欢花木的定家，死后变身植物之灵"定家葛"（蔓葛），将自己喜欢的式子内亲王的坟茔缠绕。男女欢情，通过花木蔓葛将其静默（定家终生未能告白心中的恋慕）缠绵，从而让爱欲升华到令人"妄执"的程度。真可谓葛生红叶，焦灼恋色的死魂。

光明皇后说：人必须向佛献花

女人给男人吃草莓，说颜色恰如我的唇红。如果说这是花情，那么江户时代的名僧良宽说，他乞讨的钵里，混杂着紫罗兰和蒲公英，为献给三世佛而用，那就是人情了。和泉式部，这位与敦道亲王在宫中偷情的平安女歌人，被春夜的梅花香惊醒过。她将杜鹃花的殷红，比喻成爱恋之人的穿衣色。这位女子清楚地知道世上并无恋色，但她的心就是为其深深所染。她说最知人世无常的是朝颜花，它让人带着梅花香看樱花。而那位说出"月非昔时月，春非昔日春，我身依旧是我身"的在原业平，则道出一个"心秘"：世上若无樱花开，春心方可平。他聪明地将自己的好色遍历归于樱花乱开，乱开导致乱性。这就如同谷崎润一郎，将阴翳归于自己如厕时茅坑下面的暗流涌动。

美女清少纳言则对向日葵有感觉，说能随着太阳的移动而倾斜，似乎不是寻常的草木心所能有的。向日葵花色虽浓，但并不劣于开花的棣棠。奇怪的是清少纳言对梨花没有感觉，说它没有妩媚的颜面，色彩也缺乏趣味，属于"扫兴之物"。不过她又说"唐士"将其当作名贵之花，想来必有其理吧。杨贵妃曾对着玄宗帝的使者，说她哭过的脸蛋就是"梨花一枝春带雨"。在清少纳言看来，能将自己的面貌喻为梨花，恐怕也不是随便说的。

俳人正冈子规写鸢尾花是他最后的春天。写紫藤花枝太短，无法垂落至榻榻米。写蔷薇的新芽长出红色的软刺。无不给人小清新之感。当然还有诗人北原白秋著名的"花问"。他的短诗《蓟花》："蓟花，今天也是紫色／花刺闪亮在日暮时分／不知何时，从田野走来／一道孤影／伤感垂泪一妇人。"（《白秋抒情诗抄》，岩波书店1988年）这里提出的花问是：是田野中的蓟花像垂泪的妇人，还是来看蓟花的妇人对花伤情？回答这个问题的预备知识是，一说蓟花是圣母马利亚将基督被钉在十字架上的钉子取下后，埋在地下而生长出来的植物。若这样说，还是来看蓟花的妇人对花伤情垂泪。其结果构成了文化意义。这就像喜多川歌麿的《娘日时计·辰之刻》图式中，清早的美女不经意间抱着青色朝颜花。这幅浮世绘成了日本的国宝。这里，如果美女是抱着桃红色或浅黄色的朝颜花，恐怕难成国宝了。至于为什么，留给读者思考。

本真地爱花懂花护花者，史上究竟有几人？陶渊明当然算一个，在竹篱暗影前，与野菊悠然座谈。不过日本奈良时代藤原不比等的女儿，做第四十五代圣武天皇妻子的光明皇后，是否也能算一个呢？她曾留下"摘汝者我手，受辱者汝身，嗟哉花者"的经典花（话）语，但更为本质的是在日本佛教文明史上，一千三百年前的光明皇后第一次使用"花御供"（はなごくう）这个词语——人必须向佛献花。这里心月孤圆、光吞万象的是：花被赋予了人的精神。或，人的精神被花观念化了。

艳丽的生命，在艺术的面前死去

日本花文化中的一个物语。

在京都聚乐第自宅的花圃里，茶人千利休种上一整园的朝颜花。团团簇簇，很是鲜艳。花事传到了丰臣秀吉的耳边，他也颇感兴趣地想去观赏。但就在秀吉公要来的早上，利休把盛开的朝颜花剪摘除尽，整个花圃竟然不存一物，只留下光秃秃的一枝，插于茶室的器皿中。这位权倾天下的大人，想看的东西没有看到，当然满腹怒气。显然，这是相当危险的举动。"天下人"想观赏花簇似锦的朝颜，利休则反其意。无疑，利休触到了秀吉敏感的神经。于是秀吉想出"恶"主意，打算羞辱利休。

梅花应该插在筒形器皿才美，但秀吉却端出一面大铁平盘。言下之意，你有绝招吗？只看利休执起梅枝，稍思片刻，便秀气地摘下一朵花瓣，捻碎，漂散水面。又摘下一朵，捻碎，漂散水面。而后又一朵，碾碎，漂散水面。最后，利休以轻巧之手势，将三朵残梅败枝的树干，倚着水面，斜着搁放在铁盘旁边，转身离去。艳丽的生命，在艺术的面前死去。但那光秃秃的枝干，却孕育着下一次的更高轮回的艳丽。生命的历程，并没有终结。这是一个震撼的过程。满室静默，独闻秀吉大人的啜泣声。

是寒战的啜泣？是动感的啜泣？还是交恶的啜泣？

但不管怎么说，在一件出自宋代名匠之手的铜器里，插上一枝疏懒歪斜、精神突兀的朝颜花，让后人明白何谓"花祭"的真意：花不屠弱，屠弱的是人；花不争艳，争艳的是人；花不枯寂，枯寂的是人；花不流泪，流泪的是人；花不瞑目，瞑目的是人。总之，人在方方面面都配不上花，所以千利休才为花而切腹，为美而殉死。以这种方法去死，花道也成了"圣道"。日本的花文化，遭遇千利休，才是一切问题的正解。这就像秋天，总是把最后残留的孤寂和苦笑给了柚子。这样说，利休就是日本的秋天。

当代花道大师川濑敏郎在《四季花传书》一书中说：
"当刀刃切入腹中，利休眼中映现的油菜花的黄色，不正是
净土之光吗？而且，表现极乐净土之光的并非金色的阿弥
陀佛，而仅仅是油菜花这一点，正是利休舍命完成的侘寂革
命的真正价值。如果不是油菜花，而是山茶花，是无法描绘
那种幸福情景的。呈现的只能是一位悲剧式茶人万般悔恨
的表情。这就是花的魅力所在，一种花就能够讲述人的一
生。"（杨玲译，湖南人民出版社 2015 年）直到今天，三千家
（日本茶道表千家、里千家和武者小路千家的总称）在利休
忌日会挂上利休的肖像，供奉插在胡铜经筒里的油菜花。

花情与人欲的互为映照

在日本花文化中，美的具象化，应该是清早一室的榻
榻米上，一枝被人折断的插瓶白蔷薇，带着晨露，在微醺中
轻轻战栗。有着精心修饰的矜贵优雅，却又楚楚可怜、纤
弱无助，像在乞人爱之疼之怀之念之。这种美，让人既想
把它作为圣物供奉于祭坛，又想把它作为路边花狠狠蹂躏。
这种美，带着晨露的清新，但不久就会褪色枯萎。正因为
美的转瞬即逝，所以永恒存在的是瞬间。

日本摄影艺术鬼才荒木经惟，可能谙熟其道，所以，
在他的镜头下，花如女人，女人如花。花朵是他对性欲与

欲望的隐喻表达。荒木在二十世纪九十年代就出版了摄影集《花阴》和《花曲》。在他特写镜头下的花朵，其形其状其神其韵无不让人联想起同特质的女人。情色意味不言而喻。但唯其情色，我们才能在哪怕是衰哀颓废的残叶败枝上，仿佛依稀窥视到了恍若老去的游女的心痕，给人一种残忍的真实和真实的残忍——生之惨烈，死之物哀。诱惑的芳香、妖艳的香气。从瞬间怒放的荣华到枯萎终焉，散发着情欲的优美而狂猛的花、花、花。精灵轮舞着，在有限的存命中，持续着美的祭祀。

　　荒木经惟东京的三轮老家，离荒川区的净闲寺不远。略带荒寂的小寺，供奉着原江户时代吉原游廓的青楼女子的亡灵。他常去寺院，向她们的墓地献上彼岸花，不无怜悯地想象着生于苦界，死于净闲寺的游女们，当时情欲与毁灭、被宠与被弃的景象。花的雌蕊在变红变紫后的急速枯萎，犹如她们的老去与风化。或许这触动了荒木柔美的初心，一九六七年开始在净闲寺拍摄彼岸花。这是他与花的最初相遇。"花在越接近死亡时越具有生命力。即将枯萎之前是最美的。靠上前，听一首醉于性灵的花曲。""花枝将脑袋深埋大地，倒立而无羞耻地叉开双腿。引蝶招蜂。'呵呵，俺已经进入啦。'葬送曲在鸣响，瞬间的欢情，给花带往死亡地狱。这情欲的祭祀日。"（《花曲》，新潮社 1997 年）这就令人想起宋人晏殊的"红颜岂得长如旧，醉折嫩房和蕊嗅"

的词句。去了暧昧剩下露骨，但也是花情与人欲不可多得的一个互为映照。

荒木的爱妻阳子，就是一枝花。花朵肥厚，色泽浓郁，芳香迷人。想拍就拍，想怎么拍就怎么拍。但阳子的生命停滞在四十三岁。消失了实体之花，便转向虚体之花。以虚体之花隐喻阳子的实体之花。或许对阳子的胴体太过熟悉，因此无论是花阴还是花曲，对荒木而言都是那样的可亲可近，那样的感物如斯。恍如阳子再现，情欲再生。你去看"花与 Jamorinsky"系列摄影作品，那条趴在花芯中爬行的壁虎／蜥蜴，不就是一个美丽的隐喻吗？隐喻着男人，更隐喻着他自己。在花朵的温存下，兑现着两情相悦。"Jamorinsky"是荒木在日语"yamori"（壁虎）发音的基础上生造的一个词。充满创意的"荒木"（ARAKI），又一次模糊了我们对情色的定义。或许由此故，二〇一九年七月在北京 798 艺术区举办了为期两个月的"荒木经惟：花幽"摄影展，共展出引发轰动的五百余幅"花系列"作品。这是破天荒的。破常识的天荒，更破观念的天荒。

日本作家笔下的花

在日本的小说家中，写入植物数最多的要数夏目漱石。文学评论家古川久著有《漱石与植物》（八坂书房 1978

年）一书，说查考漱石的所有文字，发现了二百六十种植物。如写于一九〇七年的《虞美人草》小说，将小夜子比喻为野草"女郎花"，将藤尾比喻为栽培的"热带奇兰"。

漱石在一九〇九年开始连载《从此以后》。小说中出现的花草有白百合花、君子兰、红蔷薇、石榴花、山茶花、樱花、玉簪、铃兰等。小说开首这样写道："一朵八重花瓣的山茶花，落在了枕席上。代助昨晚在榻榻米上确实听到了山茶花落地的声响。在他的耳边，那声音仿佛是从高高的天花板上投掷下来一般……过一会儿，朦胧中的他，看到了有如婴儿脑袋般大小的花的颜色。匆忙间好像又突然想起什么似的，他边躺下边赶紧把手放到胸口，开始检查心脏的跳动。"（《漱石全集》第四卷，岩波书店1966年）

这里，婴孩脑袋般大小的红山茶落地，代助紧接着抚摸自己的心脏，漱石想隐喻什么？小说里女主人公三千代未满周岁的婴孩，死去时的衣着是红色的。小说结尾处，代助的眼前又回转着无数条火焰。红，被漱石反复描写。代助恋着好友之妻三千代，他深感这是不伦之爱，但他"从口中吐出烟圈，还是将榻榻米上的山茶花枝拉至自己的鼻下，让香烟缭绕着山茶的花瓣和花蕊"（同上）。婴孩死去了，但三千代心脏有疾，与丈夫同房再生育的可能性几乎为零。显然，漱石将红山茶指代三千代的心脏，隐喻生殖不能。但对代助而言，他只是夺友人平冈之妻的爱。

这个爱，与生殖与婴孩并无关联。也就是说，性爱并不都归结为生殖。引人注目的是，小说里还出现了芳香强烈的白花——白百合。这里，白百合是作为一个装置，发挥着这样的功用——再建与生殖无关的性爱。或许这也是三千代对着桌上一株白百合，反复唠叨的一个原因。"好香，不是吗？"并把自己的鼻子凑到花瓣旁，使劲地嗅了嗅。代助当然也心领神会，起身走到白百合前，嘴唇几乎快贴在花瓣上，用力嗅着浓郁的花香，嗅到连眼睛都感到晕眩。描写虽具官能，但也唯美。这样看，夏目漱石在百年前就以植物为思考点，提出了与生殖分离的男女性爱何以可能的世纪性人伦问题。这个话题，即便在今天，也仍具有白茶花的雅淡，黄菊的清香。当然更有桔梗的诡异，女郎花的惊艳。

在日本小说家中，对花木做人文思考最具深刻最具意义的，笔者以为非"怪才"涩泽龙彦莫属。这位在一九八七年去世的"暗黑美学大师"如是说：在日本还没有被风花雪月的情调所污染的花木，就属蒲公英了。因此他喜欢三三为黄二二为白的蒲公英，喜欢被人践踏也在所不惜的蒲公英。他认为，多少年来樱、梅、菊被披上本土性的袈裟，过于沉重过于观念而无法让人喜爱了。"我家庭院的草坪缝隙间，每年都会有蒲公英陆续盛开。特别是光照好的地方，花茎会特别精神长得笔直，总让人有种春色烂漫之感，我就会变得非常开心。"（涩泽龙彦《巴比伦空中花园》，袁璟译，湖南文艺出版社2020年）他在另一篇题为《紫阳花》的随笔中说，自己二十多年来就一直住在以紫阳花寺闻名的明月院所在地。他为此设问：盛艳在五月雨季的紫阳花，真的只能开在贫穷的寺院内或家宅的后门？涩泽龙彦坦言在明月院看着那些备受瞩目的紫阳花，自己"就像是看着那些出道为艺人的少女一般，有些异样的错位感觉"。紫阳花渐自干枯，自然地变成了干花，花萼带有些许绿色，就像是紫阳花的幽灵一般。"我对其甚是喜爱，便剪取这些天然的干花，插入广口的花瓶中。"

那位口叼蔷薇，让摄影教父细江英公拍摄《蔷薇刑》的三岛由纪夫，则对菖蒲情有独钟。他在一篇随笔里写道："每当看到在五月端午节盛开的菖蒲，我就不由得想起隐藏于武士道精神中那充满肉质的东西。"在三岛看来，能与五月青空凛凛抗衡的，非悄然无声却又妖艳无比的菖蒲莫属。他在二十岁时写过小说《菖蒲前》，并把它改写成小戏曲上演。其故事梗概为：源三位赖政因征服怪鸟之功，被赐予爱恋已久的宫中美女菖蒲前，而她的前世是一朵菖蒲花，赖政本人前世则为制作名弓柄的檀香树。三岛发现两人早在前世就已相恋。

当然，还有那位坐在咖啡店里暗恋男人几十年的森茉莉，其长篇小说《甜蜜的房间》也充满了温润香甜的植物味。笔者读完印象深刻的有两处。一处是柴田帮藻罗洗澡。柴田在结婚的六月，曾经剪下一株深红色的百合花。当时她还记得，从百合花嗅到的慵懒香味和擦拭藻罗身体时不经意间闻到的香味，非常相似。"那是一种植物性的、十分清爽的香味，却有着一种执着的黏性，附着在藻罗皮肤上。"另一处是彼得与藻罗的情事。在残留着前一晚雨的湿气的房间内，"彼得疯狂地吻遍藻罗全身，就像是一只蜜蜂在百合的慵懒香气中，埋没在花瓣般的皮肤里，浑身沾满了魔力的花粉"。（王蕴洁译，译林出版社 2016 年）看来森茉莉相当喜欢百合慵懒的香气。青春藻罗身上的百合味，是否就是隐喻她自己身上还不时散发出的百合味？她晚年坐在咖啡店燃烧恋情，是否想表明自己花型虽枯，色香依旧？有情有意的蝶与蜂，快快飞来采花粉。

动漫小说家新海诚在几年前出版的《言叶之庭》，是将雨滴、新翠和情愫连接得最为痴人痴心的，表现得最为雨送黄昏的一部轻小说。一个十五岁的高中男生，一位二十七岁的中学古文课女老师。你看，两人撑着伞走到位于池畔的紫藤花架，并肩站在如瀑布般垂绽盛放的紫藤花底下，孝雄这才发现自己比雪野高那么一点点。心中隐约想着，太好了。紫藤花上的水珠纷纷滑落，在池面上画出美丽的涟漪，就像是某个人把心意传达到某个人的心里一样。（角川书店 2014 年）

顺着"秘花"的思路

"秘则成花"（秘すれば花なり）。这是日本花文化中的一句名言。出自成书于室町时代的《风姿花传》。作者是能乐大师世阿弥。我的内心深处，对你来说可能是地狱。所以，必须藏匿，必须隐晦，必须含蓄，必须幽玄。一如花木，绝不是为了彰显自己的美才盛开才耀眼。在应绽之时，在应绽之地，也就是说在特定的时空下，不刻意且不经计算地自然绽开，才是花之趣花之情花之意。这种美才会令人过目不忘。一如在晚风中摇曳，在夕阳里闪烁的芒草。叶与穗，人们记住了它的泛白而干枯。秘则成花，不秘则无花。夏目漱石写有短文《子规的画》。送给漱石的正冈子规画作，是插在小花瓶里的关东菊。花、茎、叶，三种色。开花的枝头，只有两个花蕾。数一数花叶，也仅有九片。这凄凉小菊，笼罩在一片白色里，周围则是用冷蓝色画绢裱褙，太冷太寂。不过虽拙犹美，虽秘犹丽。

顺着"秘花"的思路，我们对接的一个问题是：是否日本人自古就有的"秘则成花"美感意向，才是导致牡丹在日本人气很晚的一个原因？牡丹朵大如盘，花型丰满冶艳。初开绿白色，盛开纯白色，近蕚处呈粉红色。不过我们在《万叶集》里找不到牡丹之歌。成书于八世纪的《古事记》《日本书纪》，也没有相关表记。平安时代的《蜻蛉日记》，或许是牡丹在日本的最早记载。作者藤原道纲母说她在京都西山鸣庵的般若寺观赏到了牡丹，时间是在仲夏六月。在书中牡丹被表述为"ぼうたん草"。再之后的《荣华物语》里也出现了牡丹。当时权倾一世的藤原道长，在加茂川边建造法成寺，将庭园想象成观念中的极乐净土。"御堂池边，种植了蔷薇、牡丹、唐瞿麦、红莲花。"这四种花卉都是当时最先端的外来植物。红莲花，让人联想到西方净土，那是从印度来的花与思。这样看，牡丹在日本确实认知滞后。因为同样是从中国来的梅，当时就受到贵族的欢迎。《万叶集》里咏梅歌为第二多。一轮梅花／绚烂牡丹，非常不同的花型、花心、花意与花趣，表征着美的存在的不同。大富大贵的华丽牡丹，嫣然一笑百媚生，万千野花皆失色的牡丹，显然与日本人的"秘花"心向不符。宋人周敦颐写有名篇《爱莲说》，说陶渊明爱菊，自唐以来世人爱牡丹，但他独爱莲，爱它的不染不妖不蔓不枝。若与人格相对应，菊之华对隐逸者，牡丹之华对富贵者，莲之华对君子者。这就表明即便在中国，牡丹也绝非人人都爱。

在日本，明治落语家三游亭圆朝，二十五岁时创作怪谈故事《怪谈牡丹灯笼》。江户上野地区的旗本大小姐阿露，在一天雨夜化为提着牡丹灯笼的亡灵。幽静的四周，传来"喀喇喀喇"的木屐声，阿露笑盈盈地站在恋人新三郎的门外。这里牡丹成了亡灵的一团光亮——灯笼，使新三郎不寒而栗。想来在日本人眼里，牡丹意念着孤灯照晚窗的花妖鬼魅。或由此故，蒲松龄《聊斋志异》里脍炙人口的《香玉》物语，在日本直译为《牡丹与耐冬》。这就直指香玉为白牡丹花妖，使得落魄黄生至性至情，死后变成白牡丹花下的一株赤芽。子夜荧荧，灯昏欲蕊，全是因缘了这花妖牡丹。江户时代的博物学家贝原益轩说过，观赏牡丹，以上午十点为宜。过了这个时点，花之精神便渐衰；正午过后，则不识为何物。这样看，牡丹确属精气之物，才会变身花妖，与世间男子相恋吧。司马辽太郎在成名前出版过短篇集《花妖谭》，其中写有黑牡丹与老人奇异之死，读来也是花妖鬼魅气。

面对花木的神秘冲动

在日本，有从竹子里诞生的美少女"辉夜姬"传说，表明花木与人的生命相连的信仰。花茎若被折断，人体就会汩汩冒血，不得不走向死亡。"愿死在春花下。"日本中世诗人西行欲去他界，找了一个连花都要脸红的借口。春花说，你可不要来。在希腊神话里，人则直接变身植物。如变成月桂树的少女达芙妮，变成水仙的纳喀索斯，变成莲花的阿多尼斯。写有名著《风土》的哲学家和辻哲郎，曾对莲花大加赞赏。说给予日本人深刻精神内容的佛教，也是以莲花为象征。大大的花瓣上美丽弯曲的线条，柔和而高雅的颜色，光滑并散发着清新气息的叶子。高出荷叶的莲花，表明我们的祖先由莲花生出净土幻想，并意味着母亲生殖的神秘。这就与我们表君子的出淤泥而不染，在思路上大相径庭。

花色每天都在变化，花彩也在快速褪去，最终的结局就是枯萎和零散。由此故，花的情欲总显得性急而疯狂。为了诱惑和吸引昆虫以及蜂蝶，就不断地散发香气、光泽和汁液。这就令人想起歌川广重的浮世绘《翠鸟与鸢尾》。鸢尾花在风中摇曳，一只翠鸟被浓浓花香吸引，渐渐飞近，企图占有之。但花越是这样，越是色衰气绝得快。生的欢愉是建筑在快死之上，美一定生息在死亡之中——花木就如此这般地向我们人类述说了这种生死转换。反过来，花木的由生到死也很好地解释了人为何有时会对着荒野的植物发泄，留下蛞蝓般痕迹的疑问。这种异教式的冲动，表明人确实是将植物视为爱神与花精的。

僧人良宽有一首汉诗《花与蝶》云："花无心招蝶／蝶无心寻花／花开时蝶来／蝶来时花开／吾亦不知人／人亦不知吾／不知从帝则。"这里，蝶无心，花也无心。就是因为无心，才会生出不可思议的可思议处：蝶来时花开，花开时蝶就来。这里，良宽为贞心尼唱出了最高情分的恋之歌。良宽和贞心尼，一个七十岁，一个三十岁。一个是和尚，一个是尼姑。照理说，一切的情欲，一切的爱慕，一切的思恋，都不应再发生。但是，七十岁的良宽，在三十岁的贞心尼身上，还是发现了无心而有心的共鸣之魂；三十岁的贞心尼，在七十岁的良宽身上，还是找到了无为而有为的梦幻之乡。这花与蝶的"不知从帝则"，良宽说才是自然之趣，宇宙之理。

在西方，记得英国作家王尔德在《狱中记》中，也将花木视作情欲的一部分，并表白自己"明白泪水在蔷薇的花瓣中守候"。西班牙超现实主义画家达利的油画《变态的水仙》(1937)，则想表明没有比水仙更能体现早春神秘的情欲和青春的虚幻了。痴迷于水中倒映的自己，却因苦恋而憔悴死去——希腊神话中化身为水仙的美少年纳西索斯(Narcissus)。由此，水仙的英文名"Narcissus"也就成了自恋的代名词。而所谓自恋，在弗洛伊德那里则定义为成人的性冲动（力比多）转向了自己。

毫无疑问，水仙在日本也多表意"力比多"。如大家熟知的室町时代的一休和尚，在其诗集《狂云集》中，有一首题为《美人阴有水仙花香》的人气汉诗：

楚台应望更应攀，半夜玉床愁梦颜。

花绽一茎梅树下，凌波仙子绕腰间。

梅花树下，开着一枝水仙花。仙女在轻轻地走动。柔软的细腰间，飘逸出水仙的清香味。这里，宫廷花园的景色和美女裸身轻睡，随着身体的轻微柔动，肉体的清香也就飘逸而出。同床共枕，一休和森女在夜半的玉床上，构筑"愁"与"梦"。这里，凌波仙子是水仙的异名。一休用水仙作比喻，看中的是水仙的形、色、香。当时已经七十多岁的一休，写下这首艳诗，表明盲人森女在他的眼里，既是神又是佛——青青的嫩芽与白白的花朵。

或许没有哪个民族比日本人更爱花

镰仓初期的天台宗僧人，以写下具有历史感的《愚管抄》而闻名的慈圆，说过"柴门有香花，目不转睛盯住它，此心太可怕"的话语。赏花为何又"太可怕"？原来，花儿无心而开，我心却被花儿吸引，不可自拔，此乃遗憾之事。无论所见所闻，皆不可止于一处。此事最为要紧。原来，人若过于偏执一物，就不是审美而是宗教了。审美一旦虔诚化，就难以保持审美主体超然独立的状态。也就是说，你可以倾心之，但不可占有之；你可以感动着，但不可胶着着。总之，对客体虔诚一分就是主体自损十分。你看，慈圆的"此心太可怕"这话说得多深刻。它警示人的审美主体的丧失，本质上就是人的自由洒脱的丧失——被物所因。

或许正是在这种无所触及的超然精神状态下，日本人才会用枯萎之花，剪裁搭配后装置成人的心理与人的精神。

这如同将人的头盖骨放至桌上观赏一样，虽然唱的是挽歌，但也是经年累月的"道"。不过，这样想来也是震撼的。人离不开或喜欢花木的一个原因，竟然也是想着无死无生或无生无死的"道"。用人的思虑关照已无生命的枯叶残枝，想让时间不再老去。从这一意义上审视，种植这个行为在很大程度上是时间艺术，本质上显现为一种寂，一种入乎其内、超乎其外的寂。一如《平家物语》所言："岩石青苔，寂之所生。"一如银杏落叶后，枝和干依然在清爽的冬空里，描画出刚毅的墨线——一种孤傲的寂力。显然日本人用他们的美感力，找到了时间的真理。

可不，每当走过日本人家的屋前院后，看到片片点点的红花绿叶，笔者就想起多少年前日本人就"浇花"用语实施过一个调查。问：是用"植木に水をあげる"谦让语的好，还是用直显卑俗的"植木に水をやる"的好？结果是年轻人倾向用前者，上了年纪的倾向用后者。也是个颇费思虑的奇语怪文。汉语世界里，"凋谢"一词可用于所有花草，但在日语世界，则用心颇具。如樱花用散る，梅花用零れる，椿（山茶）用落ちる，牵牛花用萎む，菊花用舞う，牡丹用崩れる。选用散、零、落、萎、舞、崩等不同动词，表现的是人对花的青春不再的一个惜别一个感铭。要说纤细之美，这就是相当到位的纤细之美了。日本在二〇一一年就对小学一年级女生做将来想从事的职业的调查，占第三位的是开一家小花屋。十年过去了，这个职业选项没有跌出过前三。显然这是日本女孩对平安时代以来上京卖花的"白川女"职业的一种憧憬。她们的思路可能很单纯：泥土中，又白又小的荠菜花就是美的全部。

　　不错，爱花之心，人皆有之。但正如日本文化史学者高桥千剑破所说："或许没有哪个民族比日本人更爱花。"日本人"不仅喜爱花的美丽，还希冀寻求花的精神，于是有了花道的诞生"（《花鸟风月日本史》，河出书房 2011 年）。如是而言，花木在日本人形成文化感性的过程中，对其最本质的部分给予了重大影响。可以这样说，日本的花文化，体现了日本思想的美感本质——我们无法用概念表现何谓"花见"。日本曹洞宗开祖道元，在其经典著作《正法眼藏》中谈论梅花。深雪三尺，大地漫漫。说这尽天尽地的白，这深雪漫漫的白，使人身在白中不知白。雪野飞来一只白鹭，也无人指鹭为白。但在雪漫漫大地中央的一枝红梅，成一现的云华。梅的一色一香，使白显现出最初的那个雪漫漫的白，使人自觉表象的那个白。所以，道元才感性十足地讴歌"春在梅梢带雪寒，华开世界起"。你看，这里没有对白对红的概念定义，但你的眼前，一定有了雪漫漫的那个白和白漫漫中的那个一点红的图式。

　　原来，美感就是这样舞动世界的。

透明的蓝与最大密度的蓝

日本文化私观种种

一

　　一位青衣女子正在修补格子窗，午后的阳光射进，显得清洌飘逸。女子用白纸剪出雪花结晶的模样，替换格子窗的破损处。无疑，这是日本才有的场景，这是日本才有的"今秋花上露，只湿一人衣"。

　　日本美人图，给人的感觉首先是肌肤白嫩，肌理细致，瘦面小唇，富士额头，清凉之目，黑发丰饶。这种美的意识从明治到大正时代直至今日，都是日本美人图的基调。所以，若问美人画如何表现，日本人的感官论是：颜／眼／眉／手／足／发／颈／指甲／肌肤／衣裳。一九四八年去世的美人画画家上村松园，这位酷似张爱玲的一代奇女，一辈子就是画日本美人图。一九四二年她完成《雪》的构图。图中的美女在霏霏雪花中，撑着一把纸伞。雪中的她，一贯盈盈之眉，似乎被雪消融成了极细极模糊的线条，宛如落在蚊帐上的萤火虫，闪烁着青亮亮的光泽。上村松园还出版绘画随笔集《青眉抄》。看似是漫不经心随手拈来，但实质却是论述青眉如黛的专著。你看她的文字：

"青攒攒的青眉，让人感到一股令人窒息的魅力。"

"青眉是独具日本色彩的端庄圣洁之眉。"

"生儿育女，成为母亲的人才有资格剃青眉。"

"画眉毛时最花心思的地方就在手笔上。"

九鬼周造是日本少有的哲学家。但就美人这个话题，他也说得很精彩。在著作《粹的构造》中，九鬼这样论述日本女人的美：把雪白的肌肤与白色浴衣间若隐若现的红绉绸腰带踢出来的姿态，是多么的美呀。进屋的婀娜女子拎着左边裙摆，刻意露出雪白的天足。显然，在九鬼的眼里，她们既是供人喜乐的艺妓，同时也是韵味十足的幽玄之女。一九一七年，美人画家北野恒富完成题为《风》的画作。图中一位年轻女子用双手拼命压住和服的裙摆，但戏闹的秋风还是吹开了水色和服的下摆，露出了雪白。三两枯叶在女子周边飘舞，粹意十足。

拉下后衣领露出后颈发髻之媚态，提着和服左裙摆走路，特意露出雪白的脚。这些都是经验着的"粹"——九鬼周造有着艺妓出身的母亲，这位母亲恋上有妇之夫冈仓天心，最后进了巢鸭精神病院。竹久梦二在一九二六年完成《紫色春夜》图。美女扭转头颈，露出一段粉嫩的白颈，搭配着瘦面小唇，两眼泪汪汪，非常的惆怅与水灵。脖子上的浓妆，是为了强调拉下后衣领的媚态。而曾经活跃的媚态一旦消失，带来的则是倦怠、绝望和嫌恶。这是日本女人才有的心境。因为日本女人的脖颈，是用来强调气色的。

一九七二年去世的伊东深水，在一九二二年完成题为《指》的图画后名声大振。整个画面墨重色浓，但唯独美人的手，是粉嫩的白，如夕颜花。美人在竹床轻轻坐下，黄昏的幽暗，连带细白的夕颜花，都被周围无声地吸入。但女人致福的表情，如玉透亮的手指，黑色丝缎和服透出的肌肤，实在媚态艳丽。黑色木屐的玻璃色带子上，露出白瓷般的足指。

二

一九八六年出生，京都大学毕业的最果夕日，近年在日本走红。她的最新诗集《夜空总有最大密度的蓝色》，感觉是一个非常有诗意的书名。但当你读到这样的诗句，你能想象那最大密度的蓝，究竟是一种什么色吗？

"想要让什么诞生的话／就必须试一试死亡。"

"如果把死视为不幸／也就无法好好去活。"

"爱上都市的瞬间／就像是自杀一样。"

诗歌集也能改编成电影，表明这个诗歌集一定是触动了生命，一定是冷彻了周遭，一定是孤独了心魂。瞬间与本真一定是这个诗歌集的最大密度的蓝。究极而言，诗是一个国家的记忆。而日本恰恰又是诗的国度。那么日本的记忆，日本人的记忆，也正是由诗人留下的那个清冷与小白："不会死亡的事物／不会终结的事物／便不可能是美丽的。"

小说家村上龙，在一九七六年出版处女作《无限接近透明的蓝》。也是蓝。透明的蓝。但这透明的蓝，如同一块粉碎的、锋利的、带有棱角的、沾有血迹的玻璃片，上面凝固着痛楚、伤害与虚弱的影子。一群绝望的人在吸毒，在荒淫，在堕落。在让人呕心的同时，又隐约觉得痛快。这就如同水面上密密地泛起成千上万个波纹，宛如一个透明的果冻，折射着透明的蓝。显然，村上龙的蓝与四十年后最果夕日的蓝相比，都有一种聚焦边缘的尖锐，都有一种乐死拒生的怡然，都有一种及时行乐也空虚的迷茫。显然，这里没有"我喜欢你，想和你去赏花"的那种仰头看花低头喝酒的痴情状。

三

切开紫色的羊羹，夹着红豆的边口露出表面，宛如寒空月光下错开的漫野白梅。这种黑暗中的白，眼睛难以区分，但镜头可以区分。镜头能拍到人内心的暗处。在日本，如果说荒木经惟是情色摄影大师，那么杉本博司则是哲学摄影大师。

可以把光影穿在身上吗？杉本博司问。他的作品，黯淡，冰冷，无生气，但不能说没有意义。因为虚空也是意义，东洋禅里的空／圆／寂／零／一，杉木则用镜头，将生命一瞬、万物归一鲜活化了。他的摄影作品《海平面》，就是人类诞生之前，大海的氤氲绵长。黑与白。水与天。不分时间不分地点。海，从时间的巨网中过滤；天，从时间的巨盘里提取。海浪和波涛，在时间的洪荒之下，可能是去年的台风，也可能是今年的海啸。但在杉本的镜头下，海被还原成了一种抽象，一种观念的样态。失去了时间的元素，凹凸出的是一个灵魂不随时间之变而变，遂成永恒之静谧。

重叠了全人类共同记忆的风景是什么？杉本运用黑白，长时间曝光分割画面，给出的一个答案是海景。于是，他从一九八三年开始拍了二十年大海。如果说世界上有什么画面是亘古不变，且最可能是我们和远古人类共同凝视过的，杉本以为就是海了。古时的海与今日的海，有什么不同？想起李白的《把酒问月》："今人不见古时月，今月曾经照古人。古人今人若流水，共看明月皆如此。"李白用共时记忆将月串起古人和今人。亘古不变的是月，流聚不息的是人类。在时间中分化最少、在历史中改变最少的元素是什么？答案是水与空气。那么，拍摄海平面，用水平切开，不就是天际—海面—水平线的共时风景？如是这样，一个恒绵不变的远古，不就轻巧且智慧地转换成了最空／最无／最纯？于是，我们看到了东洋人的诗意，在海天一色里，在氤氲时间里，绽放出一种抽象。这就如同星火虽不及你的眼眸，却更显真诚与纯净的美。二〇〇八年，杉本博司的《海景》系列中的单幅作品在伦敦拍出一百二十八万美元的高价，为当时亚洲摄影作品的纪录。

杉本博司有一本随笔集叫《直到长出青苔》。青苔，联想着黄昏，联想着伤感。孤单一人，伫立在夕阳下。直到青苔长到我耻部，长到我的唇上，直到淹没了我的名字。

四

女人穿上高跟鞋，那尖锐划破坚硬的瞬间，本质地看是为了什么？

答案近乎仰天：是为了限制你，不让你狂奔。但正因为受到限制，让你回到内在世界，深呼吸，做瑜伽，才知心才是你的力量所在之处。所以女人的高跟鞋，之所以能吸引大师级的摄影家，就在于要拍出女人的心，最好的办法就是拍她的高跟鞋。荒木经惟拍过女人的高跟鞋，森山大道拍过女人的高跟鞋。无怪乎梦露说每一位女人都欠发明高跟鞋的人一个大人情。这也是在荒木经惟的镜头下，一丝不挂的女人最后剩下的就是一双高跟鞋和她骨子里的媚的原因。

拍女人的红唇，森山大道说这是烈焰之焚。这令人想起森山大道和那只狠狠的野狗，对应着荒木经惟与那冷冷的高跟鞋。《迈向另一个国度》是森山大道的摄影心经。读着他的心经，才明白有时候粗糙的颗粒，比现实来得更为猛烈。他说，我就像无知的小猫，彷徨地存在，心里却算着明天必会发生意想不到的好事。所以，"我能做的就是能拥有一个人静静发呆的时间，如此而已。孤独而忘情地度日。在生鲜超市，在便利店，在百元店那些小而安全的购物行为中，感受一点微小的喜悦"。你能想象这位摄影大师的真意吗？日本诗人寺山修司说，歌舞伎町是挂满霓虹灯的荒野。森山大道则将这个荒野挂满歌舞伎町。

五

在日本，绳缚是一门艺术。亦被称为"绳艺"。

自己被绳缚在固定的狭小空间。绳子的灵巧性和柔软性，增加绳缚的美感与情趣。思想的主观性与被强制的外在性，构成的反差和倒逆，是绳艺的精神力量。绳索带来的触感和压力，几何绳索图案与肉体曲线间的互动，构成被虐式美感元素。无心插柳柳成荫的是，这个美感元素倒也成了时尚设计大师和摄影大师灵感之源。三宅一生折叠服饰的平面几何图形，突出肉体美的紧缚发想，就是源于绳缚／绳纹艺术。荒木经惟导演并拍摄过大量绳缚女人的图片。在这里，拍摄对象是主人，而拍摄者则是奴隶。这种心向的颠倒，是拍摄者灵感的电光。

有绳缚艺术，就有绳缚艺术家（缚师／ばくし）。雪村春树就是日本著名的绳缚艺术家之一。他曾说，绳缚的最高境界是"无我绳"。男女间的情绪交流，用天然植物纤维来制作的七米长的绳具为媒介，显得非常奇妙。绳缚在本质上不在于满足缚师的欲念与渴望，而在于能清晰地探寻作为被缚者的她所传递的细微情感的变化。在日本，绳缚最早是用来对付囚犯的，如何绑得既结实但又不勒得难受，是其艺术的起源。到江户时代，日本已有一百五十多个紧缚术流派。而一八八二年出生的伊藤晴雨，他的《责罚图》则是最早将紧缚作为艺术来表现的绘画艺术。并由此诞生绳缚匠人和这个行业的匠人精神。现在全日本只剩二十多位领证缚师。如何不让这门艺术消失？日本人在思考。为此在二〇〇七年十月上映纪录片《缚师》。由广木隆一执导，有末刚主演。纪录片以三位（其中一位就是雪村春树）活跃在日本紧缚界的缚师为主角，展现他们的高超绳技以及日本特色的绳缚文化——"紧缚是为了拥抱"（纪录片海报的宣传语）。

六

表述日本文化意象，有四本经典的书。冈仓天心的《茶书》，九鬼周造的《粹的构造》，谷崎润一郎的《阴翳礼赞》，原研哉的《白》。这里，我们感兴趣的是白。

什么是白？想起日本文化观察家、留下《日本日记》的美国人唐纳德·里奇。他说在一九四七年去北镰仓圆觉寺的时候，第一次闻到了日本春天的气味，他感觉奇怪——闻起来就像精液。

确实，精液是白的，乳汁是白的，医生制服是白的，抢救室内主色调是白的，人死后烧成灰的尸骨是白的。这也就是说，与生命有关联的都呈白色。白是生命的原初色。白是从混沌中开启人智的电闪雷鸣。正是在这个意义上，原研哉认为白既不是全色也不是无色，而是一种思维，一种感受性。人的思维创作并不需要寻找白，而是要寻找能够感觉白的那么一种感受方式。隐藏于色彩中的那个白，隐藏于绘画中的那个白，隐藏于设计中的那个白，放而大之，隐藏于生活中的那个白，隐藏于心灵中的那个白，你能发现并感受吗？

为无印良品设计的海报《地平线》，是原研哉的设计代表作。这是二〇〇三年的作品。用地平线切开蔚蓝的天空与雪白的湖水，画面的整体带有雪浪堆起的那种空白，像水墨的大写意，晕染与透彻。一片无垠的视觉走向，像一道黎明初启的放量白光，将远古的深层记忆还原于白的创世色。而画面右侧小不点似的人物，则对比出天地人之间的苍茫、苍凉与渺小。日本美的源头就是白？白的源头就是那个空？那个神社的空、踏入鸟居的空、枯山水的空、禅意的空、插花的空、草庵的空？

其实，按笔者私观，早在二百五十多年前，就有日本人用另一种形式讲透了文化意象中的白与空。他就是江户时代著名的浮世绘画家葛饰北斋。他的代表作《神奈川冲浪里》就是原研哉《白》的另一种文本。这幅浮世绘，我们并不陌生，但很少有人从白与空的视角去阅读去思考。画面是巨大的波浪，张牙舞爪，欲吞噬一切，连同这个世界上所有的罪恶。但偏偏就有不怕颠覆的小舟，穿行于浪谷之间。一下上到波的天，一下跌入浪的谷。好像宇宙级的惊险，都集中到了这里。但问题在于就是没有船夫入水。这表明人在巨浪面前的渺小虽然是个事实，但最终能收敛巨浪的还是人，安然于风平浪静之间的还是人。就像远处低矮的白雪富士，它的沉默不语，实则是对渺小与巨大、动态与静态的一个反乱。

银白的浪花和湛蓝的波谷，明灭于浩瀚的大海上。还有比这更滔天更激情的吗？自然之理、世间之理、美学之理，最后都收纳于一个不规则、不均衡的被凡·高誉为"鹫爪"的骇浪之中。惊涛骇浪激起的飞沫，欲将整个宇宙吞噬。看似不可思议，但葛饰北斋还是利用直线和弧线的魅力，交代出这个世界就是由张力系统构成的，交代出这个世界的精神就是由白与空构成的。

于是，这幅画不仅成了浮世绘的代表作，而且也是日本艺术的标志性符号。更为重要的是它为日本人张扬了一种不屈的精神：滔天的巨浪，顺势翻腾的小舟。看似小舟有被大浪吞噬的危险，但一个大浪又将小舟托上了浪尖。而远处白雪皑皑的富士山，则镇坐在波浪圆形运动的远方。带着老翁的微笑，托付着未来。原研哉说，白是一种思维、一种感受。那么，《神奈川冲浪里》的这个白，你能思维，你能感受吗？

七

诗歌可以写"猿鸣三声泪沾裳"，但画家如何表达这泪沾裳的"三声"？图案可以表现瘦骨消残的枯莲，煞费苦心地想挽留那濒临寂灭的生命之光，但十七字节的俳句如何表白枯莲的侘寂？月下听寒钟，钟边望明月。是月还是钟，是钟还是月？令人恍惚与不安，但巧妙的是逶迤写到将至时，便且住。我们一直以为这就是艺术的最高境界，我们一直以为这就是莱布尼茨的"富于包孕的片刻"的艺术之魂。但当我们遭遇野菊花最配白色器皿，遭遇青铜碗的无尽幽蓝恍如夜空的时候，我们想起了千利休给花安置了灵魂。这个灵魂说竖起之花具有宗教性，横断之花具有装饰性。朝颜是淡淡的花瓣，一旦被雨打湿，连颜色也会消失殆尽。

有人小声地问：这也是艺术吗？确实，风吹枯木、月照平沙是艺术；芦苇的尖梢、鹭鸶的尖喙也是艺术；远树无枝、远山无石是艺术；当水波摇动时，网就随着跳跃，仿佛要掬住那逃跑的月亮也是艺术。这就如同在黑夜里，各色的猫一般灰。这是人在月色下看猫的艺术结果。在白昼里，各色的事物一般明。这是猫在阳光下看事物的艺术结果。

谷崎润一郎在《阴翳礼赞》里，就日本女人的肌肤，谈论过自己的观察心得。他认为日本女人与西洋女人肤色差异，就在于日本女人的肉色里潜隐着阴翳之色。日本女人的肌肤即便是白皙的，但在其中也能窥视到微妙的阴翳存在。日本男人在昏黄灯影下，在深闺香阁中触摸女人的肌肤，久而久之的一个结果就是，日本女人的肤色比起西方女人的肤色，要混合和哲学得多。这是从《源氏物语》以来的习惯。而与《阴翳礼赞》同期发表的《日本之女》，则是诗人萩原朔太郎的作品。他也认定日本女人"阴影般的深乳白色皮肤"才是美的决定因素。理想的美人就是白色中有稍许的黄色植入。纯白太过的女人，便与西洋人一样，无趣也不美。化妆后的日本女性之所以美，就在于黄与白的中间带，藏有各种灰色且微明的阴影，非常的纤细。一位是小说家，一位是诗人，都是人在月色下看猫的一个结果。这当然也是艺术的。

八

二〇一八年访日的外国游客首达三千万人次。一个国土狭小，资源有限，自然风光在全球国家中排不到前十的日本，靠什么赢得观光客的喜爱？是资生堂的小黑管口红吗？

文化，在日本并不是我们所理解的"以文教化"。如果说军事力和经济力是外在的力量，那么文化力才是内在的力量。文化人多田道太郎著有《举止的日本文化》一书。里面写了做鬼脸、脸红、微笑、干咳、哭泣、喷嚏、哈气、蹲下、躺下、坐姿、直立不动、蹑手蹑脚等人所共有的举止。这些举止也是一种文化力的表现？这是我们理解的难点。

三十年后的今天，我们重映宫崎骏的《龙猫》，也把这位老爷子吓了一跳。他不解地说为什么是今天而不是当时？是呀，为什么不在当时？我们都知道戴季陶写过《日本论》，但很少有人知道戴季陶还与日本女人恋爱过，生有一个孩子，日本对他来说并不是毫无渊源的异国他乡。所以，他一九二八年出版《日本论》，写道："我们在客观的地位，细细研究，实在日本这一民族，他的自信心和向上心，都要算是十分可敬的。"

被列为奥运会赛事项目的柔道，原本叫作"柔术"，乃脱胎于中国明代的"捕人之术"。我们在略感诧异的同时，又有多少人会想到这是一种文化力内化的结果？不错，是中国人发明了麻将。但我们中国人却把它留在家中，反而把围棋推至室外。日本人则相反，把麻将推向大街小巷，反而把围棋深入家庭作性灵之器。都知道日本人喜欢白居易。藤原公任《和汉朗咏集》选入二十九位中国诗人的佳句二百三十二首，白居易是一百四十二首，为全集之冠。但谁也没有想到的是，日本人喜欢白居易带来的一个结果就是从"雪月花"到"物哀"——完成了日本人精神的构筑。这就如同同样是美甲，日本的美甲常常在基本色上表现出浓淡色调的变化，或在单一色彩上装饰莱茵石或金银色丝线。在甲面不到半寸大小的空间，如何时见疏星渡河汉？日本的美甲师们表现出相当的文化自信。

　　罗马引进希腊文明，并向西欧输出。美国从欧洲文明中获益，再反向输出自己的文明。日本也在文明中先唐化后西化，并在这一过程中再反向输出自己的"杂交"文化。历史本身之所以大体这般重复，在于人类天性的改变，就像地质改变一样，缓慢而悠然。院子里，结红果的树上有蝉蜕。仔细一看，一旁有刚蜕壳的明明蝉，一动不动地歇息。它通体娇嫩，色浅。翅膀如白珊瑚与翡翠的组合，承托着水晶贴在那里。沐浴着朝露，宁静安详。日本人说这就是幽玄的诞生，更意味着发生的瞬间。这当然是文化的。一如女人能听得见风中花朵的音韵。

九

　　现在，来日本旅游的观光客，都要求在东京看一场歌舞伎表演。

　　嗯。歌舞伎有类似中国京剧的地方。但又完全不相同。其实，日本人也看不懂歌舞伎。但在看不懂中体验喜乐则是日本人所愿意的。

　　有两个日本：静谧的日本／喧闹的日本。

　　有两个世界：人死的世界／对诗意生活向往的世界。

　　日本的歌舞伎，应该属于后者而不是前者。

一九六七年，三岛由纪夫看到了十七岁的坂东玉三郎。三岛非常兴奋，说在我身边的这位美少年，非常了不得，如暗黑处的黄水仙。确实，坂东玉三郎这位歌舞伎界的不可多得者，既是早熟的也是晚熟的，既是地狱的也是宇宙的。他的纤巧身段，在舞台上为情色所驱使，从头顶到脚尖，无处不色不情。那套在白布袜子里的足尖儿，那袖口中闪现的华丽内衣的艳色，那白天鹅般长长的颈项，都是为情为色服务的。或者，玉三郎扮演的女形，就是梦幻与现实在偷情的夜晚生下的私生子。可不，六十五岁的玉三郎扮演一名少女。那是《妹背山妇女庭训》。娇俏的身段与柔软的表情，雪白的裸足，即便是一名女性，看了也会莫名地心跳。

从这层意义上说，歌舞伎魅力的一个原因就在于男扮女装的"女形"。近松门左卫门的《曾根崎心中》里，扮演阿初的是中村扇雀。日本人说这种神秘的美是难以忘怀的。阿初与德兵卫。中村扇雀与德兵卫。观客当然将中村扇雀视为男人。但这个男人现在是女性的化身。这个矛盾、这个心结就是女形的魅力，当然也是歌舞伎的魅力。观客相信阿初是女的，但同时又提醒自己阿初不是女的。歌舞伎成功的奥秘恐怕就在这里。早在一九二四年，当时的《东京日日新闻》就梅兰芳的《麻姑献寿》发表评论说，他的美，应该是女演员所具有的，但他不是女演员，却又不属于男性演员。真是似女而非女。一九八六年，女作家圆地文子出版小说《女形一代》。小说以六代目中村歌右卫门为原型，讲主人公（男人身的女形）是如何塑造出一个白粉面颊的女性世纪的。有一种预感毁灭，同时又不信毁灭的力量，这才是歌舞伎女形的内核。

旦角——对不知道的东西加以宗教化。这就是歌舞伎哲学。这就提出了一个终极的问题：女人身、女人心用女人自身是无法演绎的吗？日本的歌舞伎就在这方面做出了令人震惊的回答：是的。女人身、女人心必须由男人来演绎，这是日本文化的一个精髓，也是日本戏剧诱惑人的一个因素。虽然在舞台动作中，从女装半袖中露出的手臂，微动中显现出锻炼过的肌肉，一看就明白是男人的手臂。但是这就是扮演超自然女性的源泉力。无疑，女人身、女人心用男人来演绎，这是令人迷惑的。这种迷惑会使人沉溺于瞬间美的泉流之中，然后生出不可思议的恶，优美的恶。这，是否就是歌舞伎的全部真相？

十

如果把日本比作一幅水墨画，那么障子门就是墨色中最淡的部分。这话出自谷崎润一郎之口。毫无疑问，障子这个建筑装置，为日本半透明文化及由此生出的暧昧文化做出了贡献。在日本，障子纸至少一年要换一次。这也可解释为一种宗教上的"禊"——转换心绪的再生装置。而且障子一定与榻榻米相配。与视线朝上的椅子文化不同，障子屋的视线是往下的。坐在榻榻米上，才能看到障子门上破了一个洞。俳人一茶说从障子洞穴能望见天川。这里的"天川"就是指银河。这里透出的是小洞穴与大宇宙之间的美意识。

春的朦胧与夏的日照，障子会将集束的直线光亮遮断成半透明，光线由此变得柔和与雾霭。所以面对光与影，日本人并不像西方人那样对立与直线地看待。在日本人看来，太阳的移动，光线的浓淡，分有无数的用肉眼难以窥视的阶段，而浓淡阴晴的瞬间，诞生的是我们不太熟悉的景象。建筑家兼诗人立原道造著有《拂晓与夕阳之歌》，写破晓与黄昏之间，自己在后院旱田中的露天澡堂里，一边沐浴晚秋的夕阳，一边泡澡喜乐。写自己遥望着山的那面，淡云如轻纱漂流，蓝天似宝石闪光。显然，他在光线变幻中的每个瞬间，都塞进一首粉碎的挽歌。而另一位著名诗人谷川俊太郎，写有《两个四月》的歌。写刚上学的四月与成人后的四月。幼年憧憬着未来，成人后重叠生离死别。这实际上也是半透明文化触发的诗意。

日本的障子、暖帘、御帘、苇帘，都是风土的产物。障子门开关自如。打开的瞬间，也是屋子境界消失与自然一

体的瞬间。春的吹息，夏的浓绿，秋的枯枝，冬的雪景。肌肤也能感受四季的变化。由此生出俳句的季语，时序的问候，以及观察自然的那么一种纤细并用这种纤细来观照人生。如小说家志贺直哉曾写《牵牛花》随笔，观察到牵牛花的生命不过一两个小时，看它娇嫩的神情，就想起自己的少年时代。与玻璃遮断外部声音不同，障子是透声的。风声、水声、虫声、鸟声、山林声，养成了日本人敏感的听觉。日语中拟声音和拟态音的发达，就与这种灵敏的听觉有关。如拟雨声就有：サラサラ（潺潺滴滴）、ザアザア（噼里啪啦）、シトシト（淅淅沥沥）、ジャブジャブ（哗啦哗啦）、ポッポッ（滴滴答答）、チョロチョロ（涓涓汩汩）等。

日本文学研究者晖峻康隆在《日本人的爱与性》一书中认定：总体上日本民族从古至今都具有单纯明快的性爱意识：爱就是上床。或者，想睡就是爱。这种性爱意识从何而来？笔者私观这就与榻榻米搭配的障子文化有关。拉启障子门是情绪性的，拉闭障子门是情感性的，而这种情绪和情感是有起伏的、不稳定的。住宅可以重建，障子可以重换，过去就像流水，不值得也不必眷恋与追忆。所以西方人在石头砌成的卧室里祈求的是爱的永续性，在榻榻米上生活的日本人，则表现出爱的无常性。见面是分手的开始，而分别则必须是美学的。所以二人性爱也必以美来收场，如著名的阿部定事件以及以该事件为素材拍成的电影《感官世界》，述说的就是这个理。这就像深作欣二导演的电影《艺妓院》。收入人们视野的最后镜头是凉子向老迈的财阀打开她美妙绝伦的身体。关上的障子门，折射出的柔和之光，洒在榻榻米上。

十一

日本学者说中国是一种味。

如日本中国史大家内藤湖南所说，中国确实是一望之下容易鼓舞雄心的地方。所以，即便是文人骚客这样的闲游者，在那里必然也动辄纵论形势。

而中国文人说日本也是一种味。

周作人翻译日本小诗，说初夏夜是"有如苦竹／竹细节密／顷刻之间／随即天明"。

一边是广袤无垠的黄土地，一边是少女般楚楚动人的山水。

日本中世以后，出现了如拙、周文、宗湛、雪舟、雪村、秋月、白隐等禅师画家。日本禅画与中国文人画的不同，在于文人画多具诗意，而禅画多具寂味。文人画用简与淡制造心境，禅画视简与淡本身就是心境，并用这种心境体悟内在生命。那种"月在中天云在山"是文人画的诗意，这里只有他在形式而无自在精神。那种"尘缘绝处来偷闲"是禅画的寂味，这里只有自在精神而无他在形式。如拙的《瓢鲇图》，是自在精神在发问：用葫芦瓢能否捕捉到浑身滑溜的鳞鲇鱼？曾我萧白的《鹰图》，最后的落款竟然是"明太祖皇帝十四世玄孙"。这当然也是一种洒然的自在精神。

俳句有别于小说与随笔的地方，就在于生命力在瞬间迸发出的灵动感。喝上一杯茶或看完一本书，这种灵动感就会消失，所以必须赶快写下，所以必须刹那传递出，否则就会失色与失声。从这个意义上说，俳句是瞬间之物、勃发之物。芭蕉的门生宝井其角的俳句：一轮满月照，榻榻米上落松影（名月や畳の上の松の影）。显然是情事之后的瞬间与勃发。上岛鬼贯的俳句：黄莺戏梅撒尿粪（鶯が梅の小枝に糞をして）。显然是喝得酩酊大醉之后的瞬间与勃发。

谷崎润一郎《刺青》中的女主人公，有少女的魔性。泉镜花《天守物语》中的鹤姬和龟姬，即便全裸，也要留有白色短袜和高跟鞋的纯洁与淫荡，是日本美少女的胭脂与淡紫。但德富芦花是另一种景象。他的代表作《不如归》，写男女私情的万斛之泉就是离别的悲愁；写武男疯狂地挥舞着那条深紫色的手绢；写浪子捂着脸，伏在父亲的膝上；写但闻汽笛鸣响，犹如布帛断裂之声；写蔷薇花心的小虫，是如何啮尽了女人的红颜。如今坐落在东京都世田谷区的芦花恒春园，依旧白梅飘香，红叶灼灼。德富芦花曾经的隐居地，难得的一处修竹，茅屋，杂草，曲径通幽的僻静。

显然，万物会站出来，静静地接受时间的过滤。能够在时间中残存下来的形与色，才是真正的美。人知晓因果，是时间的意识和记忆连接起来的缘故。现在的人则将爱情化作岁时节令在经营，这样的爱，注定存有赏味期限。

一种起源于日本德岛县的阿波舞，至少五百年不变。舞者执具，屈膝前行。头戴草笠，脸面缓缓朝右，直到让天空露出大半轮廓，然后出人意料机械一般，猛然把脸转向左边。永远是二拍子节奏。太鼓、钲鼓及横笛组合的声响，穿透夜半夏日的静寂。"举起手，动动脚，就是阿波舞。"日本人少有的乐达，在夏季得到了宣泄。所以日本人喜欢夏，喜欢那个二拍子节奏的夏。但，这与透明的蓝与最大密度的蓝有关吗？

唯有禅，这生活里的一枝花

日本禅文化的一个视角

一

想不到，与禅关联的词语竟然这么多。

禅心、禅语、禅意、禅思、禅修、禅味、禅风、禅趣、禅缘、禅境、禅肉、禅骨、禅身、禅道、禅师、禅机、禅迹、禅墨、禅家、禅画、禅诗、禅寺……

最近日本人又发明一词为"禅匠"。

禅为 Chan，这是中文发音。

禅为 Zen，这是日语发音。

禅这一字，源于中国，盛于日本。就像梅子，生长在中国南方的树上。一个晚上的黄梅雨，梅子落地，"砰"的一声响。第二天早上，日本人在庭院里捡起熟梅，做起了酒。于是无添加的梅酒广告走进千家万户。原来是开花中国结果日本。

为大家熟知的苹果创业人乔布斯，修行禅宗，去了日本京都的西芳寺（苔寺）。这缘于他十七岁时读到了铃木大拙的《禅道》和铃木俊隆的《禅者的初心》这两本书。当然是英文版的。

一九六八年，获诺贝尔奖的川端康成在斯德哥尔摩开讲，就如数家珍般地以道元禅师的《本来面目》为开首："春花秋月杜鹃夏，冬雪皑皑溢清寒。"不错，道元确实是日本曹洞宗的开祖。但这位开祖是从哪里寻得他的开祖的？是中国南宋的天童如净。也就是说，没有天童山的如净禅师，就没有日本的道元禅师。但川端康成在讲演中的那种自觉与自信，给世界一个感觉，日本才是禅文化的发源地。

现在日本大约有七万五千座寺庙。其中曹洞宗有一万四千七百一十三座寺庙，为最多。临济宗加黄檗宗为六千多座寺庙。虽然只有曹洞宗的一半数目，但临济宗拥有了全日本几乎所有的名寺。除天龙寺为代表的京都五山之外，金阁寺、银阁寺、龙安寺、东福寺、大德寺都属临济宗门下，当然还包括了以圆觉寺、建长寺为代表的镰仓五山。曹洞宗则以福井的永平寺、横滨的总持寺为两大本山。

在禅修的特点上，曹洞宗强调坐禅，临济宗偏好公案。因为"只管打坐"，所以曹洞宗也叫"默照禅"。因为喜好"禅问答"，所以临济宗也叫"看话禅"。

当然，能将禅拍成电影而且大卖的也只有日本。二〇〇九年，日本上映电影《禅》。影片中当时日本的统治者北条时赖，欲抽刀砍月亮，并与道元有一段对话：

道元：（指着池水中映照出的明月）请看，您能将这轮明月劈开吗？

北条：这太容易了。

（北条取刀劈水中月，而后转身面对道元）

北条：我已经劈开了。

道元：真是这样吗？请再看一下。

（此时，水中月又慢慢恢复了原状，池水趋于平静）

道元：月亮切不开，水也切不开。月亮就像本性，水是自我。

月亮是本性，水是自我。这样的禅语，能不触动你吗？

二

禅在日本。

日本人的这个感觉，如同平时穿戴的衬衫和牛仔裤。非常的自在，没有任何过多的装饰。就像冬天透进窗内的阳光,让人有蓬松感和柔软感。但人要静思与放下,则必须是在阴翳深邃的空间。所以禅寺没有一个是明亮的。所以,禅寺必定是在山上,周围有树荫。因为蓬松与柔软,不能直面自己。不能直面自己,感觉上就要放纵自己的身体。脚,要翘得老高才自在;坐,要躺下半截才舒服。但是,阴翳与暗黑不一样。它是要收敛你的身体,收敛你的动作,收敛你的思考。夏天,清晨六点十分。朝东的房间。你去看,是个怎样的景象?你会惊奇所谓的日常怎会是这样?你会惊奇造物主怎会将刚开启的光亮与一晚的暗黑打上禅的本真,让人有坐禅静思的冲动。这就似日本人在屋内光线暗淡之处吃羊羹,观念上也就认为羊羹总与阴翳为伴,深褐中泛着透亮。

指向久远的时光,体验超过人类刻量尺度的时间,在日本人看来就是走进森林。但人不能天天走进森林。那么,替代森林这种久远的观念之物,恐怕就是禅了。禅,既是久远的,也是当下的;既是天老地荒的,也是草莓樱桃的。森林深处,阳光从高处的枝丫间散落下来,斑驳暗影处,则是禅的发生时。日本人特别喜欢在冬天踏入森林。为什么一定要冬天呢?因为能窥探到大自然不同以往的表情。原来禅说,冬天才是森林的魔术师。

都知道用掌心掬水送至嘴边。特别是日本人在进入神社本殿参拜之前,这个掌心掬水动作,绝对少不了。做了千万次的这个动作，很少有人做进一步的联想。联想什么？原来这个我们再熟悉不过的手势，是万千器物的原型。这样看，器物构成的基本要素，就是日常。它既是感性的，又是抽象的；既是眼前的一个鲜活，又是久远的一个冷藏。食用意大利面，用的是白瓷盘和发亮的金属叉子。当金属划过白瓷盘，会发出脆脆的碰撞声响。正是这种划过的声响，日本人说，才是器物的本真。当然更是用餐的本真。换用木叉，虽然也能卷起意大利面，但声响呢？这划破观念之穹的声响呢？凉拌青菜与白萝卜，装盛在黑漆器皿中，会很美。日本木器匠人三谷龙二说，这是他开始制作漆器的灵感。这里，如果没有禅意与禅心，怎么会发现这个配对是美的？

　　一片树叶，一块石头，一枚硬币，一朵花，一只鸡蛋，一粒纽扣，一只鞋子，一只碗，一双筷子——在日本人的眼里，就是日常每一天。虽然见怪不怪，但一旦入神入魂，就是惊喜，就是乐趣，就是艺术。身体的愉悦，带来器物的愉悦，并让使用器物的人也感受愉悦。如此连锁地传递，愉悦会融入器物的每一处。所谓器物的质感，就是愉悦留下的痕迹，当然更是时间留下的痕迹。也就是在这个时候，器物有了人格，表现出了禅意。这就是美的根源，当然也是器物之所以存在的根本。舒心自在，简单生活。日本人说，器物的禅心，就像小小的蜜蜂，会以足相连，并用自己的身长为尺度来筑巢。

三

　　禅不是画得少一点，写得空灵一点，布置得简素一点。
　　不是画个圆相就是禅，不是留下余白就是禅，不是写得空灵就是禅。但禅确实是圆相，确实是余白，确实是空灵。所以，川赖敏郎的插花是禅，安藤忠雄的建筑是禅，三宅一生的皱叠是禅，山本耀司的大黑是禅，原研哉的无印良品是禅，山下英子的断舍离整理术是禅。读金子美铃的童谣诗，小孩也学会了发问：为什么要为沙丁鱼举行葬礼？非日常对日常的拷问，不就是童心禅吗？怎么都是禅呢？原来，禅，无所不在。但是，禅，绝非无所不能。
　　曾经抱怨早餐时盛装黄油的容器不够美观的大导演伊丹十三，在其《女人们啊》书中数落女人说，女人们总有几句经典语录。比如"唉，如果我死了，你会哭吗？"就是一句。"不。你肯定不会哭的。"女人又在自我臆测。笔者以为，若要走红一句网络语的话，可以这样说：女人还真不够禅。
　　女人总是感叹胭脂没有用完，人已经老了。殊不知，老才是胭脂的青葱与禅趣。山本常朝在《叶隐》里说，胭脂粉，要经常装入怀里才好。万一有事，如酒醒或晨起后，脸色难看时，擦一些胭脂粉就好了。芭蕉写寒山画赞，说他拿起扫帚要扫雪，却忘了扫雪。雪下不停，寒山也就扫不停，最后望雪发呆，雪我两忘，进入禅境。

茶道之所以为"道"，就在于没有一种力量能让时间缓缓地慢下来，没有一种方式能让日常在尘俗千虑中腾出一块空白。但茶道做到了。茶道在剥离人类自以为是而苦心经营的一切繁杂之物方面做到了。寄身于茅屋下，端坐于斗室，千利休说，现在我来烧水，点茶，喝茶。如果说，在寻求世界单纯化的过程中，禅亮出的是"父母未生之前的本来面目是什么"的禅问，那么，茶道亮出的则是"移山川木石于炉旁"的禅骨。这是否就是茶与禅的共通之处？所谓禅茶一味，说的是入茶并不难，难的是如何精准地将心神放入茶中。这与参禅相似，坐正姿态并不难，难的是如何听见遥远山谷中，午后的一声闷雷。

再看茶道用的茶碗。手工制作的黑釉茶碗的构造，其实就是禅的构造。微微内卷的边沿，防止茶水外溢，粗糙的表面，易于把握在掌心，感受茶碗的温暖。黑釉泛褐色的色调，是变幻中的积淀。一种慢。但不是漫不经心的慢，而是让你经心的慢。绿茶水边缘上的白色泡沫，在黑涩茶碗中明晰地闪着光亮。用唇边感受厚实圆润的杯缘时，心里深处的冷被热化，像是一个人间才有的吻。茶室里，舍去多余的对话。肢体、衣裙与榻榻米的摩擦，会发出"嘶嘶"的响声。玉露的茶香还在齿间，而隐藏在茶碗深处的灵性，就会与你窃窃私语：用上五年，十年，十五年，甚至二十年，你就会喜欢上我，我也会喜欢上你。因为我也有生命有温度有情感有思想。佐佐木三味的《茶碗》一书如是说。

四

夏目漱石曾前往镰仓的圆觉寺参禅。这是一八九四年的事情。他为什么要参禅？

十六年之后，也即一九一〇年，夏目漱石开始在《朝日新闻》连载小说《门》。小说描写上了七天山的宗助，终于未打开自己的心门而遁逃参禅，默然下山。而宗助的初次参禅体验显然就是漱石自己的写照。静坐下来后的妄念，不断前后乱串，犹如排山倒海般。你看夏目漱石的描写：

> 各种念头掠过宗助的脑海，像浮云似的从他眼前飘过。他不清楚这些浮云来自何方，也不知道将飞往何处。只看到眼前的浮云消失后，后方又立即涌现出来，一片接一片，不断涌入到他的眼前——他越想让这些念头飞出脑海，这些念头反而源源不断地继续浮现。

自己的身体不动，但意念，还没有断绝的从外部带入的意念，就像一群蚂蚁，在脑中不断向前蠕动。坐禅时还用自己的脑子吗？坐禅时自己还是一个他者的我？答案是，如果还用自己的脑子，如果还是一个与己无关的他者，那么就是一个失败的坐禅者。

坐禅也会失败？是的。有的人始终打不开那扇门，所以无法进入。怎么才能拉开门闩呢？小说里的宗助思考着。但禅不收思考者入伍，越思考，禅越生气。最后坐禅也没能帮宗助解决问题。这就恰恰表明禅是人间禅，而不是超越一切的终极之物。这就恰恰表明禅虽扮演众生相，但绝不是阳光普照得不留死角。千人千面，那么禅也是千面对千人。但即便如此，禅还是遗漏了宗助，或者宗助还是与禅无缘。那么禅还是什么？还不是什么？

村上春树有一张脚翘阳台看书的图片。问题在于若是禅僧，是绝对做不出这个动作的，无论有人或无人。看来村上非禅身，但有禅意。他在《挪威的森林》中写绿子问渡边：夏末阳光中的白烟是什么？渡边说不知。绿子说，那是烧卫生棉的烟。原来绿子上的是女子学校，她知道一天至少有一百八十人份的卫生棉被当垃圾焚烧。这里，令人生艳的是，白烟不是烟，白烟是女生，白烟是生理。非常诡异，但也非常禅。写过《无常先进国日本》的日本佛教研究家平野纯，曾在二〇一六年出版《村上春树与佛教》一书，说村上文学的普遍性正是佛教的普遍性。无生无死的世界／时间的解体／风不是物／记忆的蒸发／自我的风化／不男不女——村上小说的主题论显然就是禅的空性论。

道不可言。但南泉斩猫，将猫置于"道"的语言脆皮碎片中。因为是不可言，所以猫必定被斩杀，这是事先就有的不可动摇的结论。金阁寺被烧，也存在"猫必斩"的逻辑必然。金阁的美是被烧的理由，这就像道不可言是猫被斩的理由一样。三岛由纪夫的《金阁寺》，多次提及"南泉斩猫"的公案，也表明三岛对禅的领悟力。当大火熊熊燃烧，放火者沟口出现"死的空间与生的空间同样充满光明"的幻觉，精神也为之亢奋。禅者烧禅寺。没有比这更禅的故事了。是否就是见祖杀祖、见佛杀佛的不与物拘、透脱自在的小说版？三岛最后的一刀砍向了自己。这一刀使他成神但未成禅。因为禅不需要献身，如果献了身倒反表明你这个身被物拘了，未达到物我一体。禅不崇拜任何偶像。禅寺里虽也供有佛像，但在禅堂没有佛像佛画，也无经文可咏。

在川端康成的笔下，禅是一种美。对美的追求，也是一种修行。坐禅之时，但见晓月残光，照入窗前。身处暗隅的我，与月光融为一片，浑然不辨，还有比这更美的吗？他在《花未眠》中写道："凌晨四点醒来，发现海棠未眠。如果一朵花很美，那么有时我会情不自禁地想到：要活下去。"川端痴迷地凝视着罗丹雕塑作品《女人的手》。原来女人的手姿可以是这样的，原来女人的肌肤可以是这样的。他在再发现的惊讶中领悟何谓天真何谓质朴。小说《千羽鹤》的开首句："步入镰仓圆觉寺境内后，菊治还犹豫着是赴茶会呢还是退回去……"小说《雪国》描写那只绘有嫩蕨菜的织部茶碗，碗沿有一处深红的印渍。好像是茶渍，又好像是主人长久品饮所抿出的唇印，使茶碗萌生春绿。

五

入禅入境，难吗？

说难，其实也不难。因为无须顺从，无须礼拜，无须忏悔，无须大爱，无须敬畏。禅本来就以无一物为主义。与其饶舌不如沉默，与其熙攘不如寂寞，与其色彩不如淡墨，与其华丽不如简素，与其向外不如向内。但你说它不难，但也不是每个人都能行的。比起镶花边的帷幕窗帘来，倒是青帘一枚更令人觉得清爽。这个清爽的瞬间意识，肯定不是每个人都有的。

日本的禅书里，津津乐道这么一个故事。有一位禅僧，想成为禅学教师。有一天，他去拜访一位法师。这天正好下雨。作为礼貌，这位禅僧在进门前将木屐和雨伞放在法师的门外。双方见面寒暄后，法师问禅僧：你把雨伞放在了木屐的左面还是右面？禅僧被这一问闷住，无法回答。后来这位禅僧觉得自己距离禅学教师的要求还很远，于是又回禅堂学了好几年。这位禅僧缺失什么呢？缺失瞬间意识。

日本人很重视这个瞬间意识，认为这是做好万事的前提。如在最后一节车厢的列车员，在发车前的瞬间，必须用伸直手臂的手指，指着列车的不同部件，大声说话。这是在干什么？原来列车员此刻的行为就是"正念"。日本人把它称为"指差确认"。用手指着需要检查的部件，然后大声叫出它们的名称，从而加强印象，确保需要检查的项目没有遗漏。这就是日本铁道员已经持续了一百年的"指差确认"。有数据表明，通过这种做法，日本轨道交通的事故率大幅下降。现在看来，所谓的"正念"就是一种瞬间意识。在出门的瞬间，用手指一下，关灯了吗？关煤气了吗？关窗了吗？关空调了吗？带手机了吗？这是日常生活中的正念。

从正念的瞬间意识，想到俳句。都说日本人全民皆俳。这是何以养成的？

我们都知道松尾芭蕉的俳句风格被称为"蕉风"。但何谓"蕉风"？现在看来就是在看似不合逻辑有违日常的边缘，徘徊着一轮对绝对同一性深刻领悟的禅意之月。如何用正念去捕捉这轮禅意之月，则是俳句成立的关键。比如，菊花香与奈良的古佛们有何关联？但是，芭蕉的俳句就是想表达看似卑微看似即逝的菊花，与永恒且高大上的古佛们属同格，它们有着同一的神髓与灵性。这里，一根草与丈六金身，丈六金身与一根草；芭蕉叶上的三更雨与云门一曲，云门一曲与芭蕉叶上的三更雨，都可互换使用。因为它们在本质上都属吃蘑菇也能崩掉门牙的瞬间意识。

所以，当佛顶和尚与芭蕉见面时，有了如下的经典问答——

佛顶问：最近如何度日？

芭蕉答：雨过青苔润。

佛顶问：青苔未生之时佛法如何？

芭蕉答：青蛙跳水的声音。

看似答非所问，看似南辕北辙，但在散乱矛盾的背后则有着正念的瞬间意识：你点亮火，我给你一个大雪球；锅里的杂煮，混合着雨蛙声；青青铜钟上，蝴蝶在睡眠；而秋天海上的落日，是用来洗马的。怎么看都是俳味即禅味，怎么看都是突然蹦出的一个瞬间。若问俳句何以短小，何以简洁，就在于它是意识的瞬间产物。而瞬间之物不可能是洋洋洒洒的。因为瞬间，因为短小，因为简洁，所以能直探人的生命本源。这样看，俳句是用正念的瞬间意识，回归禅的心路。

实际上禅画也是这样。牧谿的画为什么在日本走红？这位南宋的禅僧又为何成了"日本画道的大恩人"？这个设问，成了中日艺术史上的一个话题。看看他的《六柿图》就会明白。明人评画，说牧谿的画"粗恶无古法，诚非雅玩"。但现在看来，恰恰是这种突破古法而无束缚的瞬间意识，是日本人所喜欢的。看者好像未看到，但已经眼不能离；观者好像还未思，但已经无语可言。一张不能再小的画，一个不能再小的果物，把整个的秋之寂移至了纸上。不怀正念之禅功，能行吗？再看他的《叭叭鸟图》。一只顿悟的八哥。天在渐渐变短，夏之繁盛将随之过去。照铃木大拙的说法，这幅图，连一条线，一抹影，一块色都没有浪费。抓住了该抓住的瞬间，表达了该表达的瞬间。《叭叭鸟图》超越了无象，又回到了有象，但已经是见山乃是山了。

六

山本常朝的《叶隐》。

都说是一本武士道之书。

笔者以为是一本禅书，是一本禅的入门之书。

你看，他写大野道贤被德川家康的手下抓获。家康特地去见他，并大声道："听说你是天下闻名的勇士，现在被我缚在这里，面对诸位大名，你还有脸吗？"道贤挺直了身子，对家康怒目而视，喝道："武运尽后而力不及，终被活捉。古今勇士不乏其例，何耻之有？取天下，浅薄之心靠不住，心上见胜负。"家康听后无语。这里，好一个"心上见胜负"，最终是如何"心上见胜负"的呢？

最后家康同意用火烤刑将道贤处死，还吩咐要让人观看他受刑的惨状。不久，检使来到刑场，在道贤的不远处点火烧烤。在离火很远的地方都被烤得难受，可道贤的身体却一动不动。烤了一阵子，被烤得身体漆黑的道贤猛然扑向检使，拔出检使的斜差（插在腰里的中长刀），只一刺，就杀了检使，自己也即刻倒死在地。这里，令人想起"不是风动不是幡动，仁者心动"的禅语。何谓"心动"？不就是心上见胜负的意志力吗？在见胜负的瞬间，若能大火聚里，一道清风，则心就不动了。心不动则无心，无心则是禅的最高境界。

日本历史作家吉川英治用二十年写《宫本武藏》。宫本武藏与佐佐木小次郎的决斗。岩流岛。这年武藏二十八岁。胜者是武藏。一切即剑击败了剑即一切。船橹是剑，背光是剑，故意迟到是剑，羞辱是剑，山河大地，无非是剑。而剑即一切，虽也超出常人，却必得以剑之一端对抗外在的一切，尽管一时间也可以所向披靡，但终究没有不死不败的。之后有人问武藏，决斗时是否要抢占背光位置？武藏的回答倒也坦然：仍可以有"斩阴"之剑。

日本小说家小山胜清写决斗后的武藏《是后之宫本武藏》，其中一个细节非常的禅化。有一天武藏在院子里洗澡，忽然觉得背后有一股杀气，转身一看，才发现是死于他剑下的小次郎的情妇，拿着荷兰制作的短枪对准了他。虽然他凭借不畏生死的气概逼退了女人，使其无法开枪并落荒而逃。但自此，武藏再也没有脱光衣服洗过澡。不予他人以任何可乘之机，是他的剑道的基本态度。两刃相交，是无所躲闪的。正是禅，点出了对决之时的如实。这时，唯有此剑，唯有自己，才是生命困境的最终解放者。生命的本质在两刃相交时才最能裸露。确实，在剑客看来，死，如同白鸟被水淹死般简单，但如何死出生命中的大美，如何死得秋水连天，则是磨刀师不磨杀人刀的禅问题了。

由此，我们记住的是"白鸟烟没，秋水连天"的禅语。

七

在日本，禅的卓越天职就是六个字：即今、当处、自己。转换成话语就是：在这里，我来干。禅强调鲜活的存在，强调行站坐卧皆为禅。所谓的搬柴运水，无非是禅就是这个意思。从这个意义上说，日本人生活本身就是禅。

日本人说，吃饭也是修行。在禅语里叫作"赴粥饭法"的用餐规则，将吃饭视为与生命见面的时间。因此，沉默安静地体会味觉，用坐禅的姿势吃饭就是对料理人的感谢。吃饭的快慢要与同桌人合拍，看菜吃饭，嘴里不要塞满食物。不说话，不发出咀嚼声，即便是脆松的腌制物，也不能出声。不剩下任何饭菜，直到最后为止的生命的循环。这样做，就能控制过剩的食欲，让五感复苏，味觉敏锐。不能用一只手抓碗碟。任何的碗碟，都要用双手的大拇指、食指和中指，将碗碟优雅地端起。

都知道日本人的厕所清洁，但这个清洁源于禅寺里的厕所则很少有人知道。在禅寺，僧堂（坐禅和睡食场所）、东司（厕所）、浴司（浴室）又称"三默"道场。而厕所则是禅寺里的重之又重。在日本人看来，厕所是通过如厕人自身之水（尿）再循环于外界的一个重要通过点。因为私密加封闭，谁也看不见，所以更要自觉地讲究做法净化身心。出入厕所，要向"厕所神"合掌礼拜。如厕时，不能发声，更不能三心二意地看书看手机。擦去水滴，除去尘埃，闻有清香则是如厕人要做到的三要素。对人间本能的调节最为有效的修行，日本人说就在厕所里。

　　在日本的百货店、料理店，服务员都是跪席与客人说话。在医院，护士也是跪席与病人说话。为什么要跪席？就是考虑到与对方的视线如何吻合的问题。视线吻合，才能让对方身心放松。对方身心放松了，自己也就无心了。从对客人的跪席到对品物的跪席，如在茶几上取一份杂志，是单手弯腰取还是双膝跪下用两手取？禅寺的训练要求是后者而不是前者。视线的吻合是对品物的尊重，因为任何品物都有自己的"物格"存在，就像任何人都有人格一样。对物格的尊重，反向过来就是对自己人格的尊重。因为用物者是你自己。跪席取物，物也成了自己身体的一部分，物我一体感得到了强调。所以，日本人一般都是用双手接物与取物。在商店，店员都是用双手接客人的钱物。不论货物大小，快递人员一定都用双手捧物送至你面前，一只手的乱扔是绝对看不到的。以前不知道日本人的这一做法从何而来，现在看来则是禅的一个要求。

日本人坐有坐相，站有站相。坐的话，后背一定不靠在椅背上，一定不能跷二郎腿。如是这样，身体之轴就必然崩溃。此外，不挺直地弯腰坐，怎么舒服怎么坐，也是非禅的。坐直是日本人身体性的内在之力。在满员的电车里，要区分日本人和外国人，一个基本法就是看坐得是否直，坐直的一定是日本人，弯腰跷腿的一定是外国人。看书和电脑打字，胳膊肘不能放在桌面上。手腕不承担身体的重量，肩膀和头颈就不会吃紧形成硬块。而站得正，站得直，则是矫正身体不良习惯的好方法。日本人说，禅的做法是从站立开始的。在街头车站，禅僧乞食行脚的站姿，就是人站立的极致。训练站姿的最好机会是在通勤的电车里或在约会等人之际。步步是道场，走路也要重新学。走路无需用力，身体放松，昂首挺胸，自然向前进。日本人说"云水步"的三极意就是触、移、浮。

房间散乱，身心就得不到静息。因此打扫房间也是禅的教导。没有与自己无关的空间。扫除是对自己所购品物的再确认，并见证与自己一起成长的温馨。让品物健康自己才会健康。通过扫除，感谢的心情就会扩散四周。扫除是磨物擦物，也即磨心擦心。云水扫除的三要点是：从里到外，从上到下，物归其位。所以日本人一年四季都非常注重扫除，扫除的工具也属全球最发达，五花八门样样有。

总之，在日本，禅是礼节，禅是坐相，禅是站相，禅是吃相，禅是扫除，禅是烧菜。在生活层面将禅功能化，就将思想变成了"没柴生火，烧佛像也可"的一种轻。女子过河，和尚也能背，这就是破执后的轻。西方人对禅感兴趣，本质的看，就是喜欢上了日本禅的这种洒然、这种侘寂。

八

一个不争的事实是：日本人造物有灵且美。

何以是这样的？这就涉及日本元素是什么的问题。笔者以为就是精细。

精细元素从哪里来？就从禅里来。日本匠人精神，日本企业精神，支撑于其背后的是禅文化。向小向内发功的一个结果，就是日本产品以精细出名。而向小向内恰恰也是禅所要求的。这样看，禅才是日本的性格。这正如明治时代学者芳贺矢一在《国民性十论》中所说的，正因为在单纯朴素这点上有相一致的前提，禅味才能对日本国民的嗜好产生巨大的影响。

其著作被日本企业家奉为"圣经"的铃木正三，提出了"工作坊就是道场"的著名禅语，于是"工作禅"在日本走红。借着这个思路，日本经营之神松下幸之助则提出"管理禅"。他的一句著名口号是"不通禅理，生活乏味；不明禅机，难成大业"。而以京瓷出名的稻盛和夫，则身体力行，干脆出家修行于属临济宗的圆福寺。他著有《促进工作之禅》，其中说到，日常劳动就等于修行，认真工作就等于开悟。

近几年，短期禅修已成日本各行各业热门话题。无论是刚进公司的新员工，还是刚入大学的新生；无论是上下班的白领女性，还是即将退休的老人，到京都的大德寺，到福井的永平寺，到镰仓的圆觉寺，用上三天的时间，将自己封闭起来，坐禅冥想，调身调息调心已成时髦之潮。从早上三点起床到晚上九点开枕（就寝），这期间不是坐禅就是清扫，不是清扫就是坐禅，反复交叉。而三餐则是非常简单，一点咸菜，一点米饭，一点酱汤。有趣的是一次禅寺打坐，一次行脚乞食，一次精进料理，现在也成了外国人旅游京都的必选项目。

其实，人的心本来是放下的，是自己使自己的心放不下。这个时候坐禅，就是要面对自己，返回本我。因为很显然，如果是单纯的放松，去温泉泡澡就可以了。之所以还要坐禅，就在于坐禅不是泡温泉。从这个角度看，禅，在日本成了一种生活态度。虽然只有三两天的禅修，很难雕身雕心，但在观念上，如今日本人的修禅打坐，已经不是入佛门的那种脱胎换骨，已经不是古寺青灯伴终生，当然更不强调梵我合一的开悟。它更多地带有一种落叶知秋的娱乐性，带有一种见松间露水而知古寺常寒的随意性。所以现代人修禅，并不是过于计算过于老道的修禅：习射不只是为了中靶，舞剑不只是为了克敌，喝茶不只是为了尝味。习射就是习射，舞剑就是舞剑，喝茶就是喝茶，为什么不能？唯美作家永井荷风说过，身处东京之夏，哪儿都不想去。是什么吸引了他呢？原来，在夕阳中他看到了东京的色彩：松树的暗绿，晚霞的浓紫，天边夕阳的红艳。你看，还是简单的自然色，最为吸引人。禅，也是一样，轻飘是它的宿命。

九

修禅时的那个"法界定印"手势。

右掌的上面放上左掌。左右手的大拇指之间，存有纸一枚的间隔距离，放松随意地结成一个月圆形状。最初是手掌的圆，然后是手腕的圆，锁骨的圆，肩膀的圆，脚足的圆，头颈的圆，达成身体整体的圆。再然后是呼吸的圆，周围环境的圆。一体感在慢慢扩大再扩大。像水池里的涟漪，一圈又一圈，直至满月。

从手势之圆，联想到喜好天心月圆的禅僧们的圆相笔墨。在日本，仅江户时代就有：月舟宗胡的《圆相图》、仙厓义梵的《圆相图》、白隐慧鹤的《圆相图》、卍山道白的

《圆相图》、土肥二三的《圆相图》、隐山惟琰的《圆相图》、东岭圆慈的《圆相图》、盘珪永琢的《圆相图》。

在黄昏与夜晚的交界处，是不辨幽明的苍茫。这个苍茫，就是照亮千丘万壑的圆相图。

毫无疑问，佛教在日本只剩下葬礼和为死刑犯作绞刑前的教诲。唯有禅，这生活里的一枝花，依旧还是桃红李白色自然。

阴翳为什么是美的

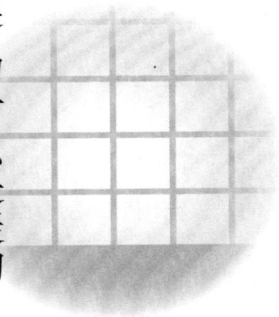

一

无影则无物。

这里，影是物的造化，物是影的替身。说物影在晃动，实际上是说观念在物影中晃动。近代哲学唯心论的教祖贝克莱"存在就是被感知"的命题，述说的是这个理。

无翳则无美。

这里，美是翳的结果，翳是美的原因。说美存在于阴翳中，实际指向的是人的癫痫狂想症发作的瞬间。日本唯美大师谷崎润一郎在如厕时猥杂的冥想，现在看来正是癫痫狂想发作时。当然这并不影响他出好的思想好的美学，更不影响他在如厕时冥想蝉鸣水流风动。因为尼采也是在发疯的那一刻，最具哲学性的。

旧时的月色与新时的月色，旧时的太阳与新时的太阳，旧时的雨露与新时的雨露，究竟有什么不同？伊势神宫的昏暗与明治神宫的明亮究竟有何异样？没有人知道。就像没有人知道金和银，在它们即将消失灰烬的最后一刻，为什么会发出最后的暗光一样。虽然谷崎润一郎也不知其物理真相，但他还是凭着东洋人的感觉，凭着对女人触肌的感觉，意识到这里或许有认知的新天地。为此他提出了问题，虽然最终没能解决问题。他一边怀抱最爱的松子夫人，一边在冥想西洋女人的白肌。这时夕阳应该是西沉了，晚霞应该上演的是最后的疯狂，暮霭应该开始无声地吞噬周边的一切。松子夫人的肌色在暮霭下变得浑然变得幽暗，抚摸上去如同将羊羹放入嘴里般，虽甜甜的，软软的，但就是无从考察色彩。原来松子夫人的古色古香，来自于夕阳西沉时的瞬间幽暗，这倒是我们始料不及的。

二

是柏拉图把我们害苦了。

他的著名的"洞穴隐喻"使我们对一切的影子都没有了好心情。非但没有好心情，有时甚至还产生了加以驱逐和排斥的冲动。因为在柏拉图的隐喻中，只有太阳是真理，洞穴和影子都是最黑都是最假。多少世纪以来，洞穴里囚徒的影子，真的就像影子一样无时无刻不在缠绕着我们的思路，使我们总以为阳光冲破云层才是阳光的骄傲，黑暗中点亮彩灯才是人类的骄傲。于是点灯赶走黑暗，于是烧纸驱逐鬼火，总以为这就是人类生活的正能量。殊不知尼采早就告诉我们，影子与漂泊者和浪人为伍。它是浪人的影子，同时也令浪人成为它的影子。这就与谷崎润一郎的说法有些相似：茶人在听到水沸声时，就联想到山上的松风。这里，"水沸声"与"松风"就是互为影子互为效果。茶人就在"双互"中冥想心中的"我"与外部的"他"如何接轨。日本的武士能瞬间拔刀，日本的艺妓能瞬间悦人，在本质上是趋同的，都是在诉说这个"影子"是如何互为因果的。

都说日本茶道的本真是个"寂"字，但在笔者看来则是个"翳"字。因为只有这个"翳"字，才使日本人又惊喜又恐惧。"翳"字，日本语发音为"かげ"。你拍个胸片，医生指着片子对你说，左胸上方有个"かげ"（阴影），你说恐惧不？

三

将电灯熄灭。拉上厚重的窗帘。那是漆黑一团。阴翳不是漆黑一团。阴翳是暗黑中的层次，是黑暗中的光感。

因为即便群魔乱舞也不需要漆黑一团。如是这样，那黑暗中女人脸上的光泽如何捕捉？如是这样，那暗黑中女人的肌肤如何感触？如是这样，那黑与暗中男人的野性又如何驾驭？总之在漆黑一团中，人不可能完成精神诉求，哪怕是最低级的精神诉求。

将电灯熄灭。再将火烛点上。一条纤细的火焰蹿起，屋内的万物顿然随着火烛的晃动而晃动，而长长的人影也在黑暗中随着火烛的节奏而摇曳。照谷崎的说法这就是阴翳了。

这种阴翳如同神秘的帷幕，将门户不出的女人的肉体，严严实实地包裹其中。这位说过"美比善多余，与恶一致"的唯美大师，在一九一〇年发表小说《文身》。描绘文身师清吉"得到了艳丽美女的肌肤，刺入了自己灵魂"的故事。好色进入了灵魂，成就了唯美。二十年后，谷崎又在《妇人公论》上发表连载长文《恋情与色情》。他用东洋阴翳观照女人，说女人总是与夜晚相连。可是现代人将夜晚用超过太阳光的炫目亮度，将女人的裸体一览无遗。这是现代人的愚。女人其实就是隐身于那幽暗无明的夜的深处，如月华一般清苍，如跫音一般幽微，如草露一般脆弱。女人是昏暗的自然界诞生出来的凄艳姣丽的鬼魅之一。这个"鬼魅"最好是在夜间工作。所以日本有"夜の仕事"的说法，就是指女孩在小酒店陪客，用温柔的一回头将夜情绪化。

所以，在同样写于一九三三年的《春琴抄》里（谷崎的《阴翳礼赞》也是写于 1933 年），两眼失明的春琴，看来像是闭着眼睛，不像盲目。她静静端坐低头，或如闭目沉思的样子，不就是菩萨之眼？视众生的慈眼是半闭之眼。半闭比张开更具慈悲，或更难得而令人生敬畏之心吧。

四

木门的厚重。每次关门都有沉重的"嘎吱"声。这个嘎吱声表明这扇木门一定是被锁住的春色留下了秋哀。早晨拉起百叶窗，小而精细的窗格割出晨曦潮湿的绿。小小的卧室隐藏了一晚的幽暗，终于变得鼓噪起来变得贪婪起来。原来光亮并不总是扮演恶魔，它在劈开混沌复苏万物的时候，又客串角色扮演着天使。怪不得歌德在临死前一个劲地叫：光，光，快给我光。

如果说冬天的午后透进窗内的一束阳光使人暖洋洋的话，那么，夏天被绿荫包围的一片幽暗则使人清凉凉。人的任性在于既要停驻暖洋洋也要留步清凉凉。但在木艺家三谷龙二看来，虽然很喜欢充满阳光的地方，但与此同时，"光线受限制，暗影深邃的房间更令我喜欢"。为什么喜欢暗影深邃的房间呢？照三谷的说法，室内的幽暗能溶解人内心的阴霾。在慢慢看清自己内心轮廓的同时，"意识也就慢慢沉入思维的底层"（参见逸雯译《木之匙》，湖南美术出版社 2015 年）。

哦，暗影深邃也与思维的深度有关？但我们记得苏格拉底是在广场上滔滔不绝，是在阳光下蛊惑人心的，难道他的思考不深刻？不深刻为什么又被判死刑呢？无疑，这是光与影留下的一个谜。谁解其意？不过作为常识我们也知道，佛堂长长幽幽的深处，黄金打造的佛像一脸的庄严，一脸的思考，在暗黑处散发着阴翳之美。所以有人说佛陀总是一脸的幸福相，是因为他把阴翳当幸福了。

五

透明的东西是什么？

电灯，电炉，瓷砖，玻璃，暴露的阳台。当然还有更要命的洁白的水洗便器。冰冷与坚硬，使你首先打个寒战，然后使你陷入无可名状之中，因为不知道自己想要干什么。不就是排泄吗？对。但是看不见自己的排泄物，自我确认变得不能。在这方面谷崎就非常有心得了。

他曾经在二楼蹲下如厕。古旧的和式厕所使他从两腿间向下窥视时，看到了让人目眩头晕的河滩上的泥土，如茵的野草，菜地里盛开的油菜花，纷飞的蝴蝶，往来的行人——他说，在这样的环境里如厕，一切都是那样的美好。

于是他认定厕所"必定要设在绿树浓荫和苔色青青的隐蔽地方，有走廊相通。人们蹲在昏暗之中，在拉窗的微弱亮光映照下，沉醉于无边的冥想，或者欣赏窗外庭院的景致"。真可谓妙不可言的"如厕论"。

虽然从趋势看，白瓷的亮丽和光洁，以及所带来的赏心悦目的抽水马桶，也就是说如厕的西洋化，是谁都难以撼动的，但是谷崎对如厕的专念，对如厕的幻想，倒是被日本人给继承了下来。谷崎曾设想在小便池里铺满青绿的杉叶，使之不再有哗哗的声响，而现在日本人则在厕所里插播"音姬"，以此来遮掩尴尬的如厕声。原来日本人在这块"圣地"，专注打造如厕的细节，这个源，可以追溯至谷崎那里。这位烦恼于和式和洋式之间的文化人，一边爱用白色的水洗便器，一边不能抑制对往昔如厕的乡愁；一边赞美西洋女子的白色肌肤，一边以松子夫人为最爱。对西洋的憧憬和对日本的乡愁，始终困扰着谷崎。但恰恰是这种形而下的感性直觉的困扰，还原成了日本人观念中的精细主义。

六

夜明珠需要在暗处发光，宝石则惧怕阳光给它添乱。这就是物与物之间的明暗与暗明吧。

阳光射入庭院，庭院反射的光投向纸门，纸门的微光又悄悄地洒落室内，沁入毛糙触手的墙壁间，墙壁又泛出微弱的余光。就是这个余光，看上去比什么装饰都美。

一不小心跳出的逻辑程序是：

阳光—庭院—纸门—室内—墙壁—余光—大美。

当然自然是不讲程序的，大美也是不讲逻辑的。但程序和逻辑可以设定人的观念。

现在想来也很有趣，西方人为了谋求更好的生存状态，将蜡烛变成了油灯，将油灯变成了瓦斯灯，再将瓦斯灯变成了电灯。不停地追求光亮，不停地把些微幽暗尽可能地从周边驱逐出去。结果正如黑格尔所说，欧洲艺术的本质是明亮和欢快。如希腊的裸体雕像，如小得不能再小的屋檐或遮阳板，如广场前那终日阳光的喷水池，如对亮光闪闪的宝石的喜爱，如洁白到近乎透明的瓷器，如银色的餐具，如钢制和镀镍的器具等，这些都是明亮之美的表现。川端康成也说过，在阳光灿烂的夏威夷，使用"隐约"这个日本词，也许不尽相称。

而东方人容易满足于生存现状，有烛火就不错，何必摘太阳。奇怪的是人的惰性也渐渐地适应了并感到幽暗并无不好。沉浸在幽暗中，还能发现其中的美。这不能不说是东洋人的一个发明。黄昏的烛火，氤氲的林间，薄暗的木屋，纸质的窗帘，墨绿的苔藓，朦胧的庭园。是日本人把我们带进了远古时代的草庵，把我们带到了温暖而复古的壁炉前。暮色下的艺妓那温暖的一低头。夜色里的酒吧女那迷人的一脸笑。天皇即位的大赏祭在夜间举行。"神婚"必须在漆黑中进行。能剧在阴暗中演出。浓密的森林包围神社，人们在照叶树林中行走时，一种阴森的感觉就会扑面而来。毫无疑问，在日本，凡被称为美的东西，都笼罩了神秘的阴翳的影子。

你说神秘吗？其实也没有什么太大的神秘，因为这是品物的物性所决定了的。但问题是没有人注意的这么一个物与物之间的简单互动与传神，却被谷崎发现了。发现了不算，他还揭破它说：你看，上帝原本说我给你光你就光芒四射，现在必须修正为上帝说我给你阴翳你就必须拉上窗帘。这也就是说原本是属于上帝的绝对原理，谷崎将之转换成了一般美学原理。于是有了这样的话题：凉拌的青菜与白萝卜，为什么放置于黑漆器皿里更美？反复使用的木器，为什么会生出一股宁静的力量？当然谷崎是很知性的了，他说是先人在阴翳中发现了美，并最终将阴翳引向美的终端。

所以日本人非常在意器皿经长年使用而呈现出的非常美妙的色泽，这个色泽告诉你什么叫悠久什么叫积淀什么叫时光。器皿在成就了人生的一部分的同时，也就具有了人的深度。这个深度告诉使用者，生活不尽然都是繁杂琐碎，不尽然都是无聊无趣，有时也能沉淀出历久弥新的令人眼睛一亮的新天地。

七

　　无论是还未摆脱早春的寒气，还是刚刚进入五月黄梅的烦躁；无论是满树的樱花，还是满山的红叶，到处是模糊的物影和物影的模糊。黑夜与白昼，阳光与月影，色相与虚无，现实与梦幻，分不清是雾气的朦胧还是朦胧的雾气。日本——这块土地的风景，就其本质而言，绝对是神经质的，纤丽的，多雨的。它反映在日本人的精神心向之深处，就是常常具有欢乐与寂灭两种截然相反的境界。万叶诗人大伴家持《春愁三绝》中的一首说：春的原野，霞雾蔼黛／令人感伤／在夕影中，黄莺啼鸣／春，野，霞，影，莺／顿添悲愁。

　　这里的"霞雾蔼黛"怎么看都与阴翳相连。而与阴翳相连的东西又是感伤的，悲愁的。无怪乎日本历史上的天皇最终都要与古寺青灯相伴，以示对红尘世界的万念俱灰。醍醐、朱雀、冷泉、圆融、花山、桃园，从这些天皇的年号，似乎就可以读出他们内心的萧索与阴翳。《平家物语》最后的灌顶卷，写后白河法皇去京都寂光院看望安德天皇的母亲建礼门院德子，读来令人拭泪悲凉。

　　春花已随风飘散，秋月被密云掩蔽，一切的琼楼金殿，一切的绫罗锦绣，都如失巢之鸟，离渊之鱼，一去永不归。这位天皇母后，抛弃尘世，遁入空门，在茅屋苔深的庵室里，度日寄思。法皇面对这位黑衣女尼，不无伤感地说：人世无常本是自然，不足为奇。但见你如此情形，实在不胜可怜。况天界之人亦有无衰之悲，人世更是难免。

这位天皇之母答道：人世间的爱别离苦，怨憎情仇，都让我尝尽了。四苦八苦，皆集于一身。说罢，泪沾衣袖。此时传来寂光院的钟声。沉沉的、重重的钟声。夕阳已经西下。虽然难分难舍，也只能忍泪起驾回宫了。女尼这时愈加泪如泉涌，目送法皇远去。此刻忽闻杜鹃哀啼，于是作歌道："杜鹃声里应含泪，浮生坎坷泪不干。"

一个是法皇，一个是天皇母后。双双凄惨，双双哀叹。曾经有过的荣华，曾经有过的春梦，如今就像祇园精舍的钟声，述说着人世间的无常。真是仿佛到了一个神秘的国度。灯火明暗。周围万籁俱寂。生亦尽欢，死亦欣然。幻灭之际，更显绚烂而又哀婉的美丽。这是否就是日本人阴翳冷寂的美意识深层？

八

日本人将梅雨期定调为黑色。闷绝的黑色。说即便是在白昼，它的背后也横卧着黑夜。即便是在夜晚，它的背后也燃烧着磷火。因此有的时候，阴翳又是一种强大，一种不可剥夺。

井原西鹤在《好色五人女》中张扬的主调就是"人如同落日,谁也不能不沉入地底"。其中一段写有一件黑乌羽的双层长袖和服,上有梧桐树与银杏树的比翼纹,红绸里子,山道形的镶边,熏过的香味犹存。阿七被此打动了心。她想:是哪位年轻而过早谢世的小姐穿的呢?一定是她的家人睹物思人而倍感伤怀,所以才送至这寺庙里的吧。她由此联想到自己和物主的年龄相仿,就哀其早逝而顿感人世无常。这位年方十六,如果"把她比作花,那便是盛开于上野的花,如果比作月亮,那也是隅田川清影的月亮"的阿七,想来人生如梦了。她便打开母亲的念珠袋,把念珠捧在手上,专心念佛。时近黄昏,屋内昏暗。此时一位少年出现在她的眼前。

日本文学评论家阿部次郎在《井原西鹤与好色文化》中对此评论道:在华丽的叙事背后,贯穿了寂的柔婉风格,恋爱就仿佛是梧桐银杏树上的叶子,是为了被秋风吹落而准备的。自西鹤那里,无常驱动着人们去享乐,无常像朝霭夕露般始终笼罩在恋爱之上。一寸之前是黑暗,性命就在露水间(参见王向远译《日本意气》)。

这里,从日本美学传统上说,指向的是那个都是梦魇都是虚幻的"物哀",但实际上在骨子里在精髓里还是有个更强大的阴翳,有个始终无法散去无法蒸发更无法变异的阴翳。只有十七岁的阿七,最终因放火而被处以火刑。西鹤不无悲痛地说，这人世上极其短暂的生命，就在晚钟声中，如花似玉之身化作了一片轻烟。这里，为什么是晚钟而不是晨钟？为什么是轻烟而不是滚滚浓烟？

当然还有大岛渚在一九七六年导演的《感官世界》，当阿部定割下吉藏的性器，放在怀里满街跑的时候，世人都说是变态杀死了吉藏，但我要说更是阴翳杀死了阿部定。这个女人一刻不停地将男人的性器捏在手中，在昏暗的室内，经柔和的侧顶光的照射，竟也熠熠生辉。肉欲的欢场演绎着颓废的唯美。最有趣的是那位真刀真枪扮演阿部定的演员松田英子，曾经说过："我不想结婚。""我喜欢小孩。真怪。"你看，阴翳是如何深入至日本人的骨髓。

九

阴翳还能令我们想起什么呢？

向阳给了我们肉体上的松软，阴湿给了我们思想上的精致。这个精致有时就表现在一朵杜鹃草插于铁烛台上，可将它比作烛火。在插花大师川濑敏郎的眼里，要想表现那种一点火焰就有暗然摇曳的感觉，一朵花就足够了。"在秋天的长夜，一边想着火的温暖一边眺望着灯具上的花，那样的夜晚真好"（《四季花传书》）。

日本人将干柿做得通体洁白，如蒙霜冻，但即便如此，干柿质地所表现出的天气越发寒冷的阴翳，使得干柿赢得了圣洁与深沉。据《一日一果》记载，御前白柿曾经供奉给明治天皇。黑漆四方盘上，放置三粒雪花丸糖。此时的感觉是，白压不过黑，黑胜不了白，但倒有了入口轻盈的感觉。冬霜降在黑糖馅上，是种什么感觉？是"初霜"还是"置霜"？但属于冬日佳味是肯定的。日本有种颜色叫濡燕色，指的就是闪烁着紫色光泽的浓黑，古来被视为通晓幽微的风流之色。

日本的好多料理店也深藏在幽暗深邃之中。如果你从京都的圆山垂樱来到瓢箪池，在一片幽绿中向东慢行，不经意间一抬头，"末在"就在眼前。充满诗意的店名与素雅而深幽的怀石料理。再一打听，原来是带星级的米其林店。

阳光下的富士山是美丽的，雪后远眺的富士山是美丽的。但一旦它在你的脚下，你就会发现它是黑色的，炭一般的黑。明显的是一堆可怕的熄灭后的火山灰烬与熔岩的残渣。总之是个赤裸裸的巨大的黑色实体。连日本在他的眼里到处都是可爱的小泉八云，当年也不得不写下这样的文字："黑底上成块的白雪耀眼地或微微地闪光，叫人讨厌。"这个讨厌的程度到了使他联想到一个女人的头骨和闪光的牙齿，但头骨的其他部分已经烧成了一团松脆易碎的黑炭。

当然在国木田独步的笔下，夕阳西下的武藏野，令人想起这样的名句：暮霭笼罩着群山／黄昏的原野里／秋草暗淡。德富芦花写相模滩落日，说世界没了太阳，光明消逝，海山苍茫，万物忧戚，人的肉体也就消融在这广袤的阴翳中，只留下"灵魂端然伫立于永恒的海滨之上"。

除了嫩芽之外，叶的颜色裹着一层深绿，碧森森的。行与行之间印着一道黑沉沉的阴影。这是画家东山魁夷的得意之笔。

尚未摆脱早春二月的寒气，又意想不到地掠过肩头和手臂。当然对女人来说，还有乳房。这是村上春树的惯性思维。

还有那无限可能的皱，吹皱一池春水的皱，柳叶随歌皱的迟迟无奈的皱和时间里到处都是皱的皱。这是三宅一生的阴翳服饰美学。

让眼线如同书道一般流畅自如，游刃有余的纤变墨画眼线液，将美的无限可能与墨黑相伴生出的惊鸿一瞥，渗透的是日本笔墨精细工艺。这是植村秀的阴翳彩妆。

寒冷过早到来的地方，就对能在户外用餐的时间感到弥足珍贵。这是木艺家三谷龙二的知足：我们总是惋惜即将远去的夏天。

不知何时，暮色已经浸满了庭院，藤花在黑暗的海里浮动，好似白色的船帆。这时，幽暗的藤架深处，仿佛传来了一种音响，似琴声，似笛韵。这是濑户内晴美的嵯峨野——日本人灵魂的故乡。

十

所以从这个意义上来看，不是说日本人不知道明亮的精神心相，不是说日本人故意抗衡以亮丽和坚硬为特征的现代文明。一个到处洒满阳光的世界，一个到处是铁和钢横行的坚硬而冰凉的世界，对从远古幽暗的草庵中走出来的现代人来说，是不是过于轻快浮华？是不是过于金碧辉煌？如果答案是肯定的话，那么，其人性的救赎之地在哪里？其灵魂的安身之处又在哪里？这是否就是日本人努力寻求的阴翳之美的原点？

透光的话，以不透光为好。铁制的话，以木质的为好。点灯的话，以烛火的为好。平滑的话，以粗糙的为好。完整的话，以缺损的为好。满开的话，以落樱为好。插花的话，以一枝为好。如此等等。是幽暗的、朦胧的、神秘的、纤细的，甚至是神经质的。但其中是不是隐含了对西方文明的一种嫌厌和对东方文明的一丝苦苦支撑？

罗斯在《拿破仑一世传》里说拿破仑是月亮。它朝着太空的那一面，整个是坚冰一块，而朝着光芒夺目、炎威逼人的太阳的那一面，却是花岗岩浆熊熊翻滚。当然日本人没有这样灼灼逼人。他们的思考路径是：雨季里的黄昏，满山的草木在风中显绿，沿着山脉的起伏，将低处的天空都染成了阴霾，仿佛漫山遍野都是雨意。

或者，他们用"夏凉冬暖"这四个字，组合成茶道的精髓，将自己装扮成精神拿破仑。因为这四个字就是日本茶道大师千利休"茶道七法"中的二法。夏凉和冬暖何以成了一种喝茶的精神？西方人恐怕难以明白。

　　《诗经》里说"蒹葭苍苍，白露为霜"。日本的和歌说"青丹奈良樱满地，花盛春薰万物兴"。如果说芳草野花一样春，那么枯山枯水一样冬。禅语中有"风霜新香隐逸花"，从这里思考日本的酱汤，它的不透亮不清纯委实是对透亮和清纯的一个再思考。

十一

　　我们一旦见到闪闪发光的东西就心神不安。

　　这是谷崎润一郎说的。

　　那么遇上白呢？是否也心神不安？

　　白，在原研哉那里，是一种生命的迹象，就像乳汁一样。乳汁何以是白的而不是黑的，就在于白在古文字里是骷髅的符号。所以白存在于生命的周边。所以，原研哉的白，是一种真实，不是一种观念。令人心神不安的是观念而不会是真实。

　　雪仍在下着。雪片默默地飞舞着落入我掌中，融为几滴光亮。

白不会消失。也不更新自己。更不变得透明。

原研哉说，他的这一思路，来自于阴翳，来自于谷崎。

纸灯笼亮起来了。暮色里的居酒屋。女孩子厚重的木屐声。

静谧。寒风。冷雪。整个的阴翳世界。

《和泉式部日记》里，女孩写情书给亲王，心情竟然也是阴翳的。风声猎猎，似欲吹落尽众叶，诱人倍添感伤。"天空乌云密布，虽是一片灰暗，而微微雨落，竟有如点缀一般，这般情景，怎不令人愁绪万端。"

这样看来，日本人将黑与白的世界，将明与暗的世界，将光与影的世界，甚至将情与恋的世界，全部收纳于"阴翳"这张巨网中，妄图一网打尽整个不明事理的世界。

十二

所以，如果要问阴翳为什么是美的？这样的回答或许不坏：

又有谁不愿在这薄明幽微之中彷徨到天明呢？

月文化与日本人的思绪

一

日本有位"月亮诗人"叫明惠上人。他写有著名的月亮诗：

明明的
明明明的
明明的
明明明的
明明的月

黏糊糊的像纳豆般，将人与月交融在一种日本式的意象之中。这与中国人对月的感觉不同。《红楼梦》中湘云观池中鹤舞，吟出"寒塘渡鹤影"；而在一旁的黛玉则对出"冷月葬花魂"。你看，一不小心黛玉将月切换成了葬的一个装置。冷，当然是其属性了。

在日本，月亮女神又名"辉夜姬"。她是日本古老传说《竹取物语》中的主人公，诞生在月亮上，然后落入凡间。一位伐竹老翁，有一天在森林里的竹芯里，偶然发现了一个只有九厘米高的可爱女孩，全身放着清辉，便带回抚养。一位月上之人，为何降临凡间？据说她在月宫做了坏事（罪），而被罚至凡间，最后惩罚期过了便又回归月宫。在惩罚期内这位公主做了什么呢？她先后拒绝了包括天皇在内的六名贵族的求婚，为的是用禁欲换取重回月宫的资格。那么从逻辑上看，这位美丽的公主，在月宫因性犯罪而被罚的可能性很大。而这也恰与粗线条的日本性文化相吻合。因此对日本人来说，"辉夜姬"是他们从孩童时代就熟识的生命体验：凡间是个大惩罚场，月宫是个虚幻的圣洁地。

二

日本有"月见"之说。

但"月见"亦能生出忧郁与厄运。依据月的阴晴圆缺，生出死生一如的不死观念。因而对月憧憬的同时又生出恐怖，于是在人的精神暗部，住着月的阴影。故日本也有"月忌"的风习。奉劝人们还是不"月见"为好。如日本有"月待"之语。著名民俗学家柳田国男解释道，这里的等待不是等月出，而是暗指在神的身边，与神一起过夜。也就是说从古风的意义上等待（まち）是与祭祀（まつり）相近的语言。所以日本人的月见，一开始并不是现代意义上的赏月之意。而是反义的说，望月是被禁忌的。《更级日记》里，丧母的孩子们看着散下的月光，作者便慌忙地用衣袖遮住孩子们的脸。为什么要遮脸？就是怕望月给人带来不好的预兆。

但这个风习在不知不觉中被转换成褒义，"月见"又成了一种优雅一种嗜好。其转换的背景是在平安中期以后，日本流行阿弥陀净土信仰。这个信仰传布的是阿弥陀如来翻山越岭来到这里，正好与山那头挂着的月亮在形象上有连接重叠的一面；再从日本神道背景来看，神道强调"月见"中含有咒术之趣。"月读命"是日本掌控夜国之神。日本人在"月见"之时供上团子和里芋，以示对月神的感谢。在京都有月读命神社，表明"月读命"身为月神而以古物神为祀。

京都的桂离宫是日本的名园。这里的"桂"由来于中国故事"月桂"传说。与再建银阁寺同年的一六一五年，采用小崛远州等人的设计而营造的桂离宫，以月见台为主体，月当头的庭园楼阁随处可见，表现出对"月见"的处心积虑。营造者智仁亲王，是为下轮天皇的候补人选，但他与当时的为政者丰臣秀吉和德川家康闹翻，被驱逐出权力圈。这里的有趣点在于，如果说以"月见"而著名的银阁寺，是将军足利义政权力的象征，那么，这座桂离宫则是智仁亲王为逃避凡间而隐居的场所。一个是权力的象征，一个是隐居的象征。在文化史上，足利义政保护能的艺术，为此而让其集大成者世阿弥走向幽玄之美，是通过银阁寺这个权力的"月见"而得到灵感；但智仁亲王则以一个失败者的隐居之眼，通过桂离宫的"月见"而体验到幽玄之美。同是"月见"，其路径不同，心境不同是多么显而易见。

在设计师和茶人小崛远州为主导的桂离宫设计者当中，有一部分人还同时参与了日光东照宫的设计。众所周知，日光东照宫是家康的灵庙，是德川家的象征，是胜者的笑傲，当属名副其实的太阳建筑。对照名副其实的月亮建筑桂离宫，对设计者来说，阴阳秉持或许是个重要的平衡支点。但这种包含桂离宫月见桥的庭园，则成了以后大名建造庭园的范本。作为不反旗德川幕府的证明，庭园和月见在这里又成了一种媚俗（上）的仪式。用清高淡远（月见）和空灵幽深（庭园）将自己埋葬的同时，也是对为政者的歌功颂德。所以有日本人说桂离宫是败者的象征，其出处就在这里。真可谓阴阳割昏晓。冈仓天心说小崛远州这样的茶人，追求的是"夏日的一群树林／微微可见的海洋／淡淡的夕月"。说的是虽然刚刚觉醒的灵魂依然没有从过去黑暗的梦境中摆脱出来，但已经沉浸在软柔灵光的甘甜的无意识之中，对彼方天空里的自由充满憧憬。可不，桂离宫弥漫着的正是水月镜花般的迷离氛围——"淡淡的夕月"。

三

日本也有月亮之歌。

老一代日本人都会唱带着哀调的大正时期的月亮之歌。如野口雨情的《十五的月亮》：

> 十五晚上的月亮啊　一路平安
>
> 奶奶得空休息了
>
>
> 十五晚上的月亮啊　我的小妹
>
> 出嫁到了乡下了
>
>
> 十五晚上的月亮啊　我的妈妈
>
> 我还想要见到她

还有西条八十作词，成田为三作曲的《金丝雀》：

> 忘记了歌唱的金丝雀啊
>
> 停在象牙船的银桨上

漂浮在月夜的大海上

想起了忘记的曲子

当然，不能不提《荒城之月》。土井晚翠作词，二十四岁英年早逝的天才作曲家泷廉太郎作曲的《荒城之月》。那还是明治三十一年的事情。荒城之月，是一种怎样的月呢？

荒城十五明月夜，四野何凄凉。

月儿依然旧时月，冷冷予清光。

浩渺太空临千古，千古此月光。

人世枯荣与兴亡，瞬息化沧桑。

你看，多凄凉多哀愁。荒城之月，曾经的荣华，曾经的富贵，都被远久所毁灭。站在被远久毁灭的遗址上，感叹世上只有月之光月之色千古不变，依然泛着清光。一首天籁般的无常之歌。

当然日本还有经久传世的以月为题材的美术作品。如大正九年（1920）桥口五叶的木版画《神户霄月》，现收藏于东京都町田市立国际版画美术馆；大正十五年（1926）上村松园绢本着色画《待月》，现收藏于京都市美术馆；江户时代歌川广重的锦绘《名所江户百景 星月夜》，现收藏于山口县立萩美术馆；明治十八年（1885）月冈芳年的锦绘《月百姿 四条纳凉》，现收藏于山口县萩美术馆。这都为日本独特的月文化增添了浓浓的一笔。

而发生在江户时代的一个故事说：一位衣着寒酸的男子，有天路过一群赏月的俳句诗人。你也来一句怎样？这帮诗人带着戏弄对他说。那位男子在递来的纸上写上"弦月"二字，周围便一片哄笑：啊呀，今夜是满月啊。果然是门外汉。这时只见那位男子微微一笑，继续写道：弦月如钩心中盼，今宵满月更待时。这位以非常的智慧完胜对手的男子就是小林一茶。

而在日本历代天皇中，素有"异形之王"之称的后醍醐天皇的望月名句，被视为是历代珍品中的珍品：

　　叶月。长月。夜月。

　　月的寒夜。

当然，日本人也不会忘记多少年前动漫大片《美少女战士》中的出场语：爱和正义的美少女战士，水兵月。代表月亮，消灭你。

四

在日本，望月起伤怀，源于平安歌人大江千里。《古今和歌集》收录他一首和歌：

　　长空望月，思绪纷然，悲从中来。

　　秋色人所与共，只有我不胜其哀。

而天皇家的嫡系子孙在原业平，则开了将失恋与月的惆怅相连的先河。歌人曾经交往的女子突然失踪。次年早春，在梅花开艳、月色撩人的夜晚，歌人旧情复发，来到失踪恋人的住所，独自开轩望月，至月西斜，遂咏歌：

> 月非旧时月，春非去年春；
>
> 唯有踽凉影，依然昔日身。

当然日本历史上还有一位让自己的女儿多次入宫，拥有三代天皇之外孙的藤原道长，当权力达到顶峰之际，便假托满月唱歌：

> 世我所知，一如我所思。
>
> 皎皎望明月，圆满无缺时。

将权势的辉煌与满月无缺相连，是这位日本天皇家的麻烦制造者的杰作。

被藤原道长的谋略剥夺了荣光之座的兄长道隆，其女儿定子是一条天皇的中宫，而为定子侍奉的是清少纳言。这位清少纳言在《枕草子》中写道："月色分外明亮，以牛车渡川。随着牛步过处，水波漾散，月如水晶般碎裂，委实可赏。"

哦。她是在赞美割裂之美，赞美月的被割裂之美。满池碎片，满波碎纹。这位宫廷美女是否想与道长的满月论，做观念上的对峙呢？

兼好法师的《徒然草》则更直接地将满月与残月相比，残月更具情趣表面化。这里将荣枯无常与满月残月相连，透出了不完整美的思想。而日本美学的核心概念之一的幽玄，则干脆强调这么一种风情与灵感：薄云笼罩着的月亮，秋霞洒落的红叶。而这种风情便是幽玄之姿。

如果说张爱玲对月亮的体验是"红黄的湿晕，像朵云轩信笺上落了一滴泪珠"；那么写《源氏物语》的紫式部则更将自己的心情放了进去："凉月西沉，夜天如水；寒风掠面，顿感凄凉；草虫乱鸣，催人堕泪。"前者胜在技巧，语言的技巧；后者胜在真意，内心的真意。

如果说莫言用"像颜色消退的剪纸一样，凄凄凉凉地挂在天上"来描述月亮；那么村上春树则用"可怜巴巴的月亮像用旧了的肾脏一样，干瘪瘪地挂在东方天空的一角"来描述月亮。一个是"颜色消退的剪纸"，一个是"用旧了的肾脏"。

五

月有色吗？

如果有的话，是白色吗？

但是，日本明治时期的散文家高山樗牛，写有《月夜的美感》著名散文。他推定"月亮的光是青色"。

因为是青色，所以比红、黄等热色要冷，表现在人的情感上就是安慰、寂寞。

因为是青色，所以比黑、白等明色要萌，表现在人的心理上就是幽邃、深远。所以，高山在散文中写道："要之，青所表示的感情是沉静，是安慰，是冥想，在色相上和赤所表示的全然相反。赤是活动之色，烦恼之色，意欲之色。用比喻来说，赤如大鼓之响，青如横笛之音；赤如燃着情欲的男子，青如沉静之女；赤如傲夏的牡丹，青如耐冬的水仙。"简约之，青是什么呢？原来，青就是"横笛之音"，青就是"沉静之女"，青就是"耐冬之水仙"。

曾与冷泉天皇两位皇子谈过恋爱的和泉式部，在日记里写月光下的私情，说又过了两三天，在某个月白风清之夜，坐在屋檐下独自赏月时，亲王派人送了信："回想前夜缠绵欢，身随明月西沉叹。""我"也想起那个明月如昼的夜晚，便提笔回信："两人共赏同一月，独自一人望夜天。"后有日本人评论说，这不就是"沉静之女"的"横笛之音"吗？

六

一轮明明的月亮，有时竟然与死连在一起。

这是读日本作家濑户内晴美的散文《月夜》才知道的。

在有一年的中秋之夜，她去嵯峨野赏月。

"月亮升高了。已经照不进池子了，而寺庙的山坡却披满了银白的月色，山影清晰地印在水面上。划船的游客已经归去，池上只遍洒着月亮的清辉，显得幽寂宁静。啊。这就是嵯峨野的月夜啊。"她由衷地感叹。

但就在赏月的这天夜晚，接到她远房表妹自杀的电话。就是这位表妹说过：寂庵的月儿多么迷人。

是迷人的月色夺去了她的生命？美的极致是为美献身。难道一语中的？

今宵的明月，为什么与死相连？寂庵清光辉映的庭院，嵯峨野的月夜，难道给人以死的冲动？清寂的月色，有催眠着人长睡不醒的效用？

"人为离别而相逢，人为死亡而生存。"这位女作家得出了人世无常的结论。给人瑟瑟缩缩的质感。她最后说：带着这番心情，我问天上的月亮。

看来，月色不总是给人以甜美。所以在万叶歌人柿本人麻吕的眼里，月带有死的影子。或者说，月是死而复活的象征。他的著名的诗句是：朝霞出东端，顾盼月西沉。在他的观念中，白昼与黑夜的交替，在本质上是西天月正倾。死是其不变性。用他的话语说就是"九秋残月"。

七

明治诗人北村透谷在名作《一夕观》中，学中国古人"念天地之悠悠"的情怀，视太空为"邈邈"，将历史喻为掌中玩转的"醇酒一杯"。于是诞生了"明月姗姗，未及中天。仰望苍穹，众星纷然"的好句子。但写到后来还是不自觉地滑入"幽幽秋草已深，忽闻虫声不绝如缕"的日本情怀。看来，即便是望月或月望，日本人在本质上生出的还是"秋草已深"的悲戚与无常。小说家岛崎藤村从短夜的深邃与空寂，联想到自己等待着的淡淡夏月。他说，"夏月的好处它不那么过于辉煌"。照理，辉煌有什么不好的呢？但在日本人看来，辉煌的虚幻会遮掩悲情的实在。"月儿出来了。夕阳的余晖尚未从西边的天空消退，月亮就及早地放出和深夜里一样的光芒。"写有《断肠亭日记》的永井荷风说：这就是虚幻遮掩了真情。

三岛由纪夫在《金阁寺》早就断念地说，一双手触及永远，一双手欲伸向人生，这是不可能的事。美的永远存在，阻碍我们的人生。生存中所显现的惊鸿一瞥的瞬间美，会倏忽崩溃与灭亡。所以，在三岛的笔下，金阁寺并不总是霞光万丈令人心生妒忌。月光下的金阁寺生出的悲凉则使人有癫狂的冲动，杀人的冲动。"金阁在风声中，夜空下耸立着，和以往一般，内部充满暗郁的气氛。林立的细身木柱在月光的洗礼下，看来如同琴弦一般，金阁就如同巨大而特别的乐器。由于月的位置使我真的看到今夜这种情景。但是，风儿不断地从这无法鸣响的琴弦间吹过。"而柏木用尽力气地吹奏，仿佛把"池中之月都吹成千万个碎片"。

而在学问家和宗教家铃木大拙那里，发现的则是月的无心与禅的无心的合一。作为无心的代表性语言，大拙好用这样一句诗："竹影扫阶尘不动，月穿潭底水无痕。"意思是说，竹子的阴影照在石阶上，风吹动后，似乎是在扫除石阶上的尘土。但是竹影扫尘，尘是不会动的。月亮照映潭底，但水上是不留痕迹的。这里表现的是无心的世界。这样的无心，才能达到无我。而能从无心到无我，这就是禅的极致了。月无心留影于水，水无心留月。这在剑道上就是心剑合一。这在武道上就是生死一如。

八

在日本，有月亮就是瘟神之说。

传说新罗东海龙王之子处容，其妻美貌非凡。有一天瘟神化成人形，趁处容不在家，月夜潜入处容家与人妻犯下情事。处容外出回家，发现床上有四只脚，便装样边歌边舞而退。瘟神面对不争不怒的处容，显出原形而认罪。并发誓，从今后只要看到你的画像，我就不进你家门。也就从那个时候开始，人们都将处容的画像贴在家门口，以驱避邪鬼。

而处容边歌边舞的《处容歌》就是：

古都的月明之夜

游玩兴致深夜归

进门看见床上四只脚

两条是我妻子的

另外两条是谁的

原本属于我所有

如今被人盗占

我又能奈何

在月明之夜犯下情事，在月明之夜边歌边舞。月的魔力可见一斑。日本学者中西进在《远景之歌》中说，韩国的处容歌的内容，在日本的《万叶集》也能寻觅。如卷十一的二三五三首：

长谷斋搲下，藏匿我娇妻。

清辉洒月夜，他人密栖身。

万叶的月，朗朗辉辉。在如此的月色之下，这个"他人"是谁呢？显然是性侵吾妻的情事之主角。月下犯情事，就像在樱花树下犯情事一样。花瓣飘落的景象，恰恰令人魂飞魄散，恐惧癫狂。而赤铜色气味诡秘的月色，也会令人魂飞魄散，恐惧癫狂。所以万叶人在三轮山（日本人观念中的神体山）看满月，周围如白昼被照亮，在惊叹这种魔力的同时，月下之人本能的冲动就是边歌边舞，边舞边唱。直至癫狂魂飞。肉体成躯壳。所以在人类的记忆中，月亮就是瘟神。当然松尾芭蕉没有直说月亮就是瘟神，而是婉转地说这个瘟神会来敲门："今夜三井寺，月亮来敲门。"

九

记得井上靖的话剧《芭蕉通夜舟》中有这样一句台词："月亮为什么会这么美？为什么？大概，是因为月亮并不属于谁吧。"正因为并不属于谁，所以这颗有着四十五亿岁的月球，谁都有解释权和解读权。

日本语中有"朧月"（おぼろづき）词语，表象若隐若现的春天之月亮；有"星月夜"（ほしづきよ）词语，表象即使没有月亮也有满天繁星的夜晚；有"更待月"（ふけまちづき）词语，表象夜深之后升起的月亮；有"寝待月"（ねまちづき）词语，表象月亮还未升起，遂躺下等待的优雅；有"立待月"（たちまちづき）词语，表象立待可见的月亮，因为总有人急于观赏那轮满月；有"后之月"（のちのづき）词语，表象阴历九月十三的月与八月十五的一样，是赏玩月色的良夜，同属于"娄宿"（吉田兼好语）。此外，日本人还有"孤月""淡月""青月""素月"之说，这是把自己心情放进去的诗性之说。

在日本，白天称作"霞"的事物，夜晚则称作"朧"。春天的夜晚，能看到伴着薄薄云霞的月色，好像被薄绢遮住一般。这就是"朧"。夜晚寺院传来的钟声，在月色下也称为"朧"。

在江户时代，有"二十六夜待"的说法。什么意思呢？应该是十五望月的，二十六望月在时间上肯定是晚了。所以二十六夜待表明自己并不风流。用这个借口，男人们便到游廓（青楼之意）去游玩。如品川游廓在二十六日晚上是最为热闹的。

在日本，澄明之月与清净之心属于互证的"自己同一性"。没有被污染的清净才是日本人的至上价值。史书《大镜》记载日本平安时代的大学者菅原道真所咏唱的《水中月》汉诗，其中一段为："圆似江波初铸镜，映如沙岸半披金。人皆俯察虽清净，唯根低头夜漏深。"这里的观月，不为乡愁，也没有憎恨之心。而是对清明的再确认。古代日本人的"见る"行为，带有吸进心灵清净的灵气之心的意思。所以，清净之月也就是神性之月。所谓观月，就是说在观清净之月的同时，自己也获取了心的澄明。与西洋人望月生出狂气不同，也与中国人望月生出乡愁不同，日本人望月将其视为灵力和神性，祈望月的澄明净化自己的心灵，强化自己的生命力。从宗教意义上说具有咒术之意。你看，就是那位说出"蓬勃我乳房，教君恣意握"的短歌诗人与谢野晶子，对着月色，她也不得不收敛春情缭乱的生命："出门花遍野，中宵月色清"，"樱花今夜月，行人净丽容"。有意味地将"清"与"净"与"月"相连。

这样来看，月在日本人的观念中，是柔软的，平滑的，感性的，清净的。又是阴性的，寒冷的，潮湿的，澄明的。这是否就是日本人和那自杀相连的那轮明月的月文化呢？日本人没有那种"一切水印一月，一月印一切水"的禅佛思辨，他们只知道"我的心难以安慰呀／望着那弃老山上的月亮"（《古今和歌集》）；或者少许诙谐一点的话就是"砍下一棵树／看着切口／今晚的月亮"（松尾芭蕉）。

那个无风却也帏帐飘飘的紫

日本人对色彩的思绪

明暗显漠与赤黑白青

与春夏秋冬对应的是什么？日本人说是霞雨雾雪。

与暖暑凉寒相连的是什么？日本人说是若叶—青叶—红叶—落叶。

当然还有明暗显漠，日本人将之配对为赤黑白青。

同样是出土的青铜，日本与中国相比，细心的日本人发现其锈的颜色不同。何以不同？中国的锈更接近青，日本的锈更偏向绿。究其原因，原来是地质与风土有异。

"色"这个汉字，日语读"いろ"。其词根出自"いろね"（姐的敬称），"いろせ"（兄的敬称），"いろも"（恋的敬称）。也就是说，"いろ"原本并不表现色彩，而是用来表示自己喜欢的人和事。这就生出这么一个文化看点：作为色彩的色，首先与人间关系和与之生出的情感有纠结。这或许就是日本中间色特别丰富（一说有接近五百种）的一个主因，而且连色名也十分有趣。如：夏虫色、一斤染、山吹色、国防色、花绿青、利休鼠等。当然还有平安时代物哀美学的典型色名——朽叶色。红叶的朽叶叫赤朽叶，黄叶的朽叶叫黄朽叶，残留绿色的朽叶叫青朽叶。

亮在黑色袈裟的水墨画中的红

　　要问日本的秋色是什么色？谷崎润一郎的回答是柿子色，十一月的柿子色。邻家院子里的柿子开始变红了。虽然白天的阳光还有残暑感，但傍晚夕阳的红黄色已经与夏天的颜色不一样了。而插花家则以形思人，将柿子构想成女人的臀部和乳房。臀部和乳房何成朱色？原来在日本人的观念中，雪白的极致就是柿子色在晚秋中的闪烁。

　　日本高松冢古坟壁画中的女子，鲜艳的唇红引人注目。西壁的四女性中，左边二人嘴部颜色剥落，但右侧二人还保有红梅花瓣的唇色。带有涩泽的唇红，还令人想起正仓院的《鸟毛立女屏风》和药师寺的《吉祥天画像》。红的色素由红花染成。在《延喜缝殿式》里，用红花染红，依据色的深浅，又分为"韩红""中红"和"退红"三种。其中韩红属于正色红。日语中，红有两种读音：一个读"ベニイロ"，一个读"クレナイ"。前者是现代读音，后者是古代读音。在颜色的区分上，前者稍带赤紫色，后者稍带浅黄味。"クレナイ"的语源来自于"吴蓝"（くれあい）。原来在雄略天皇时代，从吴（中国江南一带）输入的红花叫"吴蓝"。

在观念中，红总是象征太阳，象征火焰。但能在红中感受其神秘力则是日本人的发想，所以在《万叶集》里就有女性化妆成朱色的记述。日本学者前田千守在《紫草——日本色彩的文化史研究》中说，在平安时代前期，男女都以白为第一，其次是紫和绿。平安时代后期则以红紫白绿为顺序。也就是说，平安朝的服饰色，以红紫白为主调，绿以下的诸色则属于丽色。在当时染红其实是非常的高价，属于奢侈品。如九一七年三善清行的奏上文，有一段如是说："大红花二十斤可染绢一匹，属中民二家的财产。"这是以男子一人四年分的收稻行情计算出的。这表明红在当时与黄金同然，是能致个人倒产的奢饰品。这个红的价值一直到德川时期都没有变化。幕府的《宽永令》之所以再次发出染红的禁止令，就是出于反奢侈的考量。

红在当时是皇太子之位的表示色，庶民不能乱用，所以需要禁色。但红可以堂而皇之地用于游女馆的装饰色，这是否表明游女馆的游女们与皇太子等身？这是日本色彩文化史上非常有趣味的一章。问题的戏剧性在于，平安朝开始实施的禁色令，倒反催生了日本人对色彩的敏感性和感受性。大红和深红遭禁，就尝试浅红和暗红。其结果，原色的艳丽之红，洗练成了薄红与间红。或者，被禁止的浓色之红，用于服饰的下端或夹里，偶然露峥嵘。如女性的十二单（重叠的衣着），与外表比其夹里用红的就很多。为此还起名"樱萌黄""蝉羽""红杜鹃"等。于是，一种带有涩味的色相艺术诞生了。在中国朱色里难以见到的色，也就是说在华丽的背后有古朴枯寂的"寂朱"色，后来成了日本画的基调。一二八八年，高野山的僧侣移转至纪州（今和歌山附近）的根来，在那里建造寺院。在寺院使用的食器，先涂上黑漆，再涂上朱漆。这种漆器经过长年使用后，底部的朱色会自然剥脱而透出黑，表现着沉静的一面。后来日本的工艺人为了追求这种美学效果，干脆发展出一套刻意将表面朱色磨损的技术。这种与艳丽相比更能表现出侘寂之美的朱，可谓在日本文化中入骨三分。根来漆器在日本之所以非常有名，就在于在禁色令中，美反而得到了洗练，有了个人们乐意接受的结晶体。

将绚烂与鲜艳向内浸润，使其承重再承重，将情绪的红浮于表面，终于成就了不同于中国和朝鲜的日本固有的传统色。当年，在宇治平等院和严岛神社居住的贵族和武将们，就在朱漆的建筑里，一边做着华丽的净土梦，一边孤寂地生活着。这时的朱，在日本人的心中又升起了一种难以名状的感觉。禁令与色彩感觉的关系，在德川时代也是通用的。只是与王朝时期不同的是，红不再是贵族的专利，庶民也可以享用了。德川中期复活了红妆，小町红的口红开始出售。染红的需求一下变得旺盛，染物职人被尊称为红师。《女重宝记》里记载，面颊两边、口唇、指甲等涂上薄薄的红。外表的浓艳仍被视为贱。因此只能将浓艳色用于裙边、襦袢、筒里等处。这样一来，倒反有了江户粹（いき）的感觉。对神，对自然，对禁令，实施内在的柔软之力，倒反开凿了庶民美意识的源头。

在京都紫野，有一种叫"锦绣"的糕点，形状令人联想起枫叶大片的吐红，层林尽染。如果说这是冬日萧瑟之前的绝景的话，那么，同样在京都紫野，还有一种叫"落叶霜"的糕点，表现的则是红叶蒙上了薄霜。这里，红与白的对色，让视觉的盛宴受困于小小的糕团，日本人对斑斓的绘声绘色可见一斑。一看时令，已经是十一月下旬，京都该落霜了。凋零，是红叶不可逃脱的命运。日本人由此生出物哀之念。当然还有那蝉鸣的寺院，总有一点朱红，会突然地跳入你的眼帘，那是绿茵下的剪秋罗。日本人天才地将它比作男色之花，亮在满是黑色袈裟的水墨画中。

坐落在东京都港区南青山六丁目上的伊势半红屋本店，口红是最为著名的。这家店沿袭了江户时代的做法，制作日本的传统红——小町红。原料是山形县产的最上等的小红花。一朵红花瓣仅有百分之一的红色素，制作一个小瓷酒盅大小的小町红，需要一千朵红花。七月红花盛开，朝露打湿了花叶，发出闪亮的光泽。职人们沐着朝露摘花，摘取的花瓣加以洗净，早中晚各喷水三次让其发酵成红饼。职人再从红饼中提取高纯度的红色素。这个提取方法不留文字，代代口传。出品的红一旦干燥后就像玉虫色一样发着光泽。溶入水中，瞬间成了带有涩泽的朱红色。这是日本女孩最喜欢的口红色。特别是用鲜活的红花制作口红，有利人体健康，更受女性的欢迎。

十二月二十三日，是日本明仁天皇的生日，日本全国放假一天。这天的《一日一果》应该是什么呢？木村宗慎献上的是红豆饭。为什么要献上看似普普通通的红豆饭呢？原来，小豆和糯米在日本人心中是美食的代表。在表达喜悦心情的时候，红豆饭是少不了的。用小豆的朱，染色白米，红豆饭也就成了朱色饭。用朱色表示至尊，可见朱在日本人心中的重量。这种朱不同于随笔家国木田独步笔下的武藏野夕阳西下的红。后者的红是"原野上广阔的森林被染得通红，犹如一片火海般"的红。

那个明明无风却也帏帐飘飘的紫

　　京都北山有一种叫作"藤"的和果子，将米糕拧出纹样，撒上米粉，形如藤萝花。白紫藤萝，如少女般清透无邪，咬上一口，洁白的牙齿就会被淡紫染上，亮出五月初夏的可爱。

　　在日本，紫首先是清艳典雅的象征。有一种阅尽历史的神秘，保持了好色世界的王者地位。帝王居住地都用紫，如紫禁、紫宫、紫辰、紫庭等，以显高贵。而紫云、紫霞、紫气等则属神仙瑞兆之语。但同样是紫，中国和日本，在色相的认知上存有差异。如《论语》中将紫视为"恶紫之夺朱也"。这里，孔子为什么对紫没有好印象呢？为此，日本人推测孔子所言的"恶紫"是用绯红与紫草相混的染法而诞生的色，这种紫带有赤色味。如日本遣唐使的绯色服饰，在中国的文献里就被记录为紫。而日本的紫，从天寿国绣帐以来的遗品来看，则是用单一色的染法而成的茄子色，不带有赤色味。

　　在中国，色相论是按五行思想排定的，青赤黄白黑是正色，紫绿褐碧红为间色。将紫色放置于冠位之上的发想原本是中国，但同时将紫色视为间色的也是中国。日本人说，这是复杂的民族性在色相上的表现。带有赤色味的紫，缺乏气品，属宜诱发心绪骚动的色相。古代中国人喜欢这样的紫，招致流行压倒了传统朱色，所以孔子才慨叹今不如昔。孔子或许看出了赤紫带有卑淫的一面，后人便将王莽篡汉说成是"紫色蛙声，余分闰位"。

草木以绿色为自豪。但独有一草，茎叶皆为紫色，整个枝干散发出紫色的香气。日本人说这是紫苏。它实在是天地造化的颜料盘里，只剩下紫色时被创造出来的。推古十一年（603），日本推出冠位十二阶制的最高位大德，被配置诸色中最高位的色——紫。将紫定为最上，虽是模仿隋唐制，但能开出日本文化的独特之花，还是与日本人纤细的感受性有关。所以，经过律令时代向王朝时代移动，紫作为至尊的理想之色被人憧憬。清少纳言将淡紫色衣外面套上白袭汗衫的人视为高雅；将女人穿着深紫表面却有点褪色意象为七月的早晨；将凡是漂亮的都归结为紫色的东西，或花或丝或纸或织物。川端康成说过，打动我心的是日本暮空的色调。而提起日本暮空的色调，就想起画家坂本繁二郎寂寞冷清的荒野村落的暮空。如《月》这幅名画，圆月的白与周遭微妙起变化的大片紫，令人想起京都的黄昏。这就非常日本化了。

紫代表王朝之色，那个由紫式部描写的理想女性紫上就是其中一例。照日本美术史学者水尾比吕志的说法，藤原贵族对紫色的气高、典雅、冷艳的喜好，比任何国家任何时代的贵族都要来得强烈。王朝贵族的美意识向紫色倾倒，倒不是想生出帝气，而是想探寻文化的曲径深宫。日本人敏感细腻地区分出紫的色相差异：紫、黑紫、深紫、古稀紫、中紫、浅紫、深灭紫、中灭紫、浅灭紫、葡萄紫等。正如脚下一片紫色的小花，紫得清逸又柔弱，他们会弯下腰，任无风也使帷帐飘飘。

　　从紫的孤独意向憧憬出眷念（なつかしい）的概念，这是日本人才有的情思。就其原生态而言，紫草的根显为赤紫色，但将其干燥后，就会变为深紫色。而紫根含有的色素通过挥发，近旁的其他花草也被染上紫色。紫根由于具有这种不可思议的特性，沉湎于紫色王朝人的感觉也被染上了紫色。因此紫也被视为因缘色，象征女性，而染上色的紫草象征恋人。当年的万叶歌是这样唱的：紫草在旷野盘根生枝，思君之情呀绕绕不绝，春野里荡漾着声声啼莺。天平时代以紫染纸，用金泥写金光明最胜王经，也叫紫纸金泥经。《源氏物语》里，光源氏向最爱的人紫上献上葡萄色小褂并留下情话：若折于手，藤花色远胜苍松。可见早在一千多年前，日本人就开始赏玩藤色了。

　　在古代，紫的染法是在紫物的植物体中形成完全的紫色素，日本人将其称为古代紫。这种安定温和柔艳的古代紫，才是直通天庭的恋的神秘。近代的紫则是赤与青的混合，偏左成了红，偏右成了蓝，好像始终有一种不安定的对立情绪的存在。所以在日本人的观念中，古代紫才是本紫，近代赤青混合的紫则是伪紫。

在日本，五月是紫的季节。石旁，竹畔，篱边，门侧，古井附近，无处不见紫色的面影。紫阳花做着孤寂阴郁的梦。宇治平等院境内的紫藤棚，则是紫花怒放，迷醉着人的感觉。枥木县足利公园的紫藤花瀑，美得令人难以喘息。而札幌的紫丁香，像初恋时的心情小女人，在男人的衣角上留下冷香。当然进入八月，北海道富良野的薰衣草，淡紫色的小花，在夏日的阳光下，好似将人的精神也揉出了染紫液，宛如月下的圣殿。

象征清明心的白

川端康成《雪国》的开首句："穿过县界的长长隧道，便是雪国，夜空下一片白茫茫。"从山上冷寂的白花到大地罩满惨白的月色，显然想用白色营造着什么。小说最后写美丽的叶子因一场大火而惨死。原来，开首渲染的白是用来象征的。象征什么呢？象征冬夜料峭，清冷伤感的日式物哀。

在日本，神话里登场的天神，传说中贵人的魂灵，都用白色的动物来假借。如伊吹山神变白猪，倭建命神变白鸟，坂神变白鹿。此外还有天神变白蛇和白狗等。而伊耶那岐和伊耶那美二神交合诞生的筑紫岛，也叫"白日别"，意味太阳之光。日本人视白色动物的出现为吉兆的来临。《日本书纪》记载，穴户（长门）的国司草壁连醜经这个人，向孝德天皇献上白雉，这一年的年号就改为白雉元年（650）。一百多年后，光仁天皇也将有人献上白龟这年，改年号为宝龟元年（770）。

　　用白色动物表现纯洁与神圣并非日本独有，佛教的印度文化也将白象视为神圣。基督教文化中也能看到同样的倾向。但是将白有意识地渗透于生活之中，并将其日常化，恐怕只有日本了。在日语中，夕颜（ゆうがお），指的是一种白色小花。黄昏盛开，翌朝凋谢。《源氏物语》里，一位清纯女子的名字就叫夕颜。可见日本人对白色的喜爱，从很早就开始了。一月一日是日本的新年，日本人家家户户必须准备的和果子是什么呢？是镜饼。镜饼为何色？为雪白。原来，在新年之始，用雪白之姿象征稻青穗实的瑞穗之国，是其观念论的写本。在日本，通往神宫的神路，用白砂铺就，石灯笼外面须贴上白纸，神职人员必穿白色服饰。神前婚礼，新娘身着"白无垢"（里外皆素白）的和服。穿过青函海底隧道（世界第一条）的列车为"白鸟号"。中国皇帝的龙袍为黄色，日本天子的服饰是白色；中国京剧脸谱中的白脸是奸臣，日本歌舞伎中的白脸是好人；中国逢喜绝不能现白，日本男人则在婚礼上必着黑西服配白领带；中国发钱贺礼送的是红包，日本最大的东京三菱 UFJ 银行的信封则是满视野的白。每年的六月，日本中小学女生校服统一替换成白色夏服，视觉上的变化带来的是感觉上的一新。下课时分，身着白色夏服的女生蜂拥在通学路上，成了市街一道亮眼的白色风景线，给人清爽与水润的初夏感。白色衬衫和藏青色的裙子里，是青春萌动的美少女的"卡瓦伊"。

白在观念上还有一个天然本色的"白"，日本人常用"素"这个汉字来表示。日本女性对美白有着强烈的憧憬。早在奈良时代就有了以白粉妆面，使颜面白上更白或黑上加白的化妆，一直沿袭至今。戏剧中浓施白粉的往往是纯情素女。不用颜料的木造建筑也叫白木建筑（一叫原木建筑）。祭祀日本天皇祖先天照大神的伊势神宫，就是白木造的。千年以上拒绝涂颜料，保持了"素"的神圣与神秘。伊势神宫之所以每隔二十年就必须重新拆建一次，就是为了让这个"素"保持常白与常新。日语中现在还有"素人"一语，意指没有受过专门训练的外行人，引申为自然的原本之人。从白内在了"素"这一天然本色再做引申，就是象征清明心的白的出现。

日本的神社，一般要走很长的路才能到本殿。一路上都是由细砂石铺成。无数的脚在上面走，一片"沙沙"声。这是先用白砂石洗涤心灵上的污点，再用洗手池（手水舍）的清水洗手与漱口，然后才能登殿参拜。对于参拜者而言，神并不在眼前。但他们相信《古事记》里人神共有的神圣之约，神在他们心中。他们用砂石和清水向神表白：我没有邪心，也没有异心。有的是一颗清明心。因为神只接纳素白与清明，因此日本人很要干净，他们天天洗澡，并视肮脏为"恶"的代名词。当一个人被认为很"脏"的时候，基本就无可救药了。因此日本人常用"脏"（汚い）字来骂人。抓住犯人，之所以一定要搜查住所，就是为了消除犯罪者的赃物或罪迹。他们把厕所称为"御手洗"，并把厕所的干净与否和公司经营的好坏联系在一起。因此他们把发不义之财也视为犯罪。如捡到皮夹不上缴被发现，就判有罪。因为你的钱来得不"清明"。相扑比赛前选手们用白花花的盐去污秽，表明自己是清明上阵。这种为争得清明心的行为，被日本学者形象地比喻为"一个喜爱洁净成癖的民族进行的晨浴"。从这一意义上说，与红心相比，日本人更看重的是"白心"这个观念符号。

从根源性来说，日本人对白的喜好与自然观的历史发展有关。古代日本的神话，开篇将苇芽象征天神的出现。这就表明日本最初的自然不是由神创造的，而是自然生发的。自然才是生命的母体与根源。因为在观念上，自然与加工无关，所以自然就是白或素。崇拜自然就是崇拜白，敬仰自然就是敬仰白。由于崇拜和敬仰白，白也因此具有了神性，具有了信仰等美好的象征意义。所以，在日本幽灵也被穿上了白衣。如近松门左卫门的狂言《云女五枚羽子板》(1705)中的幽灵便是。日本花道家川濑敏郎曾赞扬白瓷陶艺家黑田泰藏制作的白瓷花瓶，说同样是白，却与唐白瓷和李朝白瓷不同。黑田的白瓷还未印上岁月的痕迹，仍像一个未经世事熏染的少年，是纯洁之白。这样的白瓷，插上青桃，再逢梅雨季，让人预感"一丝淡淡的恋情"(参见《四季花传书》)。《万叶集》最后一首，也就是第四千五百一十六首歌唱的是：新年伊始的初春，白茫茫的雪花飞舞，这万事吉祥的白呀。不用大红灯笼高高挂来喜迎新年，而是用满视野的白来混沌新春的意象，强调的就是自然生发。

人们都说黑白分明，但平面设计大师原研哉则说，白的对立面不是黑，而是将一切混同起来的灰。这是何故？原来在他的观念中，白不是一种色，而是一种感受性，一种能产生多样与多元的感受性。生命从混沌之际的白开始，如白色乳汁，白色蛋壳。而在生命诞生渐渐完成之后，白才被各种生命的颜色所取代。至于空白的白，在原研哉那里则表现为"什么都没有的空间"，产生了"可能会有什么"的可能性。如日本的神社，四个角落的柱子，用绳子联结，内侧围绕出一个中心空白。而这个空白，成了魂与神沟通的一个媒介，因为神明在这里栖息，人们在这里祈愿。所以，他说，我们不需要寻找白，而是要寻找能够感觉白的感受方式。何谓"白的感受方式"？日本山口县松琴堂，有一种叫"淡雪"的和果子。那种白，是仿佛用刀齐整地切下一块积雪的白。和果子研究家木村宗慎说，糕点中还加入了蛋白，口感松软，轻盈而细腻，仿佛真是咬上一口白雪的感觉（参见《一日一果》）。而源氏喜欢的三位女性空蝉、夕颜、胧月夜，从名字上看就是属于感觉到的白，属于意象学上的白，从而也是能够诞生各种可能性的概念结合体。这就如同川端康成笔下的艺妓驹子，男客觉得她的"每个脚趾弯处都是干净雪白的"。

达到无心枯禅境界的黑

当然还有黑。

黑在色彩学上属无彩色。在观念上黑与夜相连，而夜又令人联想到恶魔跳梁。日语的"くろ"是从夜的"くら"转化而来。为此黑也与恶的意象相连。如黑心，黑心槌，黑心利。黑还与古来的死色相连。在日本，黑色也是被嫌恶的。推古王朝以来的服制，黑属于最下位。在"衣服令"中，橡墨的黑是最下位的色。当时"橡衣"的用语是对妻子的贬称。黑在中古，又被指代为悲哀、绝望之色。如丧服是黑衣。但是在佛教的色彩观中，黑则是大力奋进的色，是任何色也休想染上的不动之色。此外，视觉上的重量感，威严的表象色，一般都与黑有关。如日本军记物语中强悍的武将，其头盔多用黑色显威。

黑是日本的传统色。将黑色细分，又有漆黑、紫黑、黑橡、黑鸢、黑红、铁黑、黑檀、黑濡羽色等。深鼠色的黑叫"黑橡"，暗赤褐色的鸢色叫"黑鸢"。带有青色的叫"黑濡羽色"。在古代日本，有光泽的黑发是美人的基本条件。日本人喜欢黑发的意识在万叶时代就有了。发质不黑且短，就是"不美人"的象征。"白"是"百"字少一横，日本汉字大师白川静的解释是：百年的人生岁月，突然有一年露出了白发头，表明老矣。

白染黑的文学表现最早出现在《平家物语》中。七十三岁高龄的齐藤别当实盛，是平安末期的武将。原本是源义朝的忠实部将，但在源义朝灭亡之后落荒关东，为平宗盛服务。一一八三年，为了取得与平维盛一起追讨木曾义仲的资格，在北陆出阵的实盛将白发染成黑发。阵亡后其首级被砍下验证，水洗头颅后墨汁褪色，白发显现。

京都的山崎，有千利休的茶室待庵。只有二帖，茶室中的最小。但没有狭小的感觉。为什么？从色彩面来看，如果说膨胀色是白的话，那么后退色就是黑了。窗小，暗黑。黑便有向后退的效果，狭小的茶室，就显得很深很广。似乎是置身于现实中，但又不是现实的空间。千利休美学和哲学的精髓，就是在"似乎"与"又不是"之间。

问题是京都还有另一个茶室，曼殊院的八窗轩茶室。建造于江户时代，小堀远州的美意识渗透其中。千利休玩寂，经过古田织部到小堀远州。远州萌生了"绮丽寂び"的意象。简单地说就是在千利休的寂之上，加注绮丽，还茶室一个美感。远州的具体做法是增设茶室的窗户，让室内变得明亮。八窗轩茶室表明有八个窗户。特别是叫作虹窗的纸糊白障子（在木框上糊纸），使得庭院里的新绿和红叶，都染上了障子的白。而八窗轩的壁墙，一律涂上黑色。玩弄明亮中的昏暗，幽玄的氛围也就酝酿出来了。光从窗口射进，照射在涂上墨的壁墙，显得黑。光线照射不到的壁墙，显得暗。黑与暗，暗与黑，本无界限的色彩宇宙，硬是画上了观念的印记。但从黑的结晶来看，黑这个色彩理论的极致，就是日本茶室的诞生。

　　在日本人的认识里，表示黑的另一色名叫玄。少带微红的黑，也表示究极的黑。原本的玄，意味着深，黑，暗。从这里出发，玄又被观念为微妙且深远的宇宙之理。如玄妙，也可叫幽玄。而玄人，则表示熟达之人，也是从深奥处得来的。与白木造相对应，日本也有黑木造用语。这里的黑木并不是指紫檀、黑檀、黑柿等黑色系木质，而是指裹着树皮的材木。

　　《源氏物语》葵帖里描写源氏的正妻葵上死去的时候，源氏穿着钝色服，葵上的死像做梦一样。如果自己先死去的话，葵上也一定会穿上更深的钝色服的吧。那个时候，妻子死去的服丧期是三个月，丈夫死去的服丧期是一年。源氏是否穿了三个月的钝色服，小说中并没有一贯性的交代，但穿着钝色服的源氏，又去犯其他的情事则是不争的事实。悲哀中的钝色，都没有收住源氏的花心，想来这个钝色还不够黑还不够敬畏还不够震撼。在日本有"宪法黑"的色名，是个叫吉冈宪法的人，在江户时代创生的黑褐色。这位宪法，是否就记住了源氏的钝色还不够黑不够敬畏不够震撼？

把这个宪法黑作为自己的基础色调，并以此征服世界时装界的是山本耀司。这位服装设计大师为自己为日本争得美誉的一个关键点就是将黑就黑，用黑崩溃日常化，用黑贯通新思路，最后向内沉潜与收敛，达到无心的枯禅境界。

"月凉梦破鸡声白"的这个白，从何而来？

日本人将秋天分为九月是开端，十月是全盛，十一月是尾声（はしり、さかり、なごり，更有节奏感的日本语）。秋分一过，夜晚变长，人们的心情也被秋意染色，进入了物哀的实验室。将季节的变化用色彩来表示，将色彩用季节性植物来表示，生出的是对事物的完全不同的感受方式和接受方式。如果问：谁能在夕阳西下的图式里，画下紫色结束、橙色开始的分界线呢？色彩的变化没能逃离我们的眼睛，但究竟是在什么地方一种颜色逐渐地混入了另一种颜色的呢？这时我们会想起日本人。日本人对自然特有的心绪，就像点起的一个纸灯笼，在微暗的灯影里倾听夜雨声。

倾听到了什么呢？你看，他们将淡紫色，用九重葛、泽兰、胡枝子等来表示；他们将黄色，用棣棠、女郎花、栀子、菊花等来表示；他们将淡红色用红瞿麦、桃、樱、葵、蓼、牡丹、合欢树等来表示；他们将赤用山茶、百合来表示；他们将紫用藤、燕子花、紫罗兰、菖蒲、桔梗等来表示；他们将碧色用朝颜、龙胆等来表示；他们将白色，用梅、菊、柑橘花、水晶花等来表示。

散文家德富芦花笔下的富士日落色彩是这样的：日落之后，富士蒙上一片青色。须臾，西天的金色化作朱红，继而转为灰白，最后变得青碧一色。

俳人高滨虚子笔下的冬日晚霞是这样的：无力的冬日晚霞之中，既无佛陀也无耶稣，只有紫色的美玉，波谲云诡，浩荡无边。

小说家永井荷风则写虫声。从虫声中泛起的是西风吹落了树叶的色与彩：沉静的白昼像无尽的黄昏。这时总有低柔的钟声从远方传来，仿佛欣赏铃木春信古老版画的色彩和线条，使人感到疲劳和倦息。与此相反，到了秋末，在一夜比一夜更加强劲的西风中，倾听那断断续续的钟声，我以为就像阅读屈原的《楚辞》。

而我们太熟悉的村上春树，则是玩弄色彩学的高手。在《没有色彩的多作和他的巡礼之年》中，高中时代的四位同学，二男为赤松庆和青海悦夫，二女为白根柚木和黑埜惠里。只有主人公没有色彩。没有色彩就没有存在感。色彩成了存在，美学转向了哲学。赤与青，白与黑，当属色中之色，当属色彩世界的全体。这里暗示了世界的调和性。但在故事途中，又有灰田和绿川两个男人登场。灰，是白与黑的中间，绿则是红青绿色材三原色之一，表明色彩世界的欢乐颂。问题是色光的三原色为红青黄，但小说中没有出现黄。没有黄色，表明色彩体系的分裂，正好是小说主题的确立。日本色彩学者小町谷朝说，黄色是希求之色。表明小说有希求。

想来，日本人是要在理智和疯狂的界限之间，硬生生地刻下他们的色彩情绪。想要解答"月凉梦破鸡声白"的这个白，究竟从何而来？

是谁惊动了谁呢？

其实，色彩有时并不好辨析与描述。

北海道的降雪量，一晚积雪四尺。到处是白色的海。

但那种白，并不是单纯的白，而是寂寞的深不可测的白，看着令人浑身颤抖的白。那么，这究竟是什么色呢？

背阴处寒冷，阳光下温暖，这种温暖与寒冷的混合，日本人说就是小阳春的迷人之处。那这又是什么色呢？

永井荷风的《断肠亭日记》写道：当然阿富已年过三十，加上久落风尘，情事不绝，其容貌难免衰颓，而正是这种颓唐的风情，在性喜不健全的颓唐诗趣的我的眼中，却如若天仙，窃思堕落女神亦不过如此。如果说这也是一种色的话，那么如何描红？

日本十一月中旬的寒风，连阳光也变成了灰黄色，呼啸的寒风，可将梅、李、樱、榉、银杏的霜叶一天落光。这又是什么色呢？

宋代皇帝说"雨过天青"。十七世纪的俳圣松尾芭蕉说"雨过青苔润"。腔调都有点像，都是指向色彩背后的精神元素。只是日本人没有"残照西风"那种大视野的苍凉，却有着六十出头的北野武，开着粉红色皇冠车拍广告的"卡瓦伊"。前者用老气横秋对应着后者的情绪跳跃。可谓"寒潭惊鹤影"。那么，是谁先惊动了谁呢？

日本铁道文化的点与线

一

　　铁轨生锈。枯芒摇曳。乌鸦成群地聚集在路基两边。嚎叫着，望着长空。四周空旷，叫声拖得长长，令人生晚寒。

　　带着赤锈的铁轨，笔直地伸向远处长满青绿的群山。荒芜已久的站台，墙壁开裂。检票口前的木柱，缠着一种叫作爬山虎的植物。给人腐朽状、凄凉感。真可谓残月萧山，砭人肌肤。

　　再也听不到昔日滚滚的车轮声，再也看不到昔日人潮汹涌的站台。记忆，好像远去了；故事，好像消失了。但在铁道的枕木碎石间，杂草顽强地探出青葱，好像又将记忆追寻了回来，好像又将故事鲜活了过来。日本人将废弃的支线铁道称之为"废线"。废线何以成了人文？何以成了感怀？就在于废线在本质上是用一种无常将岁月加以静止。繁华褪去，留下历史。昔日的汽笛声声，凝固着瞬间的地老天荒。

日本著名的铁道纪行作家岚山光三郎，著有《新废线纪行》。他踏破从战前到平成的全国二十六条废线线路，深深感到纪行绝不是单纯的怀旧，而是赌上性命的探险。乌鸦鸣叫，毒蛇出没，蚯蚓爬行，蝙蝠舞动，蜘蛛结巢，群蜂飞舞，蚊蛾扑面。四周的静寂，只一人，在默默探寻昔日的废线。这时若逢日暮时分，一切都在雾色中晕开，将晚秋染得景致摇旖。这时，孤独苍凉的生命里，会有突然闯入了一些色彩的感觉。岚山光三郎说，这个感觉就定格了所谓废线，一定是铁道的"歌枕"。

废线的日本铁道很多。但在几大历史时期较有影响力的废线，则有以下三条：

一八九三年（明治二十六年）开业，一九九七年废止的信越本线，区间为轻井泽—横川。运行了一百零四年。

一九一八年（大正七年）开业，一九八七年废止的筑波铁道，区间为岩濑—土浦。运行了六十九年。

一九三一年（昭和六年）开业，一九八七年废止的国铁佐贺线，区间为佐贺—濑高。运行了五十六年。

而被日本的纪行作家们定性为废线"圣地"的，则是一九二六年开业，一九七五年废止的夕张铁道，区间为夕张本町—野幌。

　　为什么"圣地"是废线的夕张铁道？原来，夕张是北海道美景的一个图式，也是矿产开发的丰腴之地，更是世界著名的哈密瓜产地。东京一般超市里的夕张哈密瓜，都要卖到三万日元。但即便如此，还是没有能阻止这个城市的衰退。往时的十二万人口，随着二○一六年最后一家企业倒闭，这座城市的人口只剩七千人，而且留下的都是老人。七千人的城市，用不了多久，就会在夕阳中慢慢消失。而夕张的悲剧，或许就是整个日本列岛的悲剧。从夕张睹废线思文明，纪行作家岚山光三郎说，要带一块手帕才行。看来，一个区域的文明衰退，并不是想象中的那么姗姗来迟。人类史上曾经辉煌的文明，它们的顿然消失，现在看来也不再是个谜。

　　从日本铁道文化的废线纪行中，我们发现，废线其实是文明不再的一个投影。而现在日本盛行的"废线观光"，实际上就是怀旧似的再去听听昔日工业文明的汽笛声声，想再去看看昔日蒸汽火车浓浓白烟的时光倒流。如至今还穿梭在岩手县花卷与釜石之间的 SL（蒸汽火车的英语简称）观光列车，就是带着日本人作圆梦之旅。看来，日语中的"錆び／sabi"一词，它的美学意象正好重叠了废线的意象。

二

《朝日新闻》日前报道的一条社会新闻，引起了笔者的注意。

北海道 JR 道南铁道木古内车站前，有一家叫作"站前饭店急行"的炒面店。二〇一七年五月的一天，八十八岁的店主桓内在厨房里突然大动脉瘤出血倒下死去。笔者感到纳闷的是《朝日新闻》为什么要特地报一条料理店店主病死的消息呢？这条最为一般的新闻难道也有看点？如果有看点的话，看点在哪里？原来这家店在木古内站前已经有六十年了。而木古内正好是海底青函隧道在函馆露头的第一站。这也就是说这家店见证了日本旧国铁时代，新国铁时代和二〇一六年北海道新干线的开通。这家店与铁道与列车有关。八十八岁，开店六十年。随着店主的死去，小店也就无声地关闭了。旧国铁时代有松前线和江差线在这里交叉，后来是特急北斗号的英姿，再后来是新干线的强势。一个人的青春，一个人的物语都与这条铁道相连，都与这个木古内站相连。北海道的风雪夜，这家小店亮着灯火，拉面的好吃与札幌生啤的鲜美，给了下车乘客一个好心情。原先隧道的漆黑在这里变得亮堂。原来这条新闻的看点就是讲日本铁道文化有着人文性的一面。铁道与乡土的连带，令人印象深刻。

这就想起日本著名的已故铁道纪行作家宫胁俊三的一个命题：隧道的命运就是漆黑。进入了迫不及待的青函隧道，却发现除了荧光灯机械地按一定间隔快速地在眼前闪现之外，其他什么也看不到。这时倒反有马上穿过黑暗重见光明的渴望。宫胁说这就是"隧道的命运吧"。青函隧道段的海底最深处为一百四十米，而隧道又在海底下的一百米。当隧道内荧光灯的颜色从原来的白色变成青绿色的瞬间，表明列车正在海拔负二百四十米处行驶。而有在木古内下车的乘客，在幻觉上可能已经闻到拉面的骨汤味了。就是这位宫胁俊三，利用闲暇时间东奔西走，国铁二百六十六线区，两万多公里全线乘过，全日本就属他为第一人。他写下了令人流泪的物语《时刻表二万公里》。他更有三十四天的北海道·广尾—鹿儿岛·枕崎之旅，乘车里程一万三千三百一十九点四公里。而有日本铁道纪行文学金字塔之称，则是他的《最长单程车票之旅》。

在我们的记忆中，浅田次郎的短篇小说《铁道员》，更是将日本人尽忠守职的"一根筋"精神注入了铁道文化之中。寒冷与风雪。北海道根室本线的幌舞站，小得不能再小的站，无名得不能再无名的站。几十年如一日的乙松站长，习惯了在风雪交加的严寒中，在站台上等候六分钟，挥舞着小旗引领十九点的末班车进站。然后在工作日志里认真地写上"今日无异常"几个字。抬头望去，大雪渐收，一轮银色的满月升起，高挂在幌舞的矿渣山头。KIHA12 的老旧汽笛声响彻整座山谷。女儿死去的日子，妻子死去的日子，这位男人还是在站台上不动。只是汽笛声更悲，飞雪影更凄。电影化后，乙松是高仓健扮演的第二百零二个角色。这个角色发出的一个信号是：只有立领的黑大衣和端正的制服帽，才是自己生命的价值所在。

三

与钢筋铁骨造的车站相比，日本还有很多木造车站。

据二〇〇九年的统计，日本全国 JR 铁道和民营铁道加起来的车站数量超过九千个。其中木造车站为四百五十个，占总数的百分之五。在四百五十个木造车站中，最能体现日本铁道文化的有以下四个：

最北端的木造站 —— 拔海站（北海道宗谷本线）。一九二六年（大正十五年）九月二十五日开业。现几成无人站，一天只停车五次。其他特急则是通过该站。在冰天雪地的傍晚时分，站舍内的照明光亮，惨淡的只能将站牌的影子拉长拉细，周围则被无尽头的黑暗所吞噬。天气晴好的话，能看到对面的小渔港礼文岛。而春天的青黄紫绿时节，这个有着近百年历史的木造站，也似乎变得鲜活，引来不少"铁粉"。站内一隅有笔记本和笔，供游人写下感受。一年后编辑成册，取名为《拔海文库》，用来串起不同时空下游人的共同记忆。一九八三年，高仓健主演的电影《南极物语》，曾在这里拍摄过千里冰封的镜头。这部影片当年曾创下五十九亿日元的票房纪录并保持十五年之久。

距日本海只有十米的绝景木造站——驫木站（JR 东日本五能线）。一九三四年（昭和九年）十二月十三日开业。这里遇到大荒天，日本海掀起海浪，海浪的飞沫飞溅到站台上。日本人说这是绝景。而当黄昏时分，夕阳在日本海慢慢下沉的瞬间，车站一片霞红。看日入海，日本人说全日本这里最好。驫木站前，只有一家日式房屋的民家。显得孤独与凄凉。尤其在"蒹葭苍苍，白露为霜"的深秋，海风吹来秋之寂，令人断肠。而在寒月清冷的夜晚，单屋孤灯，给人去圣悠远的感觉。驫木站——飘落的忧伤，泪眼婆娑。

日本皇室利用的木造站——畝傍站（JR 西日本樱井线）。一八九三年（明治二十六年）开业。这是为参拜橿原神宫和神武天皇陵而修建的车站。神武天皇是日本天皇家设计的第一代天皇。虽然是虚构的，但谈论起万世一系，逻辑上必须从这位神武天皇开始。畝傍站现已是无人站。站舍的荒芜与历史的荒芜，在这里找到重叠点。光堂依稀留旧影，但可想过珠帘为风所破，金柱为草所埋的光景吗？真可谓残梦难寻。想来也令日本人潸然泪下。由此故，畝傍站也是日本人心中的一首无常之歌。

只有一人利用的秘境木造站——坪尻站（JR 土讚本线）。一九五〇年建成开业。日语中有"秘境"一词，表示与世隔绝，人们难以踏入，土地的自然生态也毫无所知的意思。近年在日本变得人气的就是在神秘兮兮的秘境深处，寻访鲜为人知的车站。坪尻站坐落于香川县和德岛县两县山界很深的地方。车站周围是原生林茂密的猪之鼻大山以及流淌不息的河流，附近没有民家，也没有农家。四周贴有注意蝮蛇山熊的警示标语。说来谁也不相信，每天利用这个秘境站上下的在二〇〇六年平均是二人次，到了二〇〇九年变成了一人次。住在西山地区已经八十九岁的开清老人，一个星期外出三次，利用车站也就三次。无论是雨天还是晴天，无论是雪天还是台风天，这位老人总是背着双肩包，很健康地出入于秘境车站。不可思议的是自从漫画书《铁子的旅行》提及这个秘境站之后，受到"铁粉"和秘境狂人们的热烈追捧。神秘车站也因此红极一时。

四

人被列车时刻表束缚，会有一种快感？

这在我们看来，是难以理解的。

但日本随笔作家酒井顺子，十年前出版《女子与铁道》一书。她在书中说自己就有一种被列车时刻表束缚住的快感。她说自己曾在一天之内乘遍东京所有地下铁，从日本桥转乘五十三次到京都，停靠四国各个旧国铁的车站，寻找北海道的废铁道。列车的摇晃，带动身子，更带动大脑。大脑洞开之际就是乘坐列车摇晃之时。她说自己独自一人铁道旅游是在高中毕业，方向是金泽。说是受了五木宽之小说里经常写金泽的影响。从东京到米原是新干线，然后是北陆本线。她还乘过有"奔走的酒店"之称的"晨风号"卧铺特快，车厢内弥漫着一股男人味。她发出"唉——，尽是男人呵"的叹息。但她不讨厌这股味。她说她喜欢上铁道的一个原因，在于看中了所谓的移动，就是一种精神的冒险。

阪急今津线，从兵库县宝冢站至西宫市今津站，沿途八个站，单程运行时间只有十五分钟。当属关西地方小站。但小站出物语。日本轻小说女作家有川浩将自己在大学时代乘坐这条线的思绪与情绪，注入于胭脂色的车体内，写出了畅销百万册的《阪急电车》。单程十五分钟与偶遇乘客之间究竟能发生什么？电车上看似无表情的他／她，但各自都有属于自己的真命天子。车厢内有多少人，就有多少段不同的人生物语。没有比这更治愈系的了。春有樱花冬有细雪。"咣当咣当"的列车，况味着属于他／她的小确幸。"更重要的是——被幸福背叛的时候，全力反击了回去。无悔无憾。"小说里的翔子如是说。拍成电影，票房十一点四亿日元。看来，列车真是联结回忆的时间机器。在地平线的另一端，我们会再次相遇。带着我们过往的残存记忆，继续前行。

写到这里，笔者联想到中国人喜欢在火车里（现在是动车或高铁）嗑瓜子或打牌。车厢里飘逸着最浓烈的味是方便面特有的醇香。这无疑是去远方的概念。一个新的生活，一个新的人生，就在嗑完这包瓜子或打完这副牌或吃完这碗方便面的时候出现。远行，一个抽象的集合。而日本的支线列车，本身就是市井生活的一部分，本身就是每天必吃的饭团或寿司的一部分。车轮不紧不慢的滚动，带来的是乘客间交错的不期而遇，改变的是心绪。日常，一个感性的具象。或许由此故，日本是世界上拥有铁道杂志最多的国家，也是时刻表更新出版最快的国家。而每个小男孩的第一个梦，可能就是一位铁道员，站在寒风飞雪中目睹列车呼啸而过。

但呼啸而过又带来另一个问题。为什么中央线会成为东京所有铁道自杀的名道呢？一种说法认为，中央线列车车体是橘红色，这种色感在空气中穿透或呼啸而过时，会给人一种温暖的幻觉，让人产生扑向这种颜色也不会痛的错觉。当然，推理小说家岛田庄司的《寝台特急 1-60 秒障碍》里，则是另一种思路。一个叫安田的人喜欢在天色苍茫之际，在自己家的阳台上，拿着双筒望远镜看着斜对面的长长的站台。这天，冷寂站台的长椅上，则有一男一女在调情，抚摸对方的身体。女人穿得比较裸露，姿态撩人。这时正好有一辆急行列车在他们面前呼啸而过。

五

铁道与线路／站台与出口／列车与车厢。

在彻夜不停的流动中，把人与时间与目的地连线起来的是点与线。而用点与线画出铁道推理曲线的，则是人。人，在这个过程中扮演着心理盲点与逻辑盲区的双重角色。而为人提供物理手段的则是流动的列车，复杂的线路和诡计的时刻表。因为是流动的，因为是复杂的，因为是诡计的，于是一个全新的概念诞生了：不在现场证明。

如小姐 A 于夜晚二十点十五分在酒店房间里裸体地死去。发现尸体的酒店服务员报警。警察锁定了一位正与 A 交往中的男友 B。但这位 B 信誓旦旦地说在 A 死去的这个时间段里，自己正在移动的列车上去北海道。这也就是说，在 A 死去的二十点十五分，B 并不在案发现场。但最后水落石出凶手就是 B。原来 B 利用了不在场证明的逻辑盲点，利用了铁道转乘的时间差，演绎了一场不在场的在场。从这个角度来看，铁道、列车、线路，时刻表，为我们带来的一个逻辑与心理的精神杰作就是不在现场证明。

日本的铁道以准点和四通八达为著名。看时刻表，有线路写 15 时 57 分到，15 时 57 分发的字样。感到吃惊的同时，领悟到了日本人将时刻精确到了十秒、二十秒、三十秒的单位。也就是 15 时 57 分 00 秒到，15 时 57 分 20 秒发。停车二十秒。另外，日本铁路线的复杂交错，如同一车站，有多达数十条线路的列车停靠，也是世界罕见。这就为诡计时间表和不在现场证明提供了绝佳舞台。毫无疑问，日本推理小说的空前发达与铁道交通的空前发达应纳入同一视线考察。这正如日本铁道记者原口隆行在二〇一六年出版的《铁道推理的系谱》一书里说，日本时刻表在铁道发展的初期就非常准确。铁道推理能成立的充足理由，就是基于这点。案发在南部的福冈，凶手却身处最北端的北海道。真正的凶手究竟是谁？一九五八年松本清张发表小说《点与线》。点与线的连接，就是松本清张的"时刻表诡计"，也是日本人最拿手的不在现场证明在真相大白中的运用。在《点与线》里出现的列车名和车站有：

　　横须贺线东京站十三站台。

　　特急"朝风"号，当时属 10 系的旧型客车。

　　急行"十和田"号上野 19 时 15 分发车，青森 9 时 9 分到。

　　青函隧道联络船青森 9 时 50 分发，函馆 14 时 20 分到。

　　急行"球藻"号函馆 14 时 50 分发，札幌 20 时 34 分到。

急行"萨摩"号东京与鹿儿岛联结。

急行"赤眼"号函馆与旭川联结。

急行"筑紫"号东京与博多联结。

西铁福冈市内线的路面电车（1979 年废线）。

西铁贝冢线。

江之岛镰仓观光电铁（现江之岛电铁）。

你看，多么复杂。当年松本清张是在东京站前旅馆二〇九室执笔小说的。可能是东京站来往不息的电车与多条向前延伸的锃亮铁轨，启发了他"不在现场证明"的思路。现在该旅馆二〇三三室的走廊上，张贴着《点与线》连载时的第一回页数。房间里悬挂着当时东京站时刻表。

论及日本铁道推理小说，有一位作家是不能不提的。他就是每年至少出版一本铁道推理的西村京太郎。这位一九三〇年出生的小说家，已经出版了超过五百九十册的铁道推理小说。最初执笔的是在一九七八年出版的《卧铺特急杀人事件》。之后，西村写遍了全日本的铁道。只要看看书名就有所明白，如《夜行列车杀人事件》《东北新干线杀人事件》《雷鸟九号杀人事件》《东京地铁杀人事件》《函馆车站杀人事件》《上野车站杀人事件》《高原铁道杀人事件》《纪势本线杀人事件》等。就连二〇一六年三月二十六日刚开业的北海道新干线，他也以此为题，于十一月三十日出版了《北海道新干线杀人事件》。速度之快令人吃惊。刚开业不久的新干线就发生"杀人事件"。好像不太吉利，又好像在诅咒什么。但这就是日本铁道文化的任性。读者喜欢这样的任性，铁道部门也喜欢这样的任性，因为这会带来乘客。据统计，西村京太郎小说的发行部属数累计超两亿本。推断一本书是二百日元版税的话，共入账四百亿日元。日本人掏钱买西村的书，是想过一把日本铁道诡计的瘾，然后按照西村设计的"不在现场证明"线路，自己再乘列车体验一下。所以，日本国内旅游的繁忙，忙就忙在大家都在追推理小说的风。

六

在日本出行坐轨道交通，最怕列车开到一半突然停车。这时车厢的广播会响起，说前方站发生了"人身事故"，列车需要暂停。给大家添麻烦了，真对不起。

一车厢的乘客，当然知道发生了什么。日本人好像已经麻木，见怪不怪，没有任何坐立不安的焦躁情绪，依旧不是看书就是玩手机就是打盹。车厢静得出奇，静得可怕。他们不会联想自杀者在车底下的血肉模糊状，他们不会抱怨自杀者为什么偏偏在这个时候自杀。因为他们知道，死者已经回不了家了，但他们还能回家。因为他们知道，人死如灯灭，任何的鞭挞都是对死者的不尊。当然，他们或许更知道，明天，后天，乃至有一天，跳轨自杀者或许就是自己。给大家添麻烦的或许就是自己。于是，在这个特定的瞬间，日本人生出了宽容心。奇特的是，这种宽容心又与铁道文化交织在一起，一方面使得铁道文化的内涵更深刻，另一方面又使得宽容心得到了某种规范，使其成为一种内在的自觉。

更为有趣的是，日本的铁道文化还造就了一批专门采访调查跳轨自杀的记者。其中较为有名的一位就是一九七五年出生、庆应大学毕业的佐藤裕一。他曾统计出自二〇〇五年至二〇一四年的十年间，日本全国共发生铁道人身事故为一万两千三百零四件，其中明确为跳轨自杀的是六千零一十四件，占了人身事故的半数。他还统计出东京的中央线十年间跳轨自杀人数为二百五十三件，以年间二十五人、月间两人、每公里4.8件居榜首。东京的山手线在装设站台门之前，每公里为3.3件，隶属第二。近几年又诞生了"自杀圣地"新小岩车站。因为位于东京都葛饰区的JR总武线新小岩站，是从东京搭乘机场快速列车前往成田机场的必经车站。但是机场快速列车这一站不停，只是疾驶而过，其车速是一百八十公里。若此时有人跳轨撞车，几乎是即死，自杀的痛苦也就减少了。

为减少跳轨自杀，日本的铁道部门也是动足了脑筋。如前几年中央线在站台加设镜子，使想跳轨的人，能在最后时刻再看一下自己的脸面，或许能生出不舍之心从而放弃轻生。再如东京都内的私铁小田急线，在道口导入青色照明，以此想对自杀者产生镇静的效用。有的铁道公司则在站内放置一些可爱的动物标本来愉悦乘客的心情等。

跳轨自杀对铁道公司的正常运营来说是个灾难。为此一般的赔偿行情，高峰时段为八百万日元，非高峰时段为四百万日元。如果车辆破坏显著，损害赔偿则更多。赔偿对象是死者的家属。如果家属不想赔偿，则必须放弃继承权。如果不是自杀而是痴呆症等原因死于铁道的，是否也要赔偿？这就想起二〇〇七年的一个案例。爱知县有一名患有痴呆症的九十一岁老人，有一天在八十五岁妻子不留神之际，打开家门，擅自踏入铁道，被 JR 东海道线列车当场碾死。这时正好是傍晚高峰段，事故造成对两万七千人的影响。JR 东海公司以电车延误等为由，向死者家族要求赔偿七百二十万日元。家族不服。缠诉九年，终于在二〇一六年三月日本最高法院判 JR 东海公司败诉。铁道公司在人身事故中败诉，在日本为首例，引起轰动。日本媒体说这是"迟到的正义"。因为站台是铁道公司的，有人坠轨，公司当然有责任。

显然这里的一个视线在于：不是自主的自杀死，而是不由自主的事故死，就可以免于巨额赔偿。那什么叫不由自主的事故死呢？则又是非常模糊不清的。为此现在有自杀者不再像以前自杀者那样毅然地跳下去，而是先在站台上装相恍惚，然后看列车快进站而"跌落"轨道。这个判断就非常困难了。是自杀死还是不慎坠轨死？还真不好断定。因为人已死。自然，在没有定性之前，铁道公司是不会提出赔偿请求的。家族也因此逃过"一劫"。这样来看，糅合了铁道自杀的日本铁道文化，硬是用另一种"文化乡愁"，将朔风冷月与寒芦落雁根植于本土性之中。于是我们看到了一丝飘落的忧伤。

七

夕阳与橘色——日本人又在打造移动的人间天堂。

二〇一三年十月十五日开始运行的"七星号 in 九州"，被誉为"从来没有过的，将来也不会再出现的列车"。总花费超过三十亿日元的超豪华观光列车，是日本传统工艺与尖端技术高度融合的结晶。外装漆采用古代漆的深红色，并模仿丰田公司雷克萨斯进行多层涂漆。洗手间的洗脸池是柿右卫门的瓷器。车内使用木条格窗，其图案每个房间都不同。高级客房还有泡澡的浴缸。流动的旅馆，它的悄然变身必然是流动的情人旅馆。

人有时需要在特定的空间，将生活已久的"日常"加以清理和估算。这个特定的空间也可理解为"非日常"或

"异界"。这就想起尼采的一个发明：灵魂是精神的对立面。他认为，灵魂是生命赖以存在的原理，而精神则属于被人类理性合理规范后的人为的原理。这个原理反对灵魂并限制和破坏灵魂的自由。如此而言，一切伟大的心灵之作均是灵魂上升于精神的产物。这就需要精神生产的主体——创造者，只有在心灵的绝对自由，神经的绝对放松，情绪的绝对恒定的状态下才得以完成。所以，村上春树总是在海外写作，他就是想逃避日本这个"日常"，换位美国或欧洲的"非日常"。所以，渡边淳一的情事描写一般都放置于南国的温泉地，放置于北国的雪花飞舞地，也就是对非日常的一种寻求。

　　其实，奢侈与豪华的非日常，就是将人性中隐存的那么一种野蛮与粗鲁，加以暂时的过滤。有时，享受一下宫廷生活的糜烂，恰恰是对在有限的世界里寻求无限实现的一种意志强行。当然，女人在这个奢侈、豪华和糜烂的非日常中，总是扮演着获胜者的角色。因此，女人在这里既有文化意义也有经济意义。日本人天生感性发达所以能感悟到这里面的不寻常。七星号的设计者水户冈锐治的一句名言是："长年得到众人关爱的，基本都是古典的东西。"这个"古典的东西"实际上就是触及到了人性中"夕阳与柑橘"的下意识，是永远挥之不去的。于是日本人非常喜欢打造各种氛围的观光列车。如 JR 四国的"伊予滩物语"，

JR东日本的"水果福岛"，JR西日本的"新娘帘子"，能登铁道的"能登里山里海号"，JR东日本的"温泉足浴列车"，京都丹后铁道的"丹后之海"等。这些观光列车本质上都是唤醒和调教人的各种官能，体验没有体验过的东西，然后完成对自己记忆的一次刷新。

　　这就如同浅田次郎在《乘地铁》的小说里，提出的一个问题：如果地铁能带你回到过去，你是否有勇气穿梭时空，改变命运？这个问题的潜在意义在于：如果可能回到过去，你想回去吗？零下十五度的北海道南富良野，蒸汽火车喷着浓浓的白烟，呼啸而过，为万籁俱寂的田野带来些许生气。但即便是魂牵梦萦的故土，即便是充满梦境与未知的远方，你还想回到过去吗？这有趣的"夕阳与橘色"的和风铁道文化。

八

　　一八七二年十月十四日，日本第一条铁道开通。区间为东京的新桥到横滨。

　　对文明极为敏感的明治作家夏目漱石，硬是从火车"咣当咣当"的混响中，感触到了看得见火车的地方才能称之为文明。把几百人塞进一个铁箱里，轰然奔跑，没有商量余地。太不可思议了。从被"塞进去"到"乘车前往"，文明在阔步。

　　日本学者永岑重敏在二〇〇四年出版了《读书国民的诞生》，他在书中说，铁道网在全国的扩张，带来的一个谁也料想不到的一个结果就是创生了读书文化。人们在电车内读书，感受快适的同时，享受读书的乐趣。可以验证"读书国民的诞生"并非虚妄之说的，是夏目漱石在一九〇八年发表的《三四郎》。小说里有主人公三四郎在东海道线的电车里，读英国哲学家培根的论文集的描述。一九一〇年，日本箕面有马电气轨道（现阪急电铁）开通，带来了日本人生活方式的一个变化就是电车通勤变得可能。每天在电车的往返中，"通勤读者"大增。其结果，昭和初期的文库本和一册一日元的"円本全集"得以创刊。按照日本媒体史学者佐藤卓己的说法，当时大日本雄辩会（就是现在著名的讲谈社）出版的大众杂志《キング》（《国王》），在乘客中人气独占。如果说当时妇女杂志，少年杂志等只能在规定的场所被阅读的话，那么《キング》杂志则能在所有的空间里被阅读。如一九二九年二月一个月，东京车站、上野车站和新宿车站三个小卖部，就卖出了二千五百册。

　　战后不久，首都圈和大阪圈各线在早晚通勤高峰段的混杂率超百分之二百五十。站立读书自然不可能。但随着各线运送能力的提升，现在即便是通勤高峰段，其混杂率也不会超百分之二百。车内读书变得可能。按照日本人的说法，在东京首都圈能快适地在车内读书的线路有：东海道本线、横须贺线、总武快速、湘南新宿线、宇都宫线、高崎线、常盘线等。这些线路都比较长，故一般都设有一节软座车厢。座席确保，读书也就能确保了。

在日本，铁道的发达带来的是作家们对铁道的一往情深。志贺直哉在一九四六年发表《灰色的月》，写主人公"我"在山手线车内来回地乘坐，最后饿死在电车里。太宰治在一九四八年发表《人间失格》，写省线电车门的出入口与站台之间的空隙太大，乘客中有好几人不慎落了下去。而川端康成笔下的《雪国》，主人公岛村正是"穿过县境长长的隧道，便是雪国。夜空下，大地一片雪白。列车在信号所前停了下来"。这里，岛村与川端互为影子，"穿过"一语则表明只有"铁粉"才有的经验话语。当然还有村上春树，更是日本铁道的高级"铁粉"。《挪威的森林》里，村上写渡边与直子在中央线重逢，在四谷站下车，从铁道旁的土堤往市谷走，走过饭田桥，穿过神保町，走上御茶水的斜坡，一直到了本乡，然后坐电车到驹込。在《一九七三年的弹子球》中，他写电车轧死了耳朵不灵的井匠，说"整个人被轧成万千肉片飞溅到四下的荒野，用铁桶回收了五桶"。一种村上式的乖戾感。而他的另一部长篇《没有色彩的多崎造与他的巡礼之年》，主人公多崎造干脆就是建造车站的。

日本的铁道文化还造就了电车通勤的匠人。田中一郎，这位一九六六年出生的写手，每天来回通勤四个小时，持续二十六年，成了电车通勤的匠人。他的专著《电车通勤的作法》在二〇一二年出版。在书中他为自己这样计算:26 年 ×52 周 ×5 日 ×4 小时 =27040 小时。换算成天数的话就是一千一百二十六天。也就是说几乎是三年多的时间在电车里度过的。这位匠人举例说，即便是在拥挤的电车里，乘车人也要注意自己的优雅举动，不要给他人添麻烦。如好不容易等到一个空席位了，乘车人的文明图式应该是:

一、确认空席位的宽窄度与自己身体的适应性。

二、空席如过于狭小，就应放弃坐下。硬挤坐下的话，到下车为止，都要顾及身边乘客的感觉，就会很累。

三、如果宽窄度适当，也不要急于重重地一屁股坐下，而是要用目光先向左右乘客打个"失礼"的招呼，然后再慢慢坐下。

四、坐下时如果不慎压到身边乘客衣饰裙边，要慢慢地抬起自己的身子，伸出中指拽出，然后向对方点头表歉意。

此外，在乘车安全方面，这位匠人的建议是:乘坐车头和车尾的三节车厢以后是最安全的。

乘电车还能乘出匠人。我们除了不可思议还是不可思议。但这就是文化的力量。

九

二〇〇七年，日本发行的"JR青春18车票"的海报上，有这么一段文字：

打开窗户，整个车厢都是春天。

如果作语句转换的话，我们是否可以这么说：

打开窗户，每个站名都是一个远方的故事？

但日本曾经有过讨论，商务客人增多，留意车窗的人少了。新干线列车的车窗还需要吗？

答案还是需要的。但这个需要不是出于列车本身必须有窗，而是出于另类的思路。在日本人看来，相隔五百公里的关东和关西，是德川家康将日本分成两级的。因而充满家康体臭的沿线，难道不应该有窗吗？

你看，有趣吗？日本的铁道文化。

云鬓下的雪颈

日本裸文化的一个视点

一

裸，是一种什么色？

还真的不好说。

二

在厚重的脂粉下，身着图案晦涩的和服，散发着脂粉香的艺妓们，梳着高髻，露出一段上了雪白粉底和香粉的雪颈。这个雪颈，日本人也叫裸颈。而恰恰是这个看似不经意而为之的裸颈，最能吸引日本男人的视线。而与此对应的是一束发髻不能太光洁，要有刚被非礼过的凌乱之感，散散地披拂在冰白的颈际。黑白相间，就像热乎乎的一碗白粥，上面点缀了数颗嫩嫩的葱花。

这令人想起阿瑟·高顿在《一个艺妓的回忆》中，借小百合之口说出了大致的真相：日本男人对女人雪颈的感觉，如同西方男人对巴黎女人大腿的感觉。这也是为什么日本女人穿和服，脖领低到可窥视最初几根脊椎的缘故。用裸颈而不是用裸胸，打造拨动男人思绪的心机，毫无疑问，这是日本艺妓对裸的再开发——裸颈暗示女人的秘所。

江户时代的风俗史家喜田川守贞在《近世风俗志》中说，女人在"脖子上擦白粉为单足屹立，使它更显眼"。而脖子上的浓妆主要是为了强调"拉下后衣"的媚态。而拉下后衣之所以有媚态，在于它能轻微地瓦解掉颈部衣领的平衡，向男人暗示通往肉体的通路。

为什么女人的后颈会成为日本男人关注的一个点呢？有学者从文化人类学的角度加以分析道：从往至今，日本婴孩多数时间是被妈妈用袋子绑在后背，而不是抱在怀里。婴孩的视线所触首先是雪白的裸颈。这个意识潜移默化至成年，其结果就是把后颈看得比乳房还重要。

这就与中国不同。晚唐诗人韩偓在《席上有赠》中，虽以"鬓垂香颈云遮藕"来描写女人颈部的馨香与嫩白，但诗人又强调"粉著兰胸雪压梅"。显然还是"兰胸"压倒"香颈"。

雪即白。在《源氏物语》中，女性美的最高就是"绢白"。"绢白"强调的是既白又有光泽。一种东西既白又有光泽，那必定是又光滑又柔润，如果拿来形容裸肌，便是像"米饼一样的肌肤"。化妆时，平安王朝的女人们在唇上涂白，只在上面点一个小小的樱桃口。就像白雪中的一滴血，醒目。

当然，传说中的久米仙人突然失神从天上掉下来，兼好法师在《徒然草》里，说他是在御空而行至故里，看见河边洗衣女足踏浣衣，裸露雪白腿肚，顿生色心而坠落。原著《元亨释书》中是写"其胫甚白"。私怀疑"胫"为"颈"的误植。何以见得？女人河边洗衣，从物理性来看必然要伸长颈脖。而从高空俯瞰，首先收入视野的也应该是雪颈。这在逻辑上也圆了兼好法师的另一说法："女人丰韵的美发，最为引人注目。"这是为何？黑白效果的反差。

三

江户中期的浮世绘大师喜多川歌麿，在著名的《妇人相学十体》中，有一幅《浮气之相》名画。画中身着浴衣的出浴美女，用簪子将湿发盘成贝髻，袒露粉颈至肩胛，交叠双手。何以冠名"浮气"呢？也就是说何以将这位出浴美女说成是水性杨花呢？原因还在于她张扬出了性感区域——裸颈。为谁张扬呢？这就用意缱绻了。

被人们津津乐道的永井荷风自传体小说《濹东绮谭》，也有裸颈的执着。主人公大江在玉之井突遇大雨，身着浴衣的女子阿雪，从后面硬生生地喊道："先生，带我到前面吧。"一个大大的发髻，一段雪白的脖颈（日语用"真っ白な首"来表示），倏地钻进了大江的伞下。吉淳行之介小说《娼妇的房间》，也写及"二十五岁的我"的视线中，那年轻妓女从衣领处"剥出的肩肉"。这个"剥出的肩肉"就是日本人视野中的裸颈。

在《伊豆的舞女》中，川端康成用女性的心魂，对裸做了相当心领神会的描述。你看，一个才将十四岁的裸体女子，突然从昏暗的浴场里跑了出来，站在更衣处伸展出去的地方，做出一副要向河岸下方跳去的姿势。"她赤条条的一丝不挂，伸展双臂，喊叫着什么。洁白的裸体，修长的双腿，站在那里宛如一株小梧桐。我看到这幅景象，仿佛有一股清泉荡涤着我的心。"原来，裸也是一股清泉，一汪池水。这也是川端康成更愿意将日本情调的裸比喻为藤花的一个原因："若隐若现地藏在初夏的郁绿丛中，仿佛懂得多愁善感。"

在《雪国》，川端康成的笔下，裸，又是另一种景象。驹子红扑扑的脸蛋是她生命状态的暗喻。在雪国之夜的寒峭，岛村这个彻底虚无的男人，何以能感觉有一股暖流在周边？原来驹子用冷霜除去了白粉，脸蛋便露出绯红两片。

而这鲜艳的肤色，川端说正是驹子的本色使然。原来，有的时候裸还是一个女人生命力的表征，更是一个女人纯真气的表征。

当然，在村上春树的笔下，裸又是另一番风情。在《挪威的森林》中，写直子的身体，沐浴着柔和的月光，"宛似刚刚降生不久的崭新肉体，柔光熠熠，令人不胜怜爱，每当她稍微动下身子，月光照射的部位便微妙地滑行开来。浑圆鼓起的乳房……这些都恰似静静的湖面上荡漾开来的水纹一样，改变着形状"。将裸体融入如水的月光，看似是阴晴对阴晴，看似亦能勃发人的情欲，但更多的是美感，一种宗教似的美感。这种美感述说着这么一种日本式情绪：女人其实就是隐身于那幽暗无明的夜的深处。如月华一般清苍，如跫音一般幽微，如草露一般脆弱。她是昏暗的自然界诞生出来的凄艳姣丽的鬼魅之一；她是在清清月色下洗练出浴的悲凉感伤的人妖之一。情欲在她的面前就是亵渎。一种本原上的亵渎。

四

再是永井荷风，再是川端康成，再是村上春树，但能将裸柔情得要烧毁美的，私以为在日本恐怕只能归于一人。他就是三岛由纪夫。

《金阁寺》的耐读，一个方面的原因就是从另一面将裸之白与寺之辉放置在一块切面上。小说描写在天授庵的庭院内，一个穿和服的女子坐在那儿。虽然无法看清衣料上的细小花纹，然而红色的丝质腰带发出光亮，把周遭也照得熠熠生辉。那年轻美丽的女子端然凝坐着，"雪白的侧面如同浮雕一般，使人怀疑她是否是真实的存在"。这里，"雪白的侧面"指向什么？当然指向的是被称为肉体的粉颈。或者就是腮耳下的后颈连着一小块玉肩，透着一层香冷的薄荷。之后女子在看上去是军官的男子面前献茶，然后归坐原位。但她突然解开衣襟，露出"白色的胸脯"。军官手捧深褐色的茶杯，膝行至女子前。"白色微温的乳汁"，一滴一滴地落入杯中，军官举起茶杯，一饮而尽。女子也整理好和服，掩住"白色的胸脯"。这是在行出阵诀别仪式。怀有身孕的女人，用裸之白、心之白为男人送行。这里，"雪白的侧面""雪白的胸脯"和"雪白的乳汁"与生辉耀眼的金阁对峙，如同秋天的芒草般，刺遍人的每一寸肌肤。但与此同时，那透明的，但又是看不见的像风一般的东西，更像是"实实在在的物"。照三岛的说法就是比起肉体要实在得多的"顽固的精神"。

但不久，那位军官死于战场，女人便开始放浪形骸与男人鬼混。当然她还是穿着和服。花哨的和服还是浮起紫色的藤花。当她在"我"的眼前再次解开腰带，剥开颗颗纽扣,再解开绢衣里的带子,敞开的前襟,"雪白的胸脯"若隐若现。她接着掏出左乳给我看。好像在为上次佐证。哦。不一样。上次是神秘的白点,在冥暗处斑斓若显。这回是肉球,保有质量的肉球。不发生晕眩是自欺欺人。但在"我"的眼里,那个"雪白"始终是从"生命全体中切离后所呈露出的东西"。它不会诉说什么,也不会诱使人做什么。但这是否就是那个"雪白"的自身原理呢?再推而广之,是否就是美的一般原理呢?这时,在月光下辉映的金阁又出现了。不过,倒不如说是"乳房变成了金阁"。原来,静止也是不朽之物,也是能与永恒连接的东西。"我"与那雪白"对峙了良久。她便将"乳房藏回怀中"。乳房与金阁,金色与雪白。强烈的反差,终使"我"从无奈的醉心变成了无名的憎恶。是那一轮空乏的、永衔天际的美,逼得"我"堕入地狱。"我"要烧了这个美,烧了这个永恒的象征——金阁。虽然"雪白"和那个金阁都是夜的守护神,但是走过飘风瑟瑟的黑松林,"我"还是向那个消失而去的"雪白"和眼前的金阁,粗暴地叫喊着。

问题的难解在于,当风俗女茉莉子敞开衣襟,露出乳房时,"我"又做出了另外的判断。同样是雪白,同样是纯粹的肉体,为什么属于她的就不能变成金阁?"我"战战兢兢地用手指触碰这个雪白。顿然感到她那"小动物般摇晃"的肉体,如同"舞鹤湾的夕阳"。那易坠的夕阳与她易晃的雪白，有什么本质的连带呢？不知道。但"我"还是将眼前的肉球看成了夕阳，不久就会被厚厚的夜云包围。

没有想到吧。裸的雪白，还能引出诸如五月的黄昏似的先验论和本体论的思考。

五

画家黑田清辉是留洋生，他一八九三年从法国带回在留学期间完成的油画《朝妆》。画中出浴后的全裸女人，对着镜子梳妆。神情有些慵懒，那是清晨的印痕。很有肉感，但或许是双手朝上的缘故，胸部的坚挺被拉平了。当然耻部则有朝晖气。这幅油画带回来也就算了，但又偏偏参展在京都举办的博览会。这是一八九六年的事情。一场裸体风波刮起。有人想观赏之，但又表现出羞羞答答状；有人则皱眉嬉笑，故作不屑一顾状；女人们则脸红心跳地一瞥之后便匆匆逃离。明治天皇临幸博览会，只得用布把画遮盖上。媒体则齐声抨击说是伤风败俗。总之一片混乱。有外国人，如法国漫画家毕高尔干脆将当时日本人的种种丑态，画了一幅《观赏〈朝妆〉的人们》漫画，倒也别开生面。这场风波表明日本人对裸体意识渐趋保守，明治政府取缔男女混浴风习收到成效。

当然要说日本油画史上首幅裸画，则是山本芳翠的

《裸妇》(1880)。它比黑田的裸画早六年。画面也是丰腴的洋女,在坚硬的岩石上,铺上白布,作匍匐沉思状。因为这幅画没有参展,故没有掀起什么风波。总之,明治时代的两大美人裸女画,还是为日本裸文化增添了素材。

两幅裸画都是西洋美女。这是为什么?这一方面固然是明治新风崇尚西洋,另一方面则是日本女人丑陋得不值一画。三田村鸢鱼是大正时代著名的江户文学专家,他在《裸体美的欣赏》中对日本女人的论述,迄今为止还让日本女人耿耿于怀。他说日本女人肌肉形态不美,身体形态丑陋,只靠手足不能掩盖其丑秽。他甚而将日本女人年轻而肥胖的手足,比喻为"萨摩的山芋之色",说如果赤裸裸地展示其身体,那将是何等的丑陋不堪。

而另一位身体研究的学者,东京大学教授桦山纮一,在《历史中的身体》书中则比较了日本人与西洋人的身体。他的一个著名的观点是:欧洲人腰带位置细瘦。而日本人小肠长,胃下垂,腹部肥大,不可能有什么细腰。大量的江户时期绘画证实了这种观点,江户美人在画中大都腰部粗肥,大腹便便。

六

但对待肉体的丑陋,还有另一新说。

《源氏物语》末摘花卷，写光源氏在农历八月二十刚过的秋夜，趁着月牙初上之际，与末摘花幽会。由于中间有一扇纸帘相隔，难窥容貌，但感觉这位女子"温雅柔顺，衣香袭人，自有悠闲之气"。便推开纸隔帘，与末摘花云雨一番。因为室内幽暗，对方的容貌始终无法看清。直到过了好长时间，在一个大雪天的早晨，末摘花才露出真面目：鼻子又高又长，带有红色。脸骨宽得可怕，脸形长得可气。总之是个丑女无疑。

不知容貌长相，但确实又在幽暗中激情了。是如何激情的？紫式部当然无法具体描写。但据唯美文学大家谷崎润一郎的说法，日本女人的字面含义就是"深闺的佳人"。隐隐约约、朦朦胧胧是其本真。在灯光下一览无遗地欣赏女人的全身裸姿，这样的机会对日本男人来说是极少的。日本男人大多是凭借昏黄的灯影，细聆低微的款语，饱闻衣袂的清香。抚摸着如缎的秀发，感触着那似水的滑润肌肤。顺着这条路径，其自然发展而来的一个结果便是：同样是肌肤，日本女人比西方女人远为敏感。虽然肤色不那般白皙，甚至还带有黄色，却反而平添其内涵。谷崎说这是从《源氏物语》以来的习惯。而光源氏与末摘花的雨夜云雨便是典型。

所以，还是肌肤，还是日本女人的肌肤，给谷崎留下影响。他说过，一个在雪夜的寒气中瑟瑟发抖，在夜衾中难以成眠倾听晨钟的伊人，她不时悄悄用衣角拂拭清泪，依稀可见那握着衣袂一角的"细笋般指尖的洁白"。他说过，母亲干瘪得几乎没有肉体，但对她的脚还有记忆，洁白得令人记忆。由此，谷崎推出他的非常著名的"阴翳"之说："我们东洋人就是在微不足道之处利用阴翳而创造美的。"显然，谷崎的结论是有别于他人的。这是雪粒敲打着葛藤铺茸的芦庵之顶，发出的劈啪作响声。

七

一九九一年，日本裸体艺术史上发生了一件最为震撼的事件。

这年的二月，写真界的大腕筱山纪信以性感女演员樋口可南子为模特，出版了写真集 *Water Fruit*。出版方是朝日出版社。整本写真集黑白质感，影调丰富。从宽衣解带、轻褪罗衫，到浴池与床上的各种不俗的表现，完全将樋口纯真与欲望之间的情愫展露无遗。

难道这就是东洋魔女在镜头面前的"卡哇伊"？难道这就是情色人欲在胶卷上的终极之美？或者干脆说这就是女人在男人面前的被脱去，被窥视，被羞辱，被强暴？

只能见仁见智了。不过，当时的日本人都这样想，这本挑战尺度的写真集肯定要被取缔，趁警察还没动手之前赶快购买收藏。所以尽管价格不菲，但十分畅销。不到两个月已经是第六次印刷。然而料想中的警察取缔之事，竟然没有发生。这是为什么呢？或许他们也不得不叹服于这翻转于黑白之间的大胆裸露？或许他们也从鲜活的肉体之芬芳嗅到了艺术的玫瑰香？不得而知。警察没有反应，是否就是默认的信号？

就在同一年的秋天，筱山纪信的镜头焦距又对准了当时的顶级偶像宫泽理惠。全裸写真集 *Santa Fe* 又在朝日出版社出版了。这回是彩色版。除了上半身秀色可餐之外，下半身秘丘周边的茂密更显楚楚动人。显然，曝光于筱山胶片上的青春玉体，颠覆了一种审美倾向，一种裸体引发男性性幻想的陈腐审美倾向。显然，筱山与宫泽都在玩弄一种情调，一种日本文化才特有的春眠情调——在自然风光里逍遥懒散的情调。这种情调源于阳春丽日的悠闲小憩。所以当 *Santa Fe* 出版后引发了轰动效应，发行量超过一百五十万册。这个数字至今还是日本写真集销售量的纪录。

当然，谈论裸体摄影家，荒木经惟是不能遗忘的。但他与筱山纪信一个显著的不同就是，荒木始终通过自己的快门，将裸体赋予了生命最自然的状态。这位说过"性爱与死亡不是两个对极，而是在性爱中包含了死"的写真艺术家，最为感人的是为日本年轻的歌手宫田美乃里拍摄裸体写真。原来就在这位歌手出版歌集《花与悲情》的二〇〇二年，她患上了乳腺癌。二〇〇三行左乳房切除术。二〇〇四年，宫田写信给荒木问：先生，失去一个乳房的我能拍裸体写真吗？癌症还在扩散的她，时刻没有忘记把自己的裸之美传递人间。被感动的荒木拿起了相机。切除乳房手术的痕迹，清晰地收录于软片。这一年，写真集《如花的乳房》出版。第二年，即二〇〇五年三月二十八日，这位女歌手死去，享年三十四岁。日本人写诗这样悼念她：

谁说你没有乳房，

你就是一朵花，

你就是一朵开放的花。

雪白的花，雪白的花。

读来令人落泪。或许，这就是裸的正能量吧。

八

如果说存在着一种与色情无关的裸，那便是近年来在日本悄悄流行的"裸婚"。一对新人必须赤裸出现在嘉宾的面前，而宾客为了迎合气氛也可选择宽衣解带。司仪则必须以全裸对应。

新人为何要在客人面前玩一丝不挂？是新郎新娘在"上床"之前检查彼此的身体？是与历史上日本裸婚的习俗有关？还是裸在观念上已是个次元层次的问题？确实不得

而知。人类的羞与耻，难道真的能在不同的尺度下有不同的表现？

这就令人想起一九八八年出生的原 AKB48 核心成员大岛优子，在二〇一四年九月发行双手捧乳的写真集，引发轰动。从偶像到演员，唯一的路径只有先裸。大岛优子在西班牙伊维萨岛上，将情色世界共通的元素还原成一个日本式的情色梦幻，也是日本的裸文化之一。

九

一对十八九岁的青春男女，一起从浴室出来。男的对女的说："你的身子可真美丽啊。"女的兴奋地问："真的？啊，那太高兴了。咱俩多少年没有一块洗澡了？""嗯。有十多年了吧。"

这是日本电视剧的一个场景。这对男女，幼时是邻居，常在一块儿洗澡玩耍。长大重逢，并非恋人关系，但也能混浴。

这种始于江户时代的混浴，至今还在日本偏远的露天温泉时有存在。男女老少十多人，全裸泡汤。透过蒸腾的水汽，远处山影绰约，近处一枝梅花伸出。几个"小荷才露尖尖角"的少女，在池边的石上跳来跳去。视野里晃动的尽是雪白与粉嫩。但就是生不出邪念与欲望。在原始、自然、朴素、静谧的氛围下，好像男女都能成仙，好像邪念与欲望反倒先脸红地表现出害羞。这里，禅宗的"身心脱落""无一物"，是否就是日本裸文化的另面？是否就是男女成仙的禅意？

这种由外向内的裸的美学，在日本有个理论可以套现——粹（いき）。这个理论的说教者是二十世纪二十年代在巴黎游学混女人的九鬼周造。这位"东洋的贵公子"，天生地对女人有特别的感悟力。他的这个"粹"实际上可以解读成"裸的文化诗学"。九鬼在《粹的构造》中说，日本女人的裸，之所以还有别样的看点，缘故于永远不断移动，但永远不会相交的二元性"媚态"。如出浴起身的姿态，会想起前一刻的裸体与池水嬉戏。懒散惺忪地披上浴衣，一种裸的媚态总是在泡澡后不期而遇。九鬼说这就是粹。拎着和服左边裙摆走路，可以看到红绉绢绸的裤裙和浅黄绢绸的内长裤裙飘动，不经意间露出雪白的脚足。九鬼会说，你看，这女子有多粹呀。这就令人想起永井荷风"甘味与涩味"的说法。他说有一天在大街上遇到一个可以叫姐姐的涩女。而这位涩女是十年前欲与自己相约寻死的艺妓。今天看上去，这位女人昔日所具有的甘味，已被否定为涩味。从甘味到涩味，是否就是女人内心的成长？而能意识并捕捉这种变化的人，也一定是媚态之人吧。

十

东洋的裸与西洋的裸。

这里,古希腊纳入我们的视野。从身体的文化史来看,古希腊人是裸体的先驱。他们为什么要裸?观念上裸体是人在他人面前宣示强力的一种表现。再深入的话,裸体是文明人的表现,而披着毛皮反倒是野蛮人的意味。野蛮人在森林在沼泽地,与石块世界无缘。而文明人则在都市,一边公然地裸一边安然地生活。每个人用自己的身体表示着各自的思想。雅典民主的因子竟然萌端于裸体,这是令思想家们始料不及的。

在古希腊,裸体的主体当然是男人而不是女人。这是为什么?有研究者指出,这与男女体热有关。男性的身体热,女性的身体冷。所以即便在裸体盛行的古希腊,也很少见到一丝不挂的女人在大街上走动。女人只能在家里裸露。从这一意义上说,男女差异不在质上而在量上。为此男性的肌肉比女性要来得热来得坚硬。从高歌裸体之美到恋上裸体之美。古希腊有"完全的裸体"这个词,其意味是将自己的肉体与雅典这个都市相属。

但东洋的路径与此完全不同。

十一

日本裸文化的源头可以追溯至远久。

在古代日本，性的主宰者不是男人而是女人。最为典型的表现就是古代日本结婚制"妻问婚"，男性到女性那里去。此外，在日本祀奉神灵的不是男性而是女性。为何是女性？因为女性有祀奉神的那么一种天然的能力，故又谓之巫女。并专让其传授神意。这些都是女性家族制的投影。如日本的神社在六月和十二月间，要举行大祓。神官和祭祀者必须穿过社殿前的"茅轮"（草圈）。而这个茅轮就是袒露的女性性器的象征。神宫前的鸟居则是茅轮的固定化和脸谱化。由此故，裸被编织到一种泛宗教的系谱中，裸不再是，也不单纯是情色的问题了，而是一种与祀奉有关的神事了——我赤裸地进入这个世界，我也必须赤裸地离开。

日本最初的裸体表演者是天钿女命。为了把天照大神从天岩户引诱出来，天钿女命跳起谓之神圣的脱衣舞。这个脱衣舞就是为了让神快乐的"神乐"原型。"神乐"至今还在一些神社上演着，但对大众来说已经失去魅力。但是这个神乐之魂则用现代剧种的形式演绎着。这就是日本大街小巷的脱衣舞剧场。

日本脱衣舞最高潮的场面就是"特出"。舞女们在舞台的中央向离台不远的观众靠近，然后最大限度地张开双腿。观众轻声地呼吸，剧场被安静包围。魔术般的器官，在神秘的荣光之下，在观众的面前亮出。舞女们面带母亲般的微笑，好像招呼客人们靠近些，更靠近些。男人们所有的注意力都集中在女性解剖学构造的一点上。这里，舞女们并不是男人们欲望屈辱的对象，而是可以看出女家长们像女神一样完全支配着男人。这个紧张的仪式的最后，观众用报以热烈的掌声和笑声来消解。男人们掏出手帕擦拭着脑门上的汗。这里以神道触发的日本产的裸文化，与以佛教触发的贵族式的美，形成了完全的对立。

舍特拉兹是二十世纪初的德国人类学家，他长期从事女性身体的研究，当然也研究日本女性的身体。他并不认为日本人是好色的民族。他说："日本人在描写色情的时候，寻求的不是野蛮的要素，反而寻求的是滑稽的要素。中国人没有明显的这样的特征，但这一美德确实存在于日本人的性格之中，这是健全自然的因素。"

什么叫"滑稽的要素"呢？就是在心与身、灵与肉的二元构造中，将脑的妄想功能扩大化，用作为精神的身体取代趋于一同的肉体的身体。这就如同江户时期的浮世绘师们，喜欢将男性器巨大化。而裸露在读者眼前的这个巨大化，究竟是肉体的还是精神的？究竟是客体的还是主体的？究竟是大宇宙还是小宇宙？

这就又回到了文章的开头。那么你说，日本的裸，究竟是一种怎样的色呢？

"雪的碗里，盛的是月光。"

这里，俳人小林一茶给出了一个视角。

和服包裹身体的一个结果

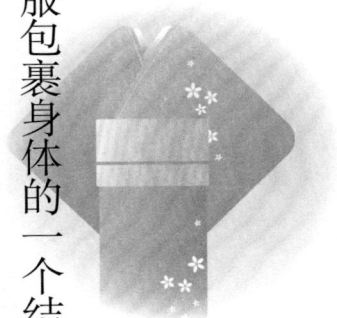

"振袖"二字来自唐诗

日本人从海外旅行回来，首先想到的是坐在清爽的榻榻米上，喝上伊右卫门的绿茶。

当然，还要换下仆仆风尘的洋服，换上宽松的和服。

这就像小津安二郎的电影，最常见的一个画面就是上班族回家后，立刻脱下西装，换上和服，回归生活的日常。

和服的日语表记有多种：和服、吴服、着物、きもの、キモノ。用得最广泛的是"着物"两个汉字，其次是平假名

"きもの"，但最近有用片假名"キモノ"的倾向。如出生于京都的和服设计师齐藤上太郎就认为，用片假名更能表现和服与亚洲时尚的关联。

"着物"的字面意思，是表所有的穿着物。人要穿衣，首先是抗寒的生理需求，其次是羞耻感的心理需求，然后是将美对象化的欲望需求。和服显然属欲望需求。将和服用"着物"表示，表明令世界憧憬的和服美学的成立。我们记得萨义德曾将"东方主义"简括为关于"何为东方的西方世界的知识体系"，亦即西方人的东方幻想。西方人头脑里的"东洋美女"，就是普契尼歌剧中的"蝴蝶夫人"。穿上蝴蝶和服的巧巧桑，原本是艺伎，嫁给了美军军官。但最终蝴蝶和服还是没能挽救巧巧桑的生命——她自杀了。二〇一一年，日本 NHK 电视台将普契尼的歌剧改编成电视剧播放，由女星宫崎葵主演"阿蝶"。阿蝶身着两种主色调的和服，上半身为浅蓝色，腰部以下则是桃粉色，凄艳优雅。由此，西方人就将日本的和服用他们的发音来记住——きもの。这就像记住生鱼片的发音——サシミ（sa shi mi）——一样。

和服种类繁多。其中有一款叫"振袖"的艳丽长袖服，为未婚女性和青春女孩所袭。何以有"振袖"两个汉字？原来取自中唐诗人刘禹锡《踏歌词》："新词宛转递相传，振袖倾鬟风露前。月落乌啼云雨散，游童陌上拾花钿。"第二句用"振袖倾鬟"写舞女们舞动长袖，扭动身体的舞姿情态。懂汉诗的日本人取出"振袖"二字表和服中的青春服，实在是太到位、太专业了。

日本和服的面料，有一种绢织物叫"缩缅"（チリメン）。这种面料，早在《诗经》里就有表述："蒙彼皱絺，是绁袢也。""皱絺"就是缩缅。现在看，日本人玩传承还是认真的。

一切美好的开始

这个世上，还值得相信的一件事，恐怕就是与和服遭遇，是一切美好的开始。

是穿质地赤红，绘上几朵梅花纹样的和服，还是着赤紫地，织入青与赤椿花纹样的和服？或者选白地绫子，金箔与刺绣混合的和服？日本人为穿和服而纠结。

纠结，表明的是心动。在日本人看来，和服是在帮人复苏记忆。樱瓣的飘零、红叶的凋残、荷叶的破败，还有那高远处的清冷月光，木屐踩碎的是它喜爱的季节。当然，和服也是和服作家们（剪家、裁家、织家、染家）的情绪体验。这种情绪既像丝丝蝉鸣，又像阵阵蛙声；既如沙沙春雨，又如萧萧秋风。因此，穿和服是一种心动。况味的是岁时之美与隐约之美。人一旦复苏了岁时记忆，或许就是一切美好的开始。日本法政大学校长田中优子著有《和服草子》（筑摩书房 2010 年）一书。书中就有复苏物语：患白血病去世的父亲，留下大岛袖和服。她剪下父亲和服的端片，做成腰带，将腰带系在自己身上，感觉父亲在自己身上复活，这一天就过得很充实美好。上村松园晚年的代表画作《夕暮》，就是对早年穿和服的年轻母亲的记忆与追慕。

日本人相信，如果在雪中纺线织布，墨绘构图，和服的质地就渗入了雪的精灵。将渗入雪精的和服裹挟在身，人也成精。所以日本人说，最为优雅的一件事，就是一辈子只穿和服。虽然不现实，但心里只要想着念着，就如同被雨水冲洗过的秋夜，心情始终是银亮银亮的。这里，想起日本才有的夏日祭，一年里最艳美的仪式。女孩们束起发髻，穿上各色各异的夏季和服（浴衣），成群地、美美地出门。去隅田川、去日本桥、去台场海滨、去明治神宫，吃路边串烤，喝冰镇罐装麒麟啤酒，最后看升空的花火。女孩子们足蹬木屐，触地后的一片"咯哒"声，宛如绿叶林中阵阵飞泻灌顶的蝉鸣，声声恢宏。天气酷热，即便脱下了布袜，她们白皙如春雪的脚后跟，都还微微泛红，有点出汗。她们暗中约定心仪的男孩，幻想着与神相约在祭日的神圣，然后献上真爱。见证者就是看上去不语不思的浴衣。所以，日本女人的衣箱，最为沉底的一般就是当年夏日祭穿过的红瞿麦纹样浴衣，或泛紫粉红抚子花纹样浴衣，或淡湖色朝颜纹样的浴衣。

再历史地看，和服鲜明地保存了人的自在之力和自为之力。日本人在长达数千年的岁月里磨得的那么一种感性显现和知性智慧，都用在了和服的制作上。没有比制作和服更让他们精心与超度的了。要不然，太宰治怎么会这样说："我想到过死。今年过年，有人送我一袭和服作为压岁钱。和服的质地是亚麻的，上面还织着细细的鼠色花纹。这是夏天穿的吧，那我就暂且活过这个夏天吧。"（《晚年·叶篇》）这里，为了和服，将死延期。不死，是为了穿和服。和服完成了生与死的精巧转换。于是，和服不仅是这个民族庆生的助产衣，还是这个民族忌日的裹尸布。在荷花满湖的盛夏，在红叶满山的仲秋，在梅花满园的深冬，在樱花满地的早春，我们有约——穿和服吧。原来，和服有着看不见的风之眼、雨之眼、花之眼、情之眼和临终之眼。

心有千千结

和服与腰带。腰带与系结。

腰带是和服的魂。系结是腰带的魂。将"宽衣解带"这句话具象化，非和服莫属。

日本人相信，和服是附上神灵的。附上神灵的和服，只有在穿起并结带时，才能起作用。将腰带紧紧地系在腰间，这个动作的完成就表明神灵在体内宿营。这里，如果说衣袖是镇魂的手段（所谓"长袖善舞"的日式解读），那么腰带则是表现镇魂的一种状态。民俗学家折口信夫写有《水女》，破天荒地解谜天皇家。说有资格解开古代天皇和服腰带的人员，必须是侍奉神灵的巫女。解开腰带的瞬间，是天皇从禁欲中解放出来的瞬间。这就表明腰带的结与解，都是神事与圣事。而结与解的本身，也就归属男女私密。除私密二人之外，不该在他者面前宽衣解带，这是做人的一个契约。暗藏日本文化密码的《万叶集》里，成为"防人"（戍边兵士）而必须远征的男子，与恋人相别时叮嘱说：衣裳下的纽带请自己结上，等到下次相见为止，不向他人解开。对此，恋人表白道："吾在家中寝，亦不解衣裙。"女性研究家上野千鹤子在《裙底下的剧场》（河出书房1992年）中，解读这首恋歌的主旨是解结需由系结人。"女人通过腰带，宣称对自己的身体拥有主体性。"不过，这也同时表明日本男人比起真实，或许更喜欢谎言，和服就成了向他们圆谎的装置。

日本和服学者寺井美奈子早在一九七九年出版的《作为和服的日本文化论》（讲谈社）一书中，谈到如果穿上和服而不结腰带的话，就意味着"失魂"。腰带松结，和服就会敞开并露出身体。这就与男人醉酒后领带东倒西歪，衣冠不整，讨人嫌一样。日本历史上的神功皇后，在《古事记》里表记为"オキナガタラシヒメ"，汉字表记为"息长带比壳"。这里的"带"字读音为"タラシ",表明系带后的下垂之意。现在日语的"衣冠不整",就是"だらしない／帯がない"。而衣冠不整又与"不检点"相连。为此,日本和服文化的一条潜规则是:女人是巫女的化身(神道教的一个观点)。女人织染和服给男人穿,男人的腰带也必须由附上神灵的女人来解开。但女人的腰带,则由女人自己解开。你看松本清张的小说《黑色皮革手账》,妇产科医生悃林与元子的情欢场面。元子用自己纤细的双手,不失优雅地慢慢解开和服腰带,鼓形结松垮了下来,从背后慢悠悠地落下。你看渡边淳一的小说《失乐园》,凛子与久木在新年幽会于酒店。凛子穿一套梅花图案的和服,久木欲解之。凛子推开了他的手,改为自己的手。软软的带端悄然无声地垂到地毯上,如同樱花从无星无月的夜空中舞落一般。你看永井荷风的小说《竞艳》。吉冈久久解不开驹代的和服腰带,非常急。驹代嘲笑了他一句,自己动手解完了整幅腰带。转过身来,身上的单衣因下摆的重量,自动地从圆润的肩膀上轻轻落下。这些都令人想起日本斋宫的巫女,她们穿着白地绯袴,按照神道教的要求,引导着男人将人世的情事圣洁化和无垢化。

不过,谷崎润一郎的小说《细雪》,则写出和服腰带的另一种含义。小说写三姐妹打算去听钢琴演奏会。

雪子看到妙子在姐姐背后给系腰带,就问:"二姐系这条带子去吗？记得上次出席钢琴演奏会时，系的不正是这条带子吗？"

"嗯，是系的这条。"

"那时我坐在旁边，二姐呼吸的时候，它就吱吱作响。"

"我不知道呀。"

"声音虽轻，但每次呼吸都听到吱吱地响，真难受。我看系这条带子去参加音乐会不行。"

"那么系哪条带子呢？"

妙子又挑出一条"千堆雪纹样"腰带，但试了一下之后，发现还是有"吱吱"声。之后三姐妹又一阵手忙脚乱，再换上"茜草纹样"腰带。最后发现是这些新腰带的质地容易作响。于是换上一条用过的腰带，总算解决了烦恼。小说显然提出了一个问题：雪子为什么要拘泥于腰带的"吱吱"响声？有微微的响声就不能去听音乐会吗？

有正解吗？自然是不能期待的。但逻辑地看，和服是美的，腰带是美的，系在美女身上应更美。美的东西，哪怕是转瞬即逝，也会将美风留下，使之成为人们观念中的永恒。谷崎写腰带"吱吱"响的细节，是想表现琐碎中的波澜不惊，认真中的波澜不惊，细腻中的波澜不惊。所有的波澜不惊，都指向一个终极图式：生活的精致，是人的精致所致。这里，我们看到了穿着和服的美女，身后有一个挂在

空中的月亮。是的。是月亮而不是太阳。波澜不惊不需要
太阳。生活不需要耀眼。因为一旦耀眼，生活中的粗糙与
粗野，有时就会像野草一样，在无人抵达的荒芜原野上疯
长。想不到的是，抵制这个疯长的，竟然是三十厘米见宽
的软软的和服腰带。从这个角度来思考，细思极恐的"恶
魔主义者"，当属谷崎润一郎也。

使人更文明更优雅？

穿和服，会使人更文明更优雅？

真是如此吗？或者，这又是一种怎样的思考回路呢？

一般而言，服饰有四大要素：面料、色彩、纹样、形
态。但和服只有三要素。少了形态要素。因为和服不讲每
个个体的形态。一个直筒，就是普遍形态，就是万人同一
的形态。抹去个性与差异，和服最具。因为抹去了个性与
差异，所以你的一举一动在大视野下就要格外用心了。大
家都用心了，举止也就同然了。都说日本人是活在共同体
中的。这个社会学层面的村落共同体，恰恰与和服的千人
一面有关。

穿上和服，十五分钟的路程，可能要走二十五分钟。
所以，出席礼仪等活动，必须早早出门。所以，日本人约会
基本不迟到。守时的观念从和服中来，谁会料到？再因为

和服裹身，不能迈大步，只能小步或碎步，又生出日本女人撒娇可爱、顺眼好看的一面。

穿上和服，就要沉默寡言。这就与敞开西服时的滔滔不绝、放荡心神不一样。所以，日本人个个是沉默大多数中的一员。沉默是金，故有俳句诞生。

穿上和服，就要少吃慢吃。穿和服的日本人少有去吃自助餐的，因为多吃快吃与和服心向不符。但西装革履与自助餐全无抵触。总之，穿上和服吃饭，吃相不优雅也难。《细雪》里写悦子穿上长袖和服，但吃饭还是穿洋服时的习惯，结果举筷夹菜，盛在八寸盘里的慈姑，一下子落在地上滚个不停而成笑料。

穿上和服，就要站有站相，坐有坐相。和服包裹在身，自然就会缩下巴、收小腹，直立立。坐椅子时为了不让背后的腰带结碰到椅背，就必须挺胸坐直。跪坐时为了不让和服外襟产生皱褶，就必须轻盈自己而不是一屁股坐实。此外，和服在身，走路时不能弄乱下摆；上下楼梯时，不要让人看到太多后腿部；坐下时双手要轻轻放于膝盖上。日本人日常生活中的实相，就是从穿和服开始 ABC 的。

穿和服生出的礼仪举止，让我们看到了一个梳着银杏髻、伏地行礼的和服女。确实与岁月无关。现代人去健身房、去坐禅、去瑜伽，其动机就是想再塑自己，使自己看上去更优雅更文明。穿和服如同去健身房，如同坐禅，如同瑜伽，本质上都是观念自己、品行自己、内敛自己、洗练自己的举止言行与精神气度。日本女人常说："今天我穿和服了，所以……"表明无意识地被和服束缚。女人的和服比男人的更长，这就必须把超出身长的布料，打折盘桓于腰部。这样做确实使体形有了直线感，但宽长的腰带反复缠绕在腰部以上，人当然也被"捆绑"了。但在感觉被捆绑的同时，人也逆向地生出了文明。

"像女人"的思考回路

所以日本人评说穿上和服的女人，总是用"像女人"（女らしい）这句话。何谓"像女人"？原本就是女人，为什么会有"像"的思考回路？原来女人穿上和服，高兴的是男人。能看到天下大美，作为"窥视者"也释放出最高的快乐。虽然女人也穿衫裙，也穿西服，但为什么没有能成为男人们"像"的对象呢？这就表明男人的视线是投向和服这个"绝对领域"的。外在的和服改变了人的内在，使得在男人眼里这个女人的言行举止与气质情性更像女人，或者更有女人味。这里的思辨在于原本是作为女人出生的，但一个"像"字，便将和服"重塑"人的机能表现无遗。这里，和服的女人与女人的和服，是重叠于被"像"的观念之中的。原本的"你"已经不复存在，"你"是被对象化（和服女）的你了。

日本有"东男京女"之说。这也表明京都的艺伎、舞妓、料理屋的女将（老板娘）作为和服消费的主体，自身也被打上男人视线上的和服主体化——"像京都女人"。到了明治以后，日本女人又被和服重塑成"夫人"（奥様）、"小姐"（お嬢様）。同样构造的和服，在男人的视线里，女人的内面（型）发生了变化。杀死属于本真的自己，只为"型"的改变。而"型"的改变，就能跻身上流社会，成为文明人。问题是尽管跻身上流社会了，但武家的潜规则还必须遵守。所以，作为"武家女"的妻子与母亲，就必须穿着和服，带着微笑，欢送丈夫和儿子上战场。这里，和服精神就是穿着者的人格。

一般而言，被设计的女人，理论上可以更美可以更艳，但也因自足不够而变小变弱，也属常态。但穿和服的日本女人在人世的庄严里，则依旧清远秀拔，平实丽冶，如仙凡之思。这样看，和服无形但有型。这个"型"就宛如穿着萌黄色绘有蔓草纹样的和服女，端坐一边，春天的气息旖旎此间。这样看，和服能再塑一个人已经养成的坐相、站相、走相、吃相以及问候方式。日本礼仪与和服礼仪之间可以画等号，实乃道德的天运。当我们还在困惑于道德究竟是经验的还是先验的时候，日本人早就将人之为人的经纬线，织进了和服的质地里。和服就像镰仓的落日、中禅寺的飞雪、平安神宫的落樱。

　　这里，和服将女人"他者化"，是显然地要消除其他品物将女人"他者化"这个事实，从而在男人的位置上留下了一个"圣域"。被和服"他者化"的女人也就成了"圣女"，男人的幻想第一次有了一个值得期待的高度。从这一意义上说，和服能净化男人的女人观。所以，你看日本的小说，凡女人穿和服出场，男人必会"装出"的善和纯。这并不是说女人的价值必须由男人来决定的"超女权"，而是说作为幻想期待的一个二元对峙，这时的男人也成了女人的一个"侍从"或"臣下"，女人为此带来悸动的快感。"女人穿和服，一半是穿给男人看的"这句话，有多少诚恳在里面笔者无法体验，但一个不争的事实是，当和服不再属于超短裙一般的发情装置，穿着者和被视线者的知性和教养都得到了提升。从个案看，和服女人的美，并不引出性幻想和性侵犯，这表明只有和服的美，才能压制本能与邪念。那为什么和服的美能超度世俗呢？

在幻想中永生

　　我们看三岛由纪夫的小说《金阁寺》。

　　小说有一段写"我"在南禅寺的天授庵。一位年轻美貌的女子坐在那里，身着华丽的长袖和服。红色的丝质腰带发出光亮，把周遭映照得生艳无比。女子凝然端坐，雪白的侧面如同浮雕一般，使人怀疑她是否真实存在。原来，她的端坐，是为了做出一个举动。只见她解开和服腰带，露出胸脯，挤出奶水于深褐色杯内。然后一旁的军官一饮而尽。这样看，军官是她的丈夫。或许是临阵在即，在举行诀别仪式？天授庵的神秘情景构筑了神圣仪式。完成这个仪式的是和服的解与结。

小说写当"我"再见到这位少妇时，她已经独居（表明她的丈夫或已战死）。她摆脱了礼节，在榻榻米上横坐着。白色博多丝织的名古屋腰带，在强光照耀下更显鲜明，花哨的和服浮起紫色藤花，裙裾散乱。当她听完"我"曾目睹的述说，眼光从粗暴转为慌乱，最后重归喜悦，说"原来是这样啊"。然后在"我"面前开解腰带，敞开前襟。"可怜的孩子，现在已经挤不出奶水了，但还是复原当初的动作给你看吧。"一瞬间，"我"感受到了从生命全体中切离后所呈现出的美，感受到了眼前的她，就是金阁寺的化身——原始而静态的美。包裹这种大美，只有和服才能承担。面对这样的美，"我"没有晕眩心动，那是说谎。但"我"还是被怔住了，被美怔住了，被和服包裹的美怔住了。"我"强迫自己转身离开了她。原来，美在日本人的眼里，你可以毁灭它，但不能亵渎它；你可以夭折它，但不能踩躏它。这就如同小说中的"我"，最后一把火烧了金阁寺。笔者以为遭遇和服美女亦属同然吧。凡打动人心的大美，夭折是它的命数，永生只能在幻想中。

为什么只有在幻想中永生呢？我们再来看有吉佐和子的短篇小说《墨》。舞女梶川春都代与和墨绘匠人（和服制作师）前田幸吉。幸吉知道，春都代在舞台上的美是无与伦比的，自己也为其美迷醉不已。他在思考：面对这样的美，我能做什么？如果用自己的手，制作能包裹这位美女身躯的和服，那应该是感天动地的事情吧。想到这儿，幸吉枯瘦的肉体在不停地颤抖着。然而，这仅仅是单纯地制作和服让美女穿上起舞的感动吗？幸吉给予了否定。他想在洁白的绫子面料上，墨绘兰竹菊梅四君子图案。四君子吮吸着春都代的青春，和服也就透出了春都代的生命之艳。已经走向不可收拾的老朽彼岸的幸吉，笔端突然有一股惊魂的狂喜冲荡而来。问题是以他细瘦之手腕、枯竭之身躯，哪能承受春都代的生命之重？终于，面对滚滚而来的青春脉流，坐在椅端绘画的幸吉，顿感四肢酥麻，眼昏目眩。小说写幸吉是以"从清水寺舞台上跳下去"的决心买下秘藏之墨。但为了春都代的和服，他毫无吝惜。在和服的面料上，画上注入自己精魂的四君子。舞女穿上它，与青春之艳互影，与和墨绘匠人互动。这种痴迷与执着不在幻想中死去就在幻想中永生。

复苏穿的意识

想想也是奇妙的。

和服用布料包缠人体，将人体曲线隐藏，并同时向纽扣、寸法、腰束发难。

这样做只有一个理由可以解释：人需要返回到人类原始思维的起点上。这样看只有一个结论可以得出：和服是想复苏人们穿的感觉，是想强调穿着主体是穿着人本身这个事实。这就具有了颠覆意义。

和服的基本穿着法是：右手持右襟下前部分，左手持左襟上前部分，从左向右包裹自己。然后以后背脊椎为中心，调节穿着的"形"。一旦有了垂直感，形也就出来了。日本人将这种穿着法称为"包装"。日本人历来重视包装，一盒只有一千日元的点心，包装后给人一万日元的感觉。重视包装，就不可忽视"丝带"（リボン）的运用。系结丝带，日语也叫"結び／むすび"。系结花样繁多，表明流派的繁多。同理，和服的内核也在"系结"（結び）。结法不一，美也如花。反复的系结，也是反复的纠结过程。自己满意了，心性也洗练了。这就与洋服的纽扣和拉链不同。一个动作完成，要纠结也无门，更谈不上磨心了。留下遗憾倒是小事，渐渐地把"穿"这件事淡忘并无意识化，则是生悲。人从三岁开始有穿着意识，但这之后的每天一个

"拉"和"扣"的动作，习惯成自然，穿的感觉便消失殆尽。

但是有一天穿上了和服，就开始留意这个要点那个要素了。利休鼠的草木图案是否与绉绸相配？坐下如何使大襟不至于尴尬敞开？走路时如何不让漆皮草履脱落？长袖缠臂，如何能自如夹菜？风吹下摆，如何不失优雅地将其遮住？虽然烦琐费神，但穿的感觉出来了，穿的意识复苏了。如果说洋服是让你忘记穿这件事，那么和服是让你记住穿这件事。自主地意识到穿，这是人类才有的专利。穿，让你再次确认人与动物的异同，让你再次夺回失去的专利。

直线裁直线缝，平面拼接的和服，每穿着一次，"形"就出现一次。这是和服的最大特点。没有心情和意志，就别想穿好和服。为什么前后不合？为什么腰带总有下坠感？为什么后颈的粉白不鲜明？为什么木屐总是硌脚？直线的和服与曲线的身体，在吻合的试错中生出二律背反的美。直线调教曲线，曲线隐忍直线，这是和服的生趣处。和服脱去的瞬间，形就顿然消失。所以，每穿一次就有不同的新鲜感，每穿一次就有新样式诞生的是和服。茶道世界讲一期一会，喝的是只有今日此时此刻的茶味，而不存在普遍的茶味。九十二岁的茶道家里千家前家元千玄室写《90岁有90岁的茶》，强调的就是这里的理。和服亦同然。一穿一会，击破的是今日此时此刻的穿着感，而不存在普遍的穿着感。

日本人经常说：我今天穿和服了。表明准备过程就是喜悦与释怀的过程。和服、腰带、带扬、带缔、带留、半领、伊达领、领芯、长襦袢、肌襦袢、足袋、草履、面料包，不能少一样。如果是雨天，还要准备替换的足袋。因为在人面前露出打湿的足袋，是失礼的行为。当然还有发型。是银杏髻还是岛田髻，还是兵库髻，还是天神髻，还是贝壳髻，还是胜山髻，取决于个人的喜爱。穿着和服去新宿"高野水果店"吃芭菲，与穿着和服去南麻布"天本"店吃高级寿司，这之间的思量是等的。和服生出的穿着感，接续的是人间快乐。如喜欢和服的文化人大桥步，多少年前就写有畅销书《和服是快乐的》(文化出版局 1996 年)，强调和服一半为自己穿，一半为他人穿，描画出穿与被穿的二元构图。和服研究家河村公美在二○一七年出版了《和服的每一天》(讲谈社)。她以日本人特有的纤细感性，发现京都与东京的光亮是不同的。京都强烈的阳光中含有水分，适合友禅和服。东京钢筋水泥反射出青光，适合青山八木(吴服店)和服。你看，有这样的穿着感，世上恐怕只有日本人了。

洋服与和服：二元构图

和服与洋服。

对峙的二元构图——洋服的立体剪裁与和服的直线剪裁。

一个是扩张形地放进去，一个是收敛形地包进来。"放进去"恰好体现了近代西洋文明立体的、坚硬的、物质的特点。"包进来"恰好体现了近代东洋文明平面的、柔软的、生命的特点。显然，一个是皮箱思维（西洋服饰文化是将衣服设想成皮箱，将身体放进去，而不是包起来），一个是包裹布思维（东洋服饰文化是将衣服设想成包裹布，将身体包起来，而不是放进去）。一个重在构造形态（型を作る），一个重在适应形态（型に嵌る）。一个表现异，一个表现和。洋服是千人千寸法，和服是万人同寸法。除了袖长不同之外，其他均无不同。人体有高矮胖瘦之别，但和服的形体是同一的。无论是宫殿贵妇还是茅屋贫女，都穿同样形体的和服。是枝裕和导演的《小偷家族》里，被城市边缘化的"下町"女们，有时也不忘用和服裹挟一下自己成熟的身躯。或许也是恐于"万人同一"这个视点，日本近代以来的天皇不穿和服穿西服，以表明与众不同的存在感。为此，著名学者加藤典洋曾在二〇一三年撰文，呼吁天皇穿和服出席原定于二〇二〇年举办的东京奥运会，留下趣话。

从设计思路看，洋服是按人的体形经验地设计一个放入人体框架的空间。这里的空，是实实在在的空。不要说观念上，即便是物理上也绝无可能接近无。和服是按"凡人都能穿"的认知，先验地设计一个包容人体框架的空间。这里的空，是虚无的空，在观念上和物理上等同于无。和服很好地悟得了空即无、无即空的人类天性。虚实之妙，宽紧之妙，隐显之妙，所以谁穿都适合。穿上和服，人就集合成观念之人——无特征之人，而不是具化成世俗之人——感物之人。日本还活着的和服女形象，就是八十七岁的黑柳彻子，她每天还在朝日电视台主持访谈节目。岁月能夺走美貌，但无法夺走她的洋葱头与和服。

将剪裁比喻为隧道挖掘，强调精准寸法，这是洋服的"绝活"。和服无视寸法，认为寸法束缚想象。因为无寸法，所以制作出先验的"适当"即可。和服与实际体形相比，总是要放出宽裕和余地，以应付"想定外"的突如其来。毫无疑问，这是和服的"绝活"。万事讲究精准的日本人，第一次在和服的设计与制作上，放入伸缩性和意外性元素。在面料与人体之间留下余白，连带着万物生生不息和个体生命的一息一叹。和服可以挂，可以叠，可以卷，可以随处扔，用之极简，与洋服大不一样。烫熨这个技术活，为洋服而生，坚挺是其特性。叠卷这个技活，为和服而生，柔和是其特性。坚挺之物（如衬衫、西裤等），需要有皮箱之类的道具，小心地不散骨架地放入。和服只需要一个手拎兜或一个包裹布就可以上路。走到哪儿，穿到哪儿，卷到哪儿。省时省力的同时，还是对我们日常种种繁文缛节的无谓、无视和反讥。

如此本质地看，洋服讲的是合理主义，一物对一物。

和服讲的是机能主义，一物对万物。洋服是写实，和服是写意。写实讲世界的本真，当然更讲人的本真，所以衣服要贴身合体。写意讲虚空，讲忘象，所以衣服要自在宽松。洋服是文明，和服是文化。面对品物，文明价值观讲"更便宜、更快速、更便利"。面对品物，文化价值观讲"不便宜也可以，不快速也可以，不便利也可以"。所以和服价格不菲，所以和服穿着费时，所以和服走到哪里都不方便。但是，作为一种文化，和服还是在洋服面前表现出了活下去的能力，显示出了彬彬有礼、净洁无垢的东洋品行。造物本身，内涵了对被造物应对与处置的心情。在用完就扔掉的"快餐"文明中，看似是物的价值被贬低，但最终被贬低的是造物者自身。人们远离高级、远离上品，买便宜货，T恤配裤衩，方便面搭便当。这样看我们的人文，方便面是文明，泡茶是文化；淋浴是文明，温泉是文化；便利店是文明，百货店是文化。

在最近十年内，旧和服的总量增加了五倍多。不是买新的，而是将母亲的和服，将祖母的和服，将叔母的和服，稍作修饰再穿。就像冬是春的般配，死是生的涅槃。和服是人的一生。不，穿着的主人死了，和服不死。和服留有的体温，是它的主人的体温，更是一个时代的体温。在日本，穿上母亲的和服，参加婚礼的不在少数。四十六岁在银座开工艺店的日本文笔家白洲正子，直言自己对和服的喜爱始自母亲遗留的和服。她自视自己最有价值的和服，就是由柳悦博编织、古泽万千子扎染的"梅二月"（1965年作品），作为遗物，又传承给了下代人。洋服就少有这种传承的穿着文化。我们的一生，要穿要扔多少西服和裙衫？这样看，所谓文明就是断舍离，所谓文化就是守住和留下。如果说和服也面临被冷落被远离的危机，那么这个危机首先来自我们对生活的粗糙和无欲望。要反思的是我们自身。

都说日本人是平面设计之王。和服恰恰是平面设计中的王中王。一把剪刀一个经典世界。和服的宽衣，表现的是东洋境界——为哲学留下物哀，为美学留下侘寂。一九九九年，麦当娜身着和服造型，全身上下紫酱红，木屐改穿半筒红皮靴，并甩出一句话："只有和服能救我们。"想来也是对洋服未来的一个乡愁。

小白与大红

不错。是谷崎润一郎在《阴翳礼赞》中，将日本女人的白归功于和服遮盖胴体的一个结果，归功于大袖长裙裹卷的一个结果。也就是说，东洋女人的美，在光天化日之下毫无魅力可言，只能在阴翳幽暗中放出异彩。这就为和服的基本功用——"一藏"与"一露"——提供文本。

日本女性身材普遍矮小，腿短身长，溜肩低腰，胸臀无别。而和服把人从上到下包裹起来，身体的不足之处就会被隐藏，展现出另一种妩媚多姿而引人注目。这就是所谓的"一藏"。日本人有时称"隐藏美学"，倒也暗含了某种内敛和恭谨的张力。

不过，和服虽然隐藏了人的身体，但它还是在颈脖处开出较大襟口。这个匠心，现在看来就是阴翳中的一点白。日本女人细白粉嫩的颈项，在和服下有一种难以言喻的熟透的风姿。虽给人一种小草被鲜花压弯茎叶的感觉，但同时也给人留下遐想。这就是所谓的"一露"，日本人有时称"后颈美学"。和服的美感从胸前转向背后，背影也就有了歌舞伎学上的意义。永井荷风的小说《竞艳》中的吉冈，就是从身后清楚地窥视到菊千代雪白丰腴的后颈，并嗅觉出衣领深处"女人肌肤那暖暖的馨香"。历史小说家井上靖说过，无论怎样的女性，"在一生当中都有迷人的瞬间"。和服露颈，恐怕也算"迷人的瞬间"。

和服的一藏一露，显出与旗袍的不同。旗袍只露不藏，在于旗袍是曲线。曲线出婀娜，要藏也藏不住。曲线亮性感，要裹也是难。张爱玲喜欢旗袍，小说多有写旗袍。她在《第一炉香》里写葛薇龙，穿磁青薄绸旗袍，被喜欢的人多看了一眼，就觉得"手臂像热腾腾的牛奶似的，从青色的壶里倒了出来，管也管不住"。身上的旗袍与内心的欲望，在张爱玲的笔下倒也是"热腾腾"的。不过，骨子里的奔放与外在的矜持，其实都可以在旗袍与和服里找到重叠与交错的元素。尽管一个是大红，一个是小白；一个是牡丹，一个是樱花。

同样作为小说家，在冬天总是穿 VAN 粗呢外套的村上春树，只想着逃离来自"日本的诅咒"。在他的小说里，主调不是和服而是 T 恤，不是生鱼片而是汉堡，不是清酒而是威士忌。要在他的小说里发现和服描写，其难度可以想见。他另可在其他方面寻找意义元素，如性或者康德哲学，如神秘事件或者烘烤吐司。不过他自己也承认，只要有中意的大衣，冬天也能过得喜滋滋的。可见，他一反日本男人喜欢的惯例——大岛绸和服与仙台平袴。

和服与竹久梦二

和服作为"他者化"的一个存在，表明和服确实是一种文化。而文化的东西，是不能生活化和日常化的。这就好比茶道是文化，但生活中的喝茶能用世界上节奏最慢的茶道仪式吗？上品的男物大岛绸（和服与羽织），有挂牌三千万日元的。一根高级腰带，是一台进口车的价格——八百万日元。这样的和服还能企望生活化和日常化？只能是仪式的、艺术的。优衣库席卷吴服店，怎么看都是真理，怎么看都是可以接受的强权。

由此故，和服近年在日本的脱年轻化、脱销量化都属正常。作为有事才穿的和服，能在各种仪式上亮相，并赢得全球旅行者不惜重金前来体验试着的热情，已经是这个文化在当今世界的最佳表现了。要说所谓最棒的"活化石"传承，那就数和服了。在日本，因和服诞生了知名产业，如"一藏""京都和服之友""和心"等；因和服诞生了人间国宝，如江户小纹的小宫康孝、友禅的森口邦、染织的木村雨山等；这些诞生固然重要，但笔者以为更为重要的是因为和服诞生了画家竹久梦二。是他的和服美人画，重新定义了何谓和服，何谓和服穿着女。蚊帐里钻出的睡眼惺忪的女人，夜晚迷糊糊的上厕女人，她们都还穿着和服，表明穿而用之物才为"着物"。画作《山之茶亭》的翘足女、《青衣》的丰胸女、《黑船屋》的抱猫女、《蛙》的裸露上身梳髻女、《日本雨》的后颈大开女、《五月晨》的半蹲半坐女，都是日常。日常才能生美，美才能悠久。和服要悠久，可要重读竹久梦二。

　　墙上布满了皱纹，老人还明白那是时间。穿上厚重的和服，难道日本人还不明白那是岁月吗？

这个感觉，能听到京都冬夜的钟声

日本歌舞伎的文化视角

交织的倒错

日本的歌舞伎。

总让人联想起川端康成的《雪国》。女孩驹子。"灯火就这样从她的脸上闪过，但并没有把她的脸照亮。她的眼睛同灯火重叠的一瞬间，就像在夕阳的余晖里飞舞的妖艳而美丽的萤火虫。"你看，这夜霭中的朦胧，萤火虫在夕阳的余晖里飞舞。不明不暗，不温不火，不浓不淡，冷艳的质地。来雪国作意念充电的岛村，呈现在眼前的是倒错美。那美丽的萤火虫就是驹子？余晖里飞舞的妖艳就是自己？岛村搞不清楚了。他这时只能意涟涟，泪潸潸，为雪国美女的酡颜。

总令人想起谷崎润一郎的《刺青》。刺青师清吉用尽心力在女孩白净细嫩的背部，用针刺出蜘蛛图案。女孩因肉体的刺痛而生出快感，刺青师因女孩的快感连带生出了自己的快感。这时，月亮已经挂在天边。女孩的背部，也像月光般华美。刺青师眼前浮现出女孩那双娇嫩的天足，穿着镂了革带木屐上街。背部的图案与白净的天足，倒错了清吉的心魂：樱花树下为美而死的具具男尸，是否有一具是自己的？

川端康成笔下的"萤火虫女"，谷崎润一郎笔下的"蜘蛛女"，不正是歌舞伎所要的效果吗？这个效果的本质就是阴湿。在阴湿中发现美，就像擦掉玻璃上的水蒸气，蓦然出现一只女人的眼睛。直觉首先是惊喜。在阴湿中显现美，就像樱花树下躺着具具男尸，小鸟则在其中做无知的欢跳。直觉首先是震撼。歌舞伎就在倒错中给你惊喜，给你震撼。好像这个世界就是一个青柳女，用她的眉毛，搔动男人的额头。

日常的抹布擦拭餐桌与非日常的扭动身体，在歌舞伎那里就是以肯定来否定、以否定来肯定地掸去花瓣，拂去雪粉的长袖一身轻。所以，歌舞伎的妙趣并不在于它的形式，而在于其因为阴湿而显现的一种恶。这种恶，每每给予观客激烈的、惨痛的快感。但要发现真正的恶人，在歌舞伎里则又难寻觅。《女杀油地狱》中谁是恶人，是河内屋与兵卫？《假名手本忠臣藏》中谁是恶人，是由良之助？《东海道四谷怪谈》中谁是恶人，是伊右卫门？《劝进帐》中谁是恶人，是武藏坊辩庆？显然都不是。难觅恶人的恶，但在观赏后你又感觉这才是日常的鲜血淋漓——大恶，并引发你生理上和情趣上的一种倒错感——恶的强有力，是否就是歌舞伎这个艺术形式的"特异"花朵？这正如有日本研究歌舞伎第一人之称的河竹登志夫，在《歌舞伎美论》（东京大学出版会1989年）一书中论述的，歌舞伎的"剧性"实际上就是日本人日常悲剧观，在"空的空间"里的再现，是日本人美意识的表征。这是一种怎样的美意识呢？"在怪诞美的背后，绝不可想象成是圣洁的。"三岛由纪夫说，这就是歌舞伎。原来善美之物，总逃不脱恶丑的跋扈。其结局总有人要死去。这就像佛像前明灭摇曳的油灯与金镧袈裟的质地，如此的般配妥帖，则是老僧们没有想到的。

出云阿国的意义何在？

歌舞伎与女人文明。

日本庆长八年（1603）。这一年，英国伊丽莎白一世去世，莎士比亚刚刚完成《哈姆雷特》的创作。这一年，日本开启江户幕府，德川家康被任命为征夷大将军。就在日本试图重新构建新锐武家王国的同时，美的王国里也喷薄出一团火球——歌舞伎诞生了。这当然是一个令人心醉神迷的崭新的美的王国。要不然，当时一位纪州的武家小姐，为什么要冒着杀头的危险，故意在剧场前通过，将车轿的窗口打开一条细缝，久久盯着舞台看呢？果然，她的随从事后被令切腹，小姐本人也遭处罚。

　　至此，日本有能剧、人形净琉璃和歌舞伎这三种足以夸耀的戏剧。这里，值得注意的是在能剧舞台上，有一个后台通向前台的带有栏杆的"桥挂"。这个"桥挂"，恰恰是歌舞伎"花道"的原型。问题是歌舞伎演员由舞台的一侧通过观众席上下场的通道，是否也像桥挂一样，是架在彼世与现世之间的桥呢？如果是的话，那么歌舞伎是否也像能剧一样，是慰安怨灵的戏剧？能剧的主角是彼世之人，戴着假面，悄悄回到现世。他时有悲叹，时有狂怒，时有迷妄，时有怨念，将自己人生惨淡的一面展现出来，然后血淋淋地回归世俗。自然，歌舞伎演员是不戴假面的，但主角那浓厚的白化妆，将自己真人的一面遮盖起来，将自己的情念和思虑遮盖起来，不就是另一种形式的假面吗？假面也好，白化妆也好，不就是生与死的一条界限，不就是彼世与现世的一块隔离带吗?

当然,歌舞伎有其自身展开的逻辑。从这个展开的逻辑看,歌舞伎恰恰又是对日本美的一个颠倒。都知道出云的阿国,是日本歌舞伎起源必须要提到的一个人物。但是在提及阿国是歌舞伎创始者的同时,很多人都没有深究这么一个问题:阿国的意义何在? 也就是说,一五七二年出生于出云国(现日本岛根县)锻冶屋中村三右卫门家的阿国,究竟是一个怎样的存在?

原来,阿国是一位出云大社的巫女。巫女,一般是道德的化身,更是处女的化身;一般是神性的化身,更是圣性的化身。巫女的一个日常工作就是舞蹈。用舞蹈将圣性融于俗性,给俗人换取世间太平的满足。因此在日本,巫女也即舞女。一六〇三年,已经三十一岁的巫女阿国,在新上东门院的御前舞蹈,出演《茶屋老板娘》。她装扮茶屋的武士男,跳起异端的舞,看得年轻的观客(若众)倒错感高扬,纷纷上台与阿国起舞助兴,场面狂热。茶屋的老板娘对这位"他"一见钟情。这个一见钟情,便生出了歌舞伎的情,也生出了歌舞伎的恶,更生出了歌舞伎日后的血色黄昏。

这样看,最初的歌舞伎是女扮男装,但后来是男扮女装。这个颠倒,则是日本人心象的一个颠倒,更是日本美的一个颠倒。阿国从巫女到俗女的过程,也就定格了歌舞伎的俗性性格,与能剧的圣性性格区别有加了。笔者以为,这就是阿国起源说的最大意义：从忧世到浮世的喜悦与狂欢，从贵族到平民的白雪与疏钟。可能也正是在这个意义上，明治时代作家坪内逍遥在一九一八年著文《歌舞伎剧的彻底研究》中说，这个世界上的艺术如果有三头怪兽的话，那么歌舞伎便是。三头怪兽是指头部为狮子，身段为山羊，后脚部为龙。狮子、山羊、龙，三者混合而成的一头怪物，就是日本传统艺能的歌舞伎。这表明了歌舞伎的特异性和杂种性。

若寻求这种特异性和杂种性的由来，可追溯至日本文明。何谓日本文明？笔者以为就其质地而言是女人文明。你看，天皇家的先祖天照大神是女人，邪马台国王是女王，伊势神宫的斋主是未婚皇女，天皇史上两度的女帝世纪，平安女流书写王朝文学，江户时代的大奥（后宫）主导幕府。《日本书纪》里的日本武尊，装扮女身征伐熊袭。中世的牛若丸（源义经）装扮女身"稚儿"与辩庆格斗等，都是女人文明贯穿日本历史的一个心荡神驰。尽管日本有阳刚的武士文化，但即便是带刀武士，也被歌舞伎倒错成女人身了。因为日本巫女，绝非是西洋的巫婆。日本学者三桥顺子早在二○○八年出版的《女装与日本人》（讲谈社），就是佐证日本是女人文明的一本好书。女人文明，阴湿当然是其主要诉求。所以日本人还是怀念蜡烛或油灯时代的歌舞伎，幽暗、阴翳，更显旦角美。

开出"恋之花"

歌舞伎与恋。

恶之花的另一面，必然是恋之花。

一面是恶的歌舞伎，一面是恋的歌舞伎。

梅寿菊五郎，这位罕见的美男子，曾在演剧后台一边照镜子一边大叫：我怎么长得这么美呢?! 以至于江户时代的歌舞伎剧本家默阿弥讲了这么一个故事：年轻时，梅寿菊五郎喜欢上了一位大名家的女儿，便在侍从的带领下偷偷地进入女孩卧室，但女孩坚决不从。梅寿菊五郎只好起身说："那好吧。我走啦。"就在这瞬间，女孩看清了眼前这位男子的相貌，便大叫："别走!"

当时江户两大"心中"（情死）事件，都被搬上了歌舞伎的舞台。一个是发生于一七〇三年的曾根崎"心中"事件。大阪堂岛新天地满屋的游女阿初，与内本町酱油平野屋店员德兵卫，在梅田曾根崎的露天神社双双殉情。现在该神社境内还置有阿初和德兵卫的铜像。事件发生一个月后，被脚本家近松门左卫门改编成舞台剧。另一个是发生于一七二〇年的"心中"事件，大阪天满纸屋的治兵卫与游女小春双双殉情。近松门左卫门根据这一事件，又写出《心中天网岛》并连续公演。

这里的图式是，游女，真心爱上游女的男子，赎身需要大笔钱，为了金钱而性情大变的友人，背叛妻女的痛苦，夫君所不知的娇妻与游女间的情义，以死求冥界之恋的游女，为无果之恋以殉情画上句号的男人，双双"无理心中"的凄美。

尽管这种爱上游女的色恋，缺乏伦理的高度且带有单孤的露水之缘和一夜之欢，但本质上则更具有江户"粹"的风流状态：不可多得性和如胶似漆性。因此更容易在结局上走向"心中"，更容易开出"恋之花"，从而给人很物哀、很凄惨、很无奈、很冷寂的阴湿美。如同飘零的樱花瓣，在路边，在河面，在人走过的身后，香消玉殒。全然没有"犹吹花片作红声"的逆袭。这种色恋，在精神层面上可以是一边听着三味线的钝缓之音，一边沉湎于凄美死的幻觉中。于是在恋与命中，他们选择消失自己的生命。而选择消失自己的生命，则是为了把恋设定成一种预期的归结。虽然他们一开始的火花点并不是恋，而只是为了肯定自己是一位合格的"色恋修行者"。这里的"合格"在于强调怎样在追求感官享乐的同时，又不失人的温情和气质。这种在某种程度上剥离"恋"的人伦色彩，美化官能的不可收拾性，才是导致情死悲剧性的一个结果，这就具有了广泛的宗教意味。如果用歌舞伎形式加以表现，更具艺术的震撼力。而歌舞伎演员在当时则成了町人社会的无冕之王。多少武家妻女趋之若鹜，用私奔与殉情来体验真情实意的一颦一笑，热血沸腾地用肉身预言一个不再劝善罚恶的美的王国。

　　当时发生在江户的两大"心中"事件，也再次表明江户时代的游女阿古木与平安时代的六条妃子，为同一角色在不同时代的投射。或者说前者是后者的变身与转世。虽然前者是江户时代的平民，后者是平安时代的贵族。但平民与贵族，都在恋的张力下，胚胎成了江户时代独有的町人文化。一如铃木春信画出了《青楼美人》，喜多川歌麿画出了《青楼十二时》。虽然恋本身绝不是教化机构，但确实又具有了超乎其上的功用。这也一如歌舞伎。

　　传说中，人死后居住的世界叫阴间，也叫冥界。日本人讲阴间是净土，人无论善恶，横死好死，皆往彼世的净土。中国人讲生死有命，阴间是现世的延伸，因为是现世的延伸，就必须避免横死。这种生死观表现在戏剧中：日本歌舞伎里，男女终归有惨烈的死；中国戏剧里，即便是节女投河，也要抢救到自然死，因为横死、惨烈死是不行的。《日本灵异记》里记载：两老人未能认出眼前的姑娘。但母亲仍慈颜问道："姑娘，你从哪里来？""我是衣女，刚从阴间回来。娘，我是您的女儿呀。死了一回，又醒来了，换了一副新的身子回来了。"你看，死者又复活了。戏剧《窦娥冤》，窦娥的血已飞溅，头已落地，应该以惨烈而结束了吧，但在最后的压轴戏里，写窦娥的鬼魂如何申诉，做了大官的父亲如何为女儿昭雪，坏人如何受到惩治。对比来看，歌舞伎像一只被雨雾濡湿的白净手臂，抚摸起来给人如白桦木的感觉，寒冷有加。

与灵界交流的自在性

歌舞伎与幽灵。

幽灵在日本主要指向"死者的灵魂"。如日本幽灵研究家诹访春雄就持这样的观点。这里的难点在于,活人为什么要关注死者的灵魂?或者换言之,死者的灵魂与活人有关吗?原来,面对死者,活着的人有一种无意识的心理上的避忌。由于避忌死,活着的人就在俗世的情感上生出众生相。从幽灵到怨灵到镇魂,这是日本人的一般思路。从情感装置上来看,人的敬畏是从恐惧中生出的。这就导出"生者之幸取决于死者之福"的日式幽灵观。这里幽灵与活人之间,就有一种义务和责任的连带。所以,死者之墓,要与家居相连;所以,神社寺院,要与日常相连;所以,盂兰盆节,要放假归乡;所以,夏季花火大会,要满员观看。虽然其形式表现为嬉闹欢笑,表现为一抹魅影,但其本质则是善待幽灵的一种形而上。企图将幽灵与生一体化,但在观念的深层,还是潜在了摄人心魂的理性恐惧。既恐怖又凄美。这就是歌舞伎的幽灵吧,像夏日月黑之夜,更像冬日潇潇寒风。

幽灵的微妙,还在于它是看不见的存在和听觉上的存在。看不见的存在何以是听觉上的存在?听觉上若能存在,那就能可视。但日本幽灵就显现出观念和逻辑的

"怪"。因为只有观念上逻辑上的"怪"，才能生出日常的"恐"。有了日常的"恐"，那么艺术再编后搬上舞台，视觉化后的幽灵，就展现其久隐的身姿。日本室町时代诞生的能乐幽灵，是最早让观客看到幽灵身姿的剧目，故谓划时代。而歌舞伎开始表演幽灵，则一八〇四年的《天竺德兵卫韩噺》为其先河。由于观客非常喜欢，歌舞伎幽灵也就大流行。著名的有《彩入御伽草》里的小幡小平次，《累渊扨其后》里的阿累，《东海道四谷怪谈》里的阿岩等。

日本戏剧研究家河竹繁俊在《概说日本演剧史》（岩波书店 1966 年）中，将莎士比亚的史剧《理查三世》与鹤屋南北的歌舞伎《东海道四谷怪谈》做比较研究，发现两者登场的幽灵，有其鲜明的不同。《理查三世》里的幽灵，并不直接作祟于理查三世，也没有对其诅咒杀人的动机。而《东海道四谷怪谈》里的幽灵，则直接作祟于伊右卫门，并对其有诅咒杀人的动机。《东海道四谷怪谈》在一八二五年首次上演，讲述浪人伊右卫门想借续弦出人头地，为此杀了妻子阿岩，结果被阿岩的幽灵纠缠复仇的物语。可见同为幽灵，正如谷崎润一郎所说，日本人在"空想中也常常含蓄着漆黑的幽暗，而西方人甚至将幽灵也视为玻璃般的透明"。因为透明，它不想与生者纠缠；因为幽暗，它只能与生者纠缠。这是否就是同为幽灵，在东洋与西洋的不同？

写剧本的是男人，演女人的是男人。究极的男人社会创造了歌舞伎的幽灵女。毫无疑问，这是日本歌舞伎引人的魔力所在。《东海道四谷怪谈》中幽灵女阿岩的扮演者是尾上菊五郎，《播州皿屋铺》中幽灵女阿菊的扮演者是尾上松助。尾上菊五郎与尾上松助，他们是幽灵女中的幽灵男。这对父子超越了生物学上的男女界限，属于不可思议的歌舞伎演员。所以他们扮演的幽灵女，既不是女性的，也不是男性的，而属两性兼具。歌舞伎里的幽灵怪谈，基本是以男人为中心的视点量产幽灵女。但这个幽灵女因为是男身女装，所以超越了日常，成功地再现了非日常。而且，幽灵化后的"女人"这个异类符号，在男人的演绎下，使得男女观客有了这是虚拟的世界、观念的世界这个认知。用这种认知静观歌舞伎幽灵女，生出的是幻灭——恐怖的终结者的心情。代表日本近世三大幽灵的阿累、阿菊、阿岩，表明幽灵女在日本的无所不在。而铃木光司《午夜凶铃》里的贞子，就是阿岩幽灵女的现代版。与《哈利·波特》中多有幽灵男不同，日本幽灵女多。这或许与日本人视女人为巫女的化身有关。她们与灵界交流的自在性，作为亡灵出现的机会，本能地就在男人之上。

偷情生下的私生子

歌舞伎与女形。

静谧。能听得清绉绸的窸窣作响。依稀可见，那握着衣襟一角的指尖，如细笋般洁白。从手腕到指尖，微妙的手部细动，如韵律般流畅。

你可能不知道，这就是歌舞伎里男扮女装的"女形"（旦角）象。如果说气色是歌舞伎的内核，那么在触碰这个暗褐色的带有烦恼的原初之核的时候，女形的生命才真正开始。歌舞伎优秀的女形演员们，都是被煎熬过的和被过滤过的人间气色，走向天然化的秀色可餐。歌舞伎在历史的长河中，有多少夭折的女形，令吾心常戚。

幕末的五代濑川菊之丞，明治的三代泽村田之助，大正的三代尾上菊次郎，昭和的五代中村福助，战后的四代中村时藏。他们基本都是在极短时间内起爆绝顶的早熟天才。这么年轻的死，带来的是歌舞伎中不可撼动的"幼神"信仰的隆盛。这种隆盛的可视图式是，"幼神"雪白胸脯上浅露玫瑰色乳头，而年老的寺男，无言地伫立一隅。晚霞辉映着纷乱的白发，澄澈的黑眼珠，镶上了一点朱红。

"幼神"的退场，必定会有更强的"幼神"登场。菊之丞之后的八代岩井半四郎，田之助之后的五代中村歌右卫门，福助之后的六代中村歌右卫门。他们承袭着对死去"幼神"的期待，在疏竹掩映的草庵，造型出一个更为亮眼的白颈红唇的女形世界。这个感觉，能听到京都冬夜的钟声。

近松门左卫门的《曾根崎心中》里，扮演阿初的是中村扇雀。日本人说这种神秘美是难以忘怀的。阿初／德兵卫。中村扇雀／德兵卫。观客当然将中村扇雀视为男人。但这个男人现在是女人的化身。后领空开，从脊背到肩头，观客窥视到了一把张开的白净的纸扇。这个矛盾这个心结就是"女形"的魅力，当然也是歌舞伎的魅力。观客相信阿初是女的，但同时又提醒自己阿初非女。歌舞伎能延续数百年，其奥秘恐怕也在这"是女非女"的梦幻里。如果给"女形"下定义，可否这样比喻：幻觉与现实，偷情生下的私生子就是女形。

　　日本的人间国宝坂东玉三郎。脸部、颈部、手腕、指尖，裸露在服饰外的肉体，极端地少。肌肤的色泽，散发出自内而外的粉团玉珠般的光泽，宛如来自天外。用摄影家筱山纪信的话说，玉三郎身上有一种被净化了的气质，有一种闪光的东西，让他深感女性能量的巨大。于是，玉三郎进入了他的镜头。显然，在观客中也有人被女形美诱惑的。但不可思议的是这种诱惑，有时又会在一种释怀中化解成一声叹息：哦，他也是男儿身。是的，在化妆室内脱去衣裳裸露身体，这个身子是纤弱的，无阳刚之力的，脸上涂满白粉，只是那一抹口红还具有肉感的吸引力。那么问题是，这样的女人你还要继续窥视吗？你还要继续暗恋吗？

　　这就令人想起三岛由纪夫的小说《旦角》。毫无疑问，增山是要继续窥视佐野川万菊，是要继续暗恋佐野川万菊的。万菊在歌舞伎里扮演女形身。三岛说他如一道魔影，会一闪而过；说他具有能把一切人的感情，用女性的表现进行过滤的才能。无疑这来自万菊的肉体力量，同时又是一种超越万菊肉体的力量。这种力量"好比一种特殊的纤巧的乐器发出的音色，并非在普通乐器上配上弱音器所能获得，并非光凭胡乱模仿女人就能达到"。

中村哲郎是日本著名的歌舞伎评论家。他在二〇一一年出版了《花与形》（朝日新闻出版）评论集。开篇就是经典评论文《玉三郎的浪漫》。玉三郎的养父是守田勘弥。一九三二年，十六岁的歌右卫门与二十五岁的勘弥共演《阿俊传兵卫》，使得勘弥恋上了扮演女形的歌右卫门。在勘弥的眼神里，总有挥之不去的"指如竹笋尖"的女形面影。他将这具面影，坚实地投放在了玉三郎的身上。是这位养父，给了玉三郎另一套生理机制。为此，评论家中村哲郎这样概述道：

> 歌右卫门在预感毁灭的同时不信毁灭，玉三郎则是站立在毁灭之上追求毁灭；歌右卫门是再生过去的女形，玉三郎是在未来将梦幻秩序化的女形；歌右卫门背负着夕阳的映照，玉三郎眺望着夕阳的映照；歌右卫门是喘息，玉三郎是等待。

既阴湿也洒然

歌舞伎与残酷美。

从研究歌舞伎的角度看，三岛由纪夫的切腹自杀，实际上是在演绎歌舞伎中的一个哲学概念：绚烂至极的残酷美。因为三岛说过，柔弱的本性几乎不可能完成伟大的善，也不可能完成伟大的恶。一刀成神，既恶也善，既残酷也绚烂，既阴湿也洒然。

确实，歌舞伎里有很多残忍杀人残酷拷问的场面。演绎残忍性是取乐还是悦美？当然，杀人或拷问的场面出现在戏剧舞台上，也绝非日本所仅有。古希腊的悲剧、莎士比亚的戏剧，还有以战争为素材的演剧等，在这方面都有不俗的表现。但是日本歌舞伎里的杀人或拷问场景，则具有日本式的异样性和诡秘性。如一九五七年九月上演的歌舞伎《朝颜日记》，有大井川的一个场面。为了让盲人主君朝颜的眼睛能睁开，作为家来的德右卫门自己切腹，用其人血伴药物给主君服用。家来为了主君去死，是否具有美德？这还不是问题的要害，要害是人血。用切腹后的人血，混合在药里让主君服用，显然这是既野蛮又残忍的风习。但歌舞伎对这个要素还是要加以表现。在歌舞伎名剧《与话情浮名横栉》里，也有用人血混合制药的情节。表明那时的日本人，总是将有生命力的血，混合于无生命力的观念里。在美还是不美的恍惚迷漫中，这个要素权当美的要素了。对此有日本学者问：歌舞伎存在的价值还有吗？对此，歌舞伎界的回复是：有。

　　还有被刀割的与三郎。这是著名歌舞伎《玄治店》里的人物。"恋情就是复仇"，是这位英俊潇洒的男儿口头禅。他的身上有四十三处自残刀痕。虽然由于穿着和服不能看清全部，但脸上和手足都是 X 形的刀伤，血肉模糊。这是脚本家濑川如皋的计算还是导演的处理？不清楚。但自残成这个样子就逆袭为被爱的对象？但是与三郎看中的女人阿富，最后还是逃走了。而《女杀油地狱》则更是将极端的残酷搬上了歌舞伎舞台。这是近松门左卫门的作品。一七二一年七月在大阪竹本座上演，取材于当年五月四日发生的真人真事。乳母阿吉被自家公子与兵卫残酷杀死。剧目的一个"油"字被想定成人血，汩汩而流的人血。这个剧目战后也在上演。中村歌右卫门扮演阿吉，中村堪三郎扮演与兵卫。而歌舞伎《夏祭浪花鉴》里有"砍杀义平次"的场面。舞台的背景是三味线悠远钝缓的音声，祭祀神舆熙攘而过，昏黄灯笼高高举起的视觉效果。显然，这一样式化的场景意义远远超越了单纯的酷杀。手中翻转的寒光刀刃，光着上身的怒目圆睁，给予观客战栗与快感。

　　尊儒尚礼的江户时代，光天化日之下上演残酷杀人。这里生出的一个思考：如果能剧为圣的话，那么歌舞伎为俗。坂东玉三郎极端的女形美，杀阿吉极端的残酷美。两个美同时交织于歌舞伎，除了不可思议还是不可思议。这就是圣血之力与俗血之魔，在纠葛厮缠后诞生的一个怪胎——歌舞伎。歌舞伎改良运动倡导者外山正一，曾在《演剧改良论私考》里写道：在十字形切腹的七颠八倒中，肠子拉出来扔出去的演技，最不适合上等社会的演剧。这是他对江户时代歌舞伎提出的一个批评。但问题是江户时代就是切腹的时代，就是情死的时代，就是义理杀人的时代。这是现实的反映，观客也是现实地观照自己，对此并不感到吃惊。

残酷的歌舞伎，在骄奢华靡之间带有杀伐的蛮风，有重果敢的气象，有重凄艳的感觉。这个气象，这个感觉，肯定就是歌舞伎的而不可能是能剧的，更不可能是人形净玻璃的。这就是日本美，一旦阳刚，便很残酷的一个华丽与阴湿的透点。这就如同恋之极致，乃忍恋也。山本常朝的《叶隐》大书，观念地看就是歌舞伎的浓缩版。

可能正由此故，二〇〇五年，歌舞伎被联合国教科文组织认定为"人类口头和非物质文化遗产代表作"。二〇〇八年，歌舞伎被列入"人类非物质文化遗产代表作名录"。因为即便从物语消费的角度来看，歌舞伎通过演技、表情、化妆等的拼接，构成了独特的叙事内容，恰如一种蒙太奇的表现形式。虽然谈不上宏大叙事，但也是东洋人玩起天地大舞台，舞台小天地的幽玄境界犹如白净中总含有微薄的阴翳。这方面的典型就是歌舞伎名剧目《国性爷合战》，以郑成功为原型的物语。在江户时代博得大人气，连续上演了十七个月。其中最有名的场面就是"红流"。和藤内的姐姐锦详嫁给了驻守狮子城的甘辉武将。于是和藤内拜托姐姐说服甘辉。如果成功了就往河里撒白粉，失败了就撒红粉。结果，河水被染成鲜红，表明姐姐的说服失败。和藤内闯进甘辉的住所，可是等着他的，却是胸口深插尖刀的姐姐。原来河里流淌的是姐姐的鲜血，她欲饮剑感化甘辉。唐士的父亲，扶桑的母亲，中日混血的和藤内。这样看，歌舞伎有时也一如盲琴师的三味线，那鳞光闪闪的《残月》曲，足令人迷醉。

谁更有可能？

丽禾与爱子。

丽禾是谁？

她是著名歌舞伎演员市川海老藏的长女。

爱子是谁？

她是德仁天皇的长女。

日本歌舞伎界有禁制，女人不可登台表演。男人身演女人身，这个"家规"至今已有四百年了。不过，丽禾的父亲海老藏，他有底气破这个四百年的"家规"。他直言最大的一个心愿，就是让长女成为歌舞伎演员。作为前奏动作，二〇一九年八岁的丽禾正式继承自家日本舞蹈门派"市川流"的名号，成为门下第四代"市川牡丹"。这里的问号是：丽禾最终能成为歌舞伎演员吗？日本人能接受这个破弃传统的改革吗？歌舞伎从此会萎会蔫吗？女人身还原女人，也能有"暗黑处的黄水仙"（三岛由纪夫语）的情与色吗？非常恼人也非常忧虑。

日本天皇家也有禁制，女性无缘皇位的继承。现行《皇室典范》作为"家规"规定，继承者只限"男系男子"。但随着老天皇明仁的退位，一个之前不太尖锐的问题越发尖锐地显现出来：未来的天皇是爱子还是悠仁？如果是爱子的话，那么女性天皇的复活是否就是原先女帝史的复活？如果是悠仁的话，那么皇室后继断绝的话题又被重新提出。爱子成为未来天皇的呼声，最近随着议论的展开也就越发高涨。其实，日本人的一个心结，是对爱子的期待。女性天皇的诞生，对应着歌舞伎里的"女形"，怎么看都是一个异格审美，别样风情的日照与月色。

那么，问题来了。丽禾与爱子，谁更有可能？

是丽禾成为歌舞伎演员的可能性大，还是爱子成为天皇的可能性大？

日本的女人文明，遭遇了未曾有过的终极问题。

看到蜡烛在夜半渐渐熬尽，心里不免凄楚。只有一个办法，快把蜡烛收拾了吧。

《鬼灭之刃》与烧脑的日本鬼文化

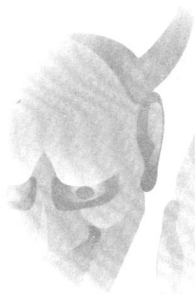

何以走红？这杀鬼的故事

《鬼灭之刃》在日本人气爆棚，没有人会料到。因为是杀鬼的故事，这在日本太多太多。

但是，《鬼灭之刃》还是走红了。原因还是二字：杀鬼。

逻辑，有时确实是在挑战人的神经。

日本全国开始播映是在二〇二〇年十月十六日。短短三个星期就有一千五百万人涌向电影院。票房一线冲天。要知道，这可是新冠疫情在日本的高发时期。电影院绝对是政府规劝的要避开的"三密"空间。但日本人还是冒着被感染的风险，也要在第一时间观看这部少儿动漫电影。不是足球篮球动作片，也不是初中生萌萌爱意片，而是刀刃灭鬼片；写手不是宫崎骏也不是新海诚，而是看姓名连男女都无法辨认的吾峠呼世晴。我们在感叹之余只能生出惊讶。

故事情节并不复杂。讲鬼吃人。这当然不是看点。正如狗咬人一样，鬼总是要吃人的。但奇就奇在被鬼袭击却没有死去的人则变成了鬼，变鬼之后还有理性思维，这要是给黑格尔看到，可是害羞了他。因为黑格尔曾宣称理性一定是人的专利。影片的主角是少年竈门炭治郎，他为了卖炭而下山，回家时发现母亲与弟妹均被鬼屠杀，而妹妹祢豆子，虽然死里逃生，但变成了吃人鬼，正要向他痛下杀手。后来，炭治郎被一位名叫富冈义勇的剑士救下。为了救妹妹和复仇，炭治郎刻苦修炼剑术，加入"鬼杀队"。以人为代表的鬼杀队和以鬼舞辻无惨为代表的"十二鬼月"，展开了激烈的战斗。最终人杀死鬼，妹妹祢豆子再变回人。

《鬼灭之刃》先是以漫画形式在集英社出版的《周刊少年Jump》杂志上连载。从二〇一六年二月开始到二〇二〇年五月，漫画累积到二十二集的销售数量突破一亿二千万册。故事的场景放置在一百年前的日本大正时代（1912–1926），一个大山深处的村落。魑魅魍魉横行，尽管已经开始近代的西洋化，但鬼杀人以及鬼被人教化救赎，则表现着和洋折中、边际境界模糊不清的日本人思维。登场人物被冠上难以辨认与阅读的汉字名。如主角姓名为竈门炭治郎，他的妹妹叫祢豆子，剑术大师是鳞泷左近次，鬼杀队员有叫名不死川玄弥，有叫名甘露寺密璃，有叫名炼狱杏寿郎，有叫名栗花落香奈乎，鬼的名字干脆就叫鬼舞辻无惨，而作者自己的名字更离奇：吾峠呼世晴。看来作者谙熟日本人自古有之的"言灵"之道：世界上最短的咒，就是名。咒就是囚禁对方，解怨自己。诚如"一言主神"所言：好事也一言，坏事也一言。一言断事。

看来，还是属于日本的东西，让人产生了共鸣。日本人平常喜欢说"日本的"（にほんてき）。如"日本的構造""日本的経営""日本的雇用""日本的考え方""日本的料理"等。前几年日本学者柴崎信三出版《何谓日式之物》（《日本的なものとは何か》）。他从十九世纪末的浮世绘开始说起，如数家珍般地将陶器、和食、建筑、动漫、时尚等加以排列。更早前出版的大桥良介的《日式之物 欧式之物》（《日本的なもの ヨーロッパ的なもの》），则将日式与欧式做文化比较，这本书也因此成了比较学的经典著作。

如果从"日本的"视角出发，我们发现《鬼灭之刃》暗含的最大元素就是日本的鬼文化。

心中有鬼，鬼生心中。在日本人看来，人心广阔，大如宇宙。日本十三世纪的哲人僧侣日莲，甚至将人心描述为"劫火不烧，水灾不朽，剑刀不斩，弓箭不射"。不存在没有归宿的鬼魅。人是所有鬼魅的归宿，又是鬼魅的支配者。所以，打鬼治鬼灭鬼，提着血淋淋的鬼头，放置神社祭祀，彰显人的胜利。但是，人的胜利的代价或许就是鬼提着下一个人头在狂笑。鬼狂笑什么？狂笑人的无知与浅薄，狂笑人的不自量。所以，还是《鬼灭之刃》清醒，剧情里反复出现的一句话就是"要变得像鬼一样强大"。在角色设定中，鬼舞辻无惨是史上最强的鬼。他能用自己的血将人类变成鬼并控制对方。外表看上去只有二十多岁，但实际上已经超过一千岁。在大战鬼杀队时，药物生效的三小时内，他已经衰老了九千岁，但还是力大无穷。所以，"像鬼一样"，表明人还不如鬼，表明鬼才是人的终极支配者。为家人复仇，保护妹妹，消灭鬼魅，炭治郎刻苦磨炼自己，最后变得像鬼一样强大。毫无疑问，在这个不确定的混沌时代，日本人正在追寻那些属于日式之物。在这个世界之外有着人无从知晓的另一面，异界和灵异带来的恐怖就是人无从知晓的知性惊艳。而日本人将这个惊艳用鬼魅的形式予以再现。这就令人想起铃木大拙天才地创生出"灵性"

这个人类学用语，区别既不是精神也不是灵魂的日本人思考特色（参见《日本式灵性》，岩波书店）。

《鬼灭之刃》的巨大成功再次表明，万物有灵不再是一个阳光下的虚无，也不再是一个与一神论对峙的月下构图，而是人的世界的一个实在，人的精神的一个向度。据传，日本平安时代的文人都良香在罗生门前咏出"气霁风梳新柳发"，后有"冰消波洗旧苔须"对句。当时的"学问神"菅原道真立马一言道破：这是鬼在作句。一查文献，果然是鬼——茨木童子。这样想，《鬼灭之刃》在日本走红也在情理之中。这就像剧情中苏醒后的炭治郎斩断了鬼的左手，但鬼则嘲讽被自己重创的炭治郎比自己更像鬼。

谁更像鬼？这令日本人兴奋。或许，这是《鬼灭之刃》走红的终极原因。

"我在鬼也在"的泛鬼论

在日本，泛神论泛滥的一个结果就是泛鬼论。

有八百万神，必有八百万鬼。

日本医学博士伊藤笃著有《日本的皿屋敷传说》（海岛社 2002 年），确定日本全国各地至少有四十八种日本三大鬼女之一的"阿菊"传说。当然，葛饰北斋的浮世绘《百物语·皿屋敷》则更是将"皿鬼"规范成统一的女鬼范型，定格在日本人心中。

泛神与泛鬼，都是观念之物，都是人的有限性自主异化的一个结果。人力不够之处，人智不足之处，就对象化成人精、人妖、人鬼。而成精成妖成鬼之物，则一定是人的、动物的、植物的、器物的、自然物的。如河里生息的"河童／河太郎"，海里生息的"海坊主"。即便是动物，也有复式构图的。如似猿似虎似蛇似牛。日本历史上被源三位赖政击退的"鵺"，就是四不像的怪物。《土蜘蛛草纸绘卷》里，被源赖光杀死的土蜘蛛，就是以鬼的身姿出现。鸟山石燕的《百鬼夜行》中，有名的一幅画就是赖豪（人）变身铁鼠鬼模样。葛饰北斋也画过既狐既人的《狐美人》浮世绘。植物非动物，故无法外化为情感上的生灵、死灵和幽灵。但植物的物化在于成精。植物一旦成精，就会外化他物。如《太平百物语》里的怪谈，说有一深山老槐树，走过路过之人都要留下供品方可通过。有一位叫茂次的村民，因母亲患疾，未留下供品便走过。槐树精顿然变身盔甲武士追赶上去，茂次只得谢罪献物。人们家中的器皿百物，经过百年之后就会成精成灵成鬼，并会在夜半出来闹事，以此恐惧人心、警戒人心。日本人将之取号为"付丧神"。作为文献留有《付丧神绘卷》，描画古器物成鬼，干尽坏事。在日本有"鬼怪博士"之称的水木茂，早年代表作《鬼太郎》中登场的配角鼠男，则有着自私到让人无法取信的性格，暗示鼠男是鬼与人的混血之物。

总之，将现世的、轮回的、精神的、实体的构筑成一个观念的百鬼物语百鬼图案，然后显现一个真实的人的世界，日本人显得灵性十足。不善构筑绝对精神的日本人，则在百鬼夜行的宇宙里，为我们人类编织了另一种孤魂野鬼的生存图式。这种思考特色如同"烟烟罗"——屋／死寂／香火绕／烟如绫罗／随风飘飘飘／其形变化万万。这就像但丁《神曲》的地狱与源信《往生要集》的地狱。两个地狱，一个诉说罪恶，一个诉说苦恼。一个将人之本归于罪恶，一个将人之本归于苦恼。一个生出罪恶的文明，一个生出苦恼的文明。但本源地看罪恶不是人之本，苦恼才是人的与生俱来。这里，日本人的思辨是：

我无法怀疑我作为一个异界人的存在。

我可以怀疑我的身体的存在。

心灵和身体不是一个东西。

结论：我在鬼也在。

从终端看，人类社会所要解决的问题，不单纯是实现没有战争的和平，而是要实现从根本意义上改变威胁人与万物共存共尊的社会构造。若以此作为延长线，日本鬼文化对我们构筑未来社会是有启发意义的。因为在日本人看来，明暗未分的世界，永远是既典雅又恐怖。幽暗遥远的平安京，亮起的一只只青行灯，永远不会熄灭。

鬼是隐

鬼，既然真相不明，那么其形状也应该是不明的。

"鬼"的汉字从中国来。但在中国，鬼仅表死者归土。《说文》说"人所归为鬼"。《尔雅·释言》有"鬼之为言归也"的说法。"归""鬼"二字同音互训，意即人死归土即成鬼，并没有奇状异物这层意思。日本最古的文献《古事记》里没有鬼字出现。稍晚于《古事记》的《日本书纪》里出现了读法颇多的鬼字。日本平安时代编撰的和汉辞典《和名类聚抄》里，鬼的和名为"隐"（おに）。在人的面前隐而不见之物，如死者魂，带来天灾人祸的恶神等，凡属真相不明之物便读作"鬼"。同书里还有"瘟鬼①"（えやみのかみ），"穷鬼②"（いきすだま），"邪鬼③"（あしきもの）等表述。这就表明，同样是鬼，读法至少有四种：おに、かみ、だま、もの。随着对鬼的认识逐步深入，"おに"的用法就被定格了。

在观念上，隐藏的东西露出表面就是鬼。那么鬼的一般形象在日本民话中又是如何登场的呢？如是吃人的赤鬼，身长二至三米，肌肤赤红，乱发中的二根头（牛）角。目光

---

① 瘟鬼：疟鬼，中国民间传说中能引起瘟疫的一种鬼神
② 穷鬼：穷鬼，指使人穷困的鬼
③ 邪鬼：佛教世界中出现的一种鬼神。据说这个形象表现的是给人们带来厄灾不幸的鬼，会受到佛法的惩罚

像雷电般发亮。丑陋的嘴脸，獠牙露出。身兜虎皮，手持金棒。这个形象是在平安时代定型的。这里，鬼的最大特征是头角。面獠再是怎样的丑陋、怎样的恐怖，如果没有头角，就不被视为鬼。从这一意义上说头角是日本鬼的象征。而为什么要用虎皮？则表明人对虎力的一个憧憬。虎皮入手难，有虎皮说明虎被征服。一种力量和勇气的象征。牛角和虎皮，人所没有之物，逻辑上表与人正相反的存在。

鬼是隐。故鬼一般在山、门、桥等地出没。理由是异界的入口。如同河童常在水边出没，那里是异界与境界之地。境界不仅有空间还有时间。白天阳光之下是人间之道。白天的亮，是人界。夜晚星月之下是鬼魅之道。夜晚的黑，是异界。鬼的学问里有"黄昏"的概念。何谓黄昏？日本人说就是"彼方为谁"（たそかれ）。故黄昏日语为"たそがれ"。黄昏是什么时间带？是既不是昼也不是夜的五点时间。是对方人影模糊难以分辨的时间。是与死者相会的时间。是与鬼魅遭遇的时间。总之，是"彼谁为"与"彼为谁"的时间。新海诚的小说与动漫《你的名字。》就娴熟地运用了日本鬼魅里的黄昏概念。彼方为谁。谁为彼方。人的轮廓渐渐暧昧，和不属于这个世界之物的时间。古老的名称，古老的情怀，古老的物语，再次轻轻捻出。新海诚肯定在星月下读过《万叶集》。直到现在，黄昏的五时一到，日本的市区町村必会响起悲情而短促的音乐声。这是在呼唤放学的顽童快快回家，否则就要遇上鬼啦。你看日本的鬼文化是多么的深入人心。

日本人的一个发明：有善鬼的存在

在日本，如果说怨灵杀人靠作祟引起天灾人祸，幽灵杀人靠让人生病，妖怪杀人靠恶作剧，那么，鬼则是直接对人造成物理伤害——吃人。京极夏彦的短篇《鬼一口》：

> 鬼来了——
>
> 做坏事的话——
>
> 做坏事的话鬼就要来了——
>
> 鬼会把你从头一口吞下——

京极夏彦说，孩提时代，他们就接受父母的鬼教育。

请注意这里的因果链：做坏事→鬼吃人。

鬼吃人是做坏事的果。做坏事是鬼吃人的因。但后来我们的鬼怪研究家，都在鬼吃人上做文章，在为鬼下定义的时候，笔触都伸向血腥与暴力。如日本著名的鬼怪研究大家小松和彦在其二〇一八年出版的《鬼与日本人》（角川文库）中，就将鬼定义为"反社会，反道德的存在"。其实，完整地看是有其偏颇的。

日本最早鬼吃人记载是七世纪的《出云国风土记》：大原郡阿用乡，有一目鬼食一男。稍后的《伊势物语》则描写好色男在原业平带着二条皇后高子私奔，在屋子里碰上了鬼，鬼放过男人一口吞下女人。所以在日本人观念中，鬼是暴力，鬼是恐怖，会吃人，才成鬼。

那么鬼什么时候才吃人，或者凡鬼都吃人？日本人对此做了梳理，发现凡鬼都吃人的推论不成立。成立的是人做了坏事才被鬼吃。也就是说，鬼会吃人，是人犯禁在先。小泉八云的《怪谈》里有《毁约》篇，讲妻子临终前，作为武士的丈夫向妻子保证不再娶新娘。然而，妻子死后不到一年，武士就想再娶。葬在梅树下的妻子，将怨恨化为恶鬼，先是每晚摇铃恐吓，然后杀死了新娘。手段之残忍，令武士恐惧："头颅并非遭砍击而断落，而是活生生地被拧揪撕下。"歌舞伎《道成寺》里的少女清姬，爱上僧侣安珍，但安珍则欺骗她并借机逃离。一路追寻的清姬，在愤怒之下变身蛇鬼，杀死了安珍。传说中的"骨女鬼"则是生时被人侮辱欺负，愤恨而死后，化为厉鬼向人索命。因为自己只剩一堆骨头，所以会用被杀死的人皮装饰自己。而水木茂在他的《鬼太郎》里，叙述的一个理念就是人类得意忘形冒犯了鬼，鬼才怨念成积，不得已报复人类。毫无疑问，这是作为现代人的水木茂对鬼文明的理解与尊重。

所以鬼都是恶鬼吗？是否有善鬼？这里生出日本人精神所具有的深度。

鬼是眼睛看不见之物。这就与身姿看不见的神（カミ）同质。况且鬼有"カミ"的读音。所以鬼在日本，与神重叠得非常自然，区别得非常暧昧，并同时表明鬼并不都是恶鬼。如日本古代"朝仓山之鬼"，就是讲六六一年（日本齐明七年）七月二十四日，齐明天皇（女帝）在出征最前线的筑紫朝仓宫里死去，年六十八岁。关于齐明的死，《日本书纪》在记述了中大兄皇子于八月一日将母亲的遗体移至磐濑宫后，写下一句话，一句令日本史学家困惑了千年以上的话："是夕，于朝仓山上有鬼，着大笠，临视丧仪。众皆嗟怪。"这是相当不可解的一行字。但是，再三地仔细阅读，能感觉到披着大笠的鬼，站在朝仓山上的陵墓旁，好像在守护着什么。是谁？又在守护谁？这个鬼会不会就是宝皇女（后来的齐明天皇）的前夫，在唐朝死去的高向玄理？是他悄然隐身，孤独地在山上守护着自己最爱的妻子。这个孤独男人，是不是就是大海人皇子——天武天皇的亲父？显然，朝仓山之鬼，绝不是恶鬼。

日本少儿读物《摘瘤爷》。面对好爷，小胖鬼取下其脸上瘤，表示喜欢。面对坏爷，非但不取还要再贴上一个瘤作为惩罚。表明日本式的鬼具有鲜明的两面性。爱知县有叫作"花祭"的霜月神乐活动，人们套上巨大鬼面装鬼舞蹈。鬼面有给人们带来灾厄的恶鬼相，也有开山开荒的善鬼相。岐阜县关市的南宫大社有藏挂轴。两个刀铸师铸刀之际，有鬼帮忙。青鬼和赤鬼击锤，茶色鬼和黄鬼磨刀。

日本的山姥——鬼与母的两面。山姥是鬼，但同时又是金太郎——武藏坊弁庆的母亲。表善与恶同源。东京都足立区有"鬼公园"。公园里"哭泣的赤鬼"象征对儿童的守护。一九五七年出生的"鬼屋制作人"五味弘文，早在一九九二年就在东京巨蛋首创"鬼屋"，让人们体验何谓恐怖何谓快乐。他在二〇〇九年出版的《人为什么会恐惧》一书中说，人的恐惧源于人并不知道何谓恐惧，于是鬼的诞生有其意义。另一位日本鬼研究家仓本四郎在其著作《鬼的宇宙志》（平凡社 1998 年）中列举说，宫城县有"鬼首"温泉乡，名字虽吓人，但是对妇科病有效的温泉地。邪恶中有灵验，毒品里有良药——这样来看，鬼在我们祖先那里因为异形异类而被视为恐惧的同时，也是因为鬼能深通自然奥秘而受欢迎。鬼既是忌讳的对象，也是祭祀的对象。日本人说，这种两义性才是鬼的本质所在。

都知道"酒吞童子"是日本大恶鬼的代名词，后来被源赖光砍杀。但即便是大恶鬼，日本人也在不断地摸索它们如何与人间共存的模式。最近，在新潟县古老的国上寺本堂，悬挂着一幅日本画家木村了子的作品：酒吞童子半裸地躺在良宽的怀里。良宽是江户时代有名的文化僧侣，他的出生地是新潟县的越后。据传说，酒吞童子在变身成京都大江山鬼的首领之前，在越后国上寺坐禅。名僧与被砍下头颅的恶鬼同画，而且还相当地官能化，暗示良宽与酒吞童子有"人鬼交"的一面。为此,画卷被公开后一度成为当地的话题。新潟县市议会的部分议员对此做法表示反对。但国上寺山田光哲住持说,被市民注目是好事,表明美少年酒吞童子并不是恶的存在。借用鬼之力来守卫人间的鬼文化是我们的责任。

正是在这个意义上,日本万叶集研究大家、令和年号的提撰人中西进在《何为日本人》(讲谈社 1997 年)中说,只有在日本,鬼才能与人的日常融合相间。他举例说日本全国有大小一万多个山顶(峠 / トウゲ),山顶上必有祠。用来干什么?用来向非常亲和的山神 / 山鬼祈祷过顶 / 峠平安。为此他得出结论:"鬼在日本是个永远的存在,鬼是和平的使者。"可能由此故,中西进在一九九四年倡导成立"世界鬼学会",并担任第一任会长,将日本鬼文化向世界传播。

单只手臂与窄袖之手

川端康成的掌小说《单只手臂》。

无疑,川端康成将女孩幻想为鬼。不,女孩本身就是鬼。川端康成遭遇了鬼。

走起路来像小鸟般轻盈,更像蝴蝶在花丛中飞舞。幻想与她接吻的时候,她的"舌尖也会绽放出那样的旋律的吧"。这女孩肩膀的圆润,就像白皙且含苞待放的洋玉兰。

与其说女孩的衣服无袖，不如说是把袖子卷了上去，让肩膀裸露得恰如其分。特别是她的指尖之美，比又脆又小的贝壳和娇嫩的花瓣，显得更加透明清澈，宛如乍光即逝的露珠。于是，女孩顺"我"意，卸下右臂借给了"我"。或许"我"的孤独滴落在女孩耀眼逼人的指尖上，"也能转化成感伤的泪珠"。这时，笼罩着的雾霭呈淡紫色，房间里飘着清清的芳香。"我"意识到自己遭遇了鬼女。因为只有化缘的鬼女，才有超人之美，才有令男人失魂的魅力。显然是"单臂鬼"噬去了我的"魂"，吞走了我的"灵"，让我"安然地深深沉睡"。这个沉睡还能醒来吗？当然是醒不来的。不但醒不过来，最后连"形影都消失了"。短短的文字不着一个鬼字，但通篇都浮动着鬼气鬼韵鬼风。鬼在杀人。单只手臂的鬼在杀人。

京极夏彦的短篇小说《窄袖之手》。

一名少女在房间里。没有开灯。天色渐昏暗，少女"白皙的脸庞与白色衬衫宛如发光体，在黑暗中闪闪发光"。就在这时，挂画背后的黑暗中伸出一双雪白的手。这双手与少女的手一样细长，一样白皙，手腕以上没入黑暗中，无法看清。问题是少女似乎没有注意到这双手的存在。于是，这双手悄悄地贴在少女粉嫩纤细的颈子上，"仿佛原本就附着在脖子上"一样。缓缓地，但非常有力。掐住再掐住。周围一片死寂。少女眯起了惺忪的双眼。那表情不是痛苦而是陶醉。似乎是在无边的黑暗中，看到了一点希冀的光亮。

"咔—嚓—"一声轻轻的脆响，就像一颗梅子落地。少女本能地晃动了一下身躯，没有惨叫，没有半点声响，白皙便被白皙吞没在暗黑中。鬼在杀人。窄袖之手的鬼在杀人。

川端康成与京极夏彦，作为小说家的思考点固然有所不同，但是在过去与未来，人界与鬼界，光明与黑暗，爱欲与悲哀，鬼魅与神明，空间与时间，天上与地下之间，他们还是看到了人的世界本质上就是鬼的世界。人与鬼，在去理性的状态下，就能共享一个混沌世界。这个事实表明，在我们看来相反相逆的东西可能都是相同相质的。所谓人形即鬼形，鬼形即人形。从逻辑层面看，鬼就是人，人就是鬼。日本人相信，在人的血肉身躯中，有一种叫作非物质的"自我"存在，它能左右人的大脑神经。这个非物质的"自我"，是否就是鬼界的空间？

只活了二十七年的日本女诗人金子美铃，有《蜂与神》诗："蜂在花中／花在庭院中／庭院在土墙中／土墙在街道中／街道在日本中／日本在世界中／世界在神明中。"

东洋人纯真率直，祈盼着神明（鬼魅）的存在，期待着年岁的变动不居。中国的智者惠子说"白狗黑"。听上去好像说的不是人话，但却在人的世界里发现了异界与非日常，并试图将其纳入人间的一部分。这才是本源性的对人的一个思考。神不能自杀，所以有人同情神。但鬼能自杀，所以有人妒忌鬼。人妒忌鬼，表明每个人的内心，都宿息着一个鬼。或是白衣舞动或是蛇身牛面或是乱发獠牙或是纤指揭开帘帷。笔名为"梦枕貘"的日本鬼作家，其"貘"字，就是指那种吃掉噩梦的鬼兽。他的《阴阳师》开首句就是："人也好鬼也好，都屏息共居于京城的暗处，甚至在同一屋檐下。鬼，并没有藏身在边远的深山老林中。"

借鬼将精神走得更远

庵野秀明执导的《新世纪福音战士》，简称《EVA》，诞生于一九九五年。它的震撼程度是日本动漫史上少有的。因为它启发了日本人一个思路：神不为者，人为之；人不为者，鬼为之。隐喻为日本人什么都能为之，到头来的结果就是必须制作出一个"鬼"来，为人类消灾除难。在《EVA》的第十二话中，啐源堂与冬月在空母上的对话，可以简称"南极对话"：

> 冬月：不允许任何生命的存在，死亡的世界——南极，也应该成为地狱吧。

> 啐源堂：但我们人类却站在这里，以生物的样子活得好好的。

> 冬月：因为被科学的力量保护吗？

> 啐源堂：科学的力量就是人的力量。

> 冬月：就是这样的傲慢心态才会引起第二次冲击，

其结果就是这样的惨状。这样的惩罚实在也太大了，简直就是死亡之海呀。

啶源堂：但现在世界已经得到了净化。

冬月：即使是满身罪恶，我也还是期待人类生存的世界存在。

这里，啶源堂代表的是人类，无所不能的开发和毫无畏惧的科研，冬月代表的是鬼，在向人类发出有限度的警告。啶源堂宣言的主旨是神不为者，人为之。冬月宣言的主旨是人不能为者，鬼为之。引人注目的是，《EVA》中的机甲"初号机"，看起来就是非真实、非超级的"人造鬼（人）"，甚至因其有生命体征而很难纳入机器人的概念内，使其成了一个名副其实的魂魄"容器"和生灵"机甲"。这样来看，EVA不是机器是生物，是有血有肉的生命体，它直接用莉莉丝的半副躯体以及主角妈妈的灵魂同铸而成。但这个生命体，又有别于人类。因为它远远地超越了人类理智的范畴。这样理解的话，EVA就是我们人类自己制造的"EVA鬼"。

人不能为者，鬼为之。这样，人的有限性就有了个可以期待的延伸。人造鬼，鬼为人。EVA最终选择站在人类这边也表明人与鬼的互为一体。这个互为一体的最终目的论就是物语里的"人类补完计划"。这个计划让人惊心之处就是他们让"所有人类的灵魂合而为一"。这令人想起原SMAP组合演唱的《世界上唯一的花》。整个世界，物质的精神的，形而上的形而下的，都统合在一朵花里。先不问有无可能性，但就合多为一，从有到无的思考力度，显现的就是人的精神向度。但这个精神向度，单靠人本身是无法完成的。于是，人只得借助自己思维的延伸之物——鬼。

于是有了村上春树的《刺杀骑士团长》。笔者以为这部长篇小说是借鬼助力，让人的精神再走远再走高的人鬼合一的现代版。杂木林里的破小寺院，寺院后有一石冢，每天凌晨一点四十五分，必准时传出诡异的铃声，时轻时重，时断时续。飘飘如阴风，丝丝像鬼火。尽管时序已入春分，万物复苏，大地回暖，但诡异的铃声，则给人阵阵寒意。原来这里是墓地，石窟下埋了人。从这里，村上引出了僧人入定的话题。

何谓"入定"？直白地说就是宗教性自杀，在石棺里等死。当然，佛语将其说成是"开悟"，也是让人迷醉。在入定之前，僧人要先辟谷。只吃草或果物，一切烹调过的东西都不能吃，以保证在还活着之际，就将脂肪和水分排出体外。这样死后就不会腐败，躯体就能变干尸。持续用木食调整数年后，才能入地下石窟。在漆黑中，僧人边绝食边念经击打铜钲。直到听不到铃声传出，表明已死去。随后僧人的躯体会慢慢成干尸，也就是我们今天所说的木乃伊。一般是过三年三个月，再把干尸挖出来。虽已干瘪如风鱼，但手姿依旧保持着敲击铜钲状。一种令人惊叹的生命力，让干尸做出近乎自然且本能的反应。这就如同村上小说中的对话：

> "我问免色：僧人要入定，也就是他自己选择进入棺材等死吗？"

> "您说得很对。也有人称入定为生入定。在地下建一间石室，并将竹筒通到地上作为通风口。能呼吸，但就是慢慢地身体变成干尸。"

我们当然是有迷惑的。人，为什么要这样做呢？即便准备赴死，为什么要这样去死呢？说是为了"即身佛"——让自己开悟，达到超越生死的境界。也即某种意义上的"涅槃"。这就是精神了。你看，精神走得有多远——让一个活生生的人，心甘情愿地变成木乃伊——观念中的"涅槃"。

被挖出的木乃伊（即身佛），会被安置在寺院里，人们通过祭拜即身佛来获得救赎。顺着这个思路再往前推，人的精神若能将鲜活的肉体木乃伊化，那么，生是为了预期的死，就变得可能。在日本这方面的典型就是和歌高手西行法师。他为了选择在樱花烂漫的春二月（农历）的满月之夜（25日），圆寂于樱花树下，在一年前就计划性地慢慢少食，直到最后不食（断食）。在渐成枯竭朽木之状下，合着自然的节韵，让生命之火慢慢熄灭。这天正好是二月二十五日——佛陀圆寂日。

这里的逻辑行程是：辟谷断食→入石窟→摇铃→铃声消失→三年后成干尸→木乃伊出土→即身佛（涅槃）→放

置寺院一救赎他人。

入定是肉体，精神是涅槃。显然，涅槃是佛系用语。但若从日本民俗学角度来看，就是鬼。让活人变成鬼，再让人来祭祀由人变成的鬼，完成观念上的所谓救赎。用村上春树的话说就是"有某个人存活在那里，每天晚上不断摇响铜钲或铜铃之类的东西"。涅槃等于鬼？可能会有人疑惑。其实大可不必。在日本一切都是颠倒着来。如能乐里的女鬼面具叫般若——青面獠牙，狰狞不堪，代表着最为怨念的厉鬼。有赤、白、黑三种。赤般若如《道成寺》的清姬，白般若如《源氏物语》的葵上，黑般若如《安达原》的鬼婆。但再一查考，般若在佛系里，则表空性智慧。证得空性，就是所谓的开悟。原来开悟之人，在日本就成鬼。因为已属异人、非人。般若能成鬼，那么涅槃为什么不能成鬼呢？

当然，问题是人的精神并不甘心于仅仅游走在活人变鬼的一面。其反向更是在拷问人的精神——鬼能变人吗？也就是说，如果僧人入定后成鬼（涅槃），那么还能再次复活肉身吗？也就是说干尸能复活吗？对此，日本有一位江户后期的话本作家上田秋成，著有《春雨物语》话本集。其中有一篇《二世缘》，就是写一位僧人下石入定，百年后被挖出的干尸又复活的物语。人们给他穿衣，让他口含清水。后来这具干尸还能喝粥食肉，并娶妻结婚。但在复活者的身上，就是找不到任何的"悟道高僧"气韵，表明即便是复活的干尸，也无法斩断人间的爱欲执着。但干尸能复活，鬼变成人，表明人鬼合体的思想，成就了日本人精神的"古层"。日本中世艺人世阿弥曾经思考过"鬼形人心"的可能性问题。在他看来，即便是鬼形，也应该有人心才是。这就像《新世纪福音战士》的生物"EVA"，鬼形的里面安置了"人心"，虽然是人类的敌人，但也说人话。

人，其实最恐惧想象力，但也最渴求想象力。在东洋叫作"鬼魅"的东西，在西洋叫作"恶魔"。两者概念上的重叠部分在于都是想象中的怪物，但鬼有死去的灵魂问题，恶魔则没有。西洋人似乎更愿意接受怪物、僵尸、变态杀手之类的东西，但就是不太愿意接受东洋人演绎的死者重生的鬼魅物语。这或许与他们的一神教信仰有关。非神非基督者岂能轻言重生，而恶魔倒反可以作为神的对立面存在。因此，从这一意义上说，东洋人的精神其实比西洋人走得更远。因为中国的法家韩非子早就说过"犬马难描鬼魅易画"。"易画"就是人人心中有鬼，但人人画鬼不同。这个不同就是精神的放飞。

仅仅挥舞鬼灭之刃，能行吗？

生生生生暗生始，

死死死死冥死终。

这是日本高野山的空海大师，为我们留下的文字。

眨。

眨。眨。眨。

眨眨眨眨眨眨眨眨。

眨眨眨眨眨眨眨眨。

眨眨眨眨眨眨眨眨眨。

眨眼的声音。

整个房间都是眼睛。

这是鬼怪作家京极夏彦短篇《目目连》，为我们描画的鬼在四处。

日本真乃鬼魅之国。被视为美的东西，过去都是恐惧之物。如，雪女出来骗人。月亮使人变疯。鲜花让人迷恋但结果是死。所以日本人认为雪月花都是鬼物。满开与满月都是人的心病。他们从往昔开始就在墓地种植樱花，樱花杀人的发想古已有之。于是梶井基次郎的短篇《樱花树下》，开首句就是"樱花树下埋葬着人的尸体"。这是一九二八年的事情。比渡边淳一写《樱花树下》死人早了半个世纪。

死是形成影。这令人想起江户时代的大画家圆山应举。死像。生绘。他画死去的梦中情人阿雪（《阿雪幻影》）。白色寿衣，白色肌肤，白色表情，深入骨髓的白，仿佛隐约可见皮肤内条条血管在奔涌血色。整个人如烟似雾，与披散在肩膀上的乌黑头发形成对照。再往下看，她没有脚。红颜薄命，香消玉殒。死去的挚爱，正是一切的开端——死灵复活，既鬼既人。这幅画，堪称东洋的蒙娜丽莎。一个是美丽至极的西洋魔女，一个是阴冷至极的东洋鬼女。

鬼魅出没与城市布局。仅日本东京，神社就有一千八百六十六座。神社内的参道，灯火明暗。虫鸣声送来凄楚，周遭古杉影叠。传来鼓笛声，给人毛骨悚然的感觉。朝阳初升于山之彼端。晨光顺次洗练小川道的町街。晨间的鸟群，白日的静寂，傍晚的煌煌。一切都是不确定的，一切都是朦胧的，一切都是稍纵即逝的。就像五月黄梅雨，就像路边的紫阳花。

笔者注意到这么一条信息。日本新闻协会在二〇一三年评选出最优秀广告奖的作品是《鬼眼睛的泪》："我的父亲被桃太郎这个家伙给杀死了。"广告画中的赤鬼孩童，小眼睛里含着泪水。这就惊险了。桃太郎是日本家喻户晓的杀鬼英雄。但这位杀鬼英雄，却被鬼的子孙牢牢记住。牢牢记住干什么？当然是复仇。看来，人类仅仅挥舞鬼灭之刃，能行吗？

从这个意义上说，我们的常用语"见鬼去吧"——或许是现代人的一个自我拯救之道。

太烧脑了，日本的鬼文化。

萌是什么还将是什么

日本萌文化的一个趣点

萌是情感论的新显学？

萌，究竟为何物？

没有人知道。

没有人知道是因为没有人发现，萌原本是无法用肉眼分辨的。就像樱桃每季的何时最新鲜，煎蛋每日的何时最鲜美，无法用肉眼分辨一样。无法用肉眼分辨的东西，一定是魔幻的东西，一定是妄想的东西，一定是虚空的东西。苍穹转为暗淡，碧海变得沉淀，翠层开始晕渗，是自然的世界开始扭曲了还是人的世界开始显形了？世界原本只有一个，但萌硬生生地将世界劈为两个。这就是萌之力了。不必骚乱，不必煽动，会毁坏的必定毁坏，会建树的必定建树。这就是萌没有人知道的最大私密——上古的大型爬虫在今天的二次元。

顺着萌的二次元，我们惊讶地发现，作为性别的男人，堕落在了"恋爱资本主义"这个大深坑，迫使男人转向于想象的世界，在想象的世界里体验何为纯爱。

或许由此故，日本人为萌设定了如下的框架：诸如萌是一个被洗脑者的精神再建；萌是一个共同妄想论者的自由世界；萌是一个多元层次的爱与被爱的过程；甚至，萌是一个老人追问美少女：今晚也能过来相见吗？但是，当追问这个世界是否还是男人的世界这个问题的时候，再有 N 个萌的框架，恐怕都无法厘清这个问题：如果这个世界还是男人的世界的话，那么为什么萌萌中的日本美少女则拥有无敌的魔法？动漫中的娜乌西卡和木之本樱，轻小说中的天野爱，她们都为男人而战斗。而让半裸的女孩驾驶巨大的机甲，则表明男孩无法承载梦想。写过《为什么日本人喜欢制服》一书的作者三田村蕗子，说得更是赤裸裸：男生即便穿制服也不会被多看一眼，只有女生制服才是话题。而蜡笔小新则是男生成长的潜意识象征：经常掀女生或女老师的裙底以温存母性。所以，在日本人的眼里，咖啡馆女仆的形象就是黑色长袜＋纯白围裙＋女仆头带＋软软的话语。女仆无所不能地奉侍着被恋爱宣判死刑的"电车男"（御宅族的另类表述），最终令"电车男"摆脱了恋爱难民的身份。就从这点而论，萌确实是这个世界的新显学。新显学的一个逻辑设问是：你能选择爱或不爱，而我只能选择爱或更爱。那么谁更幸福？

在痴愚和狂癫之间的萌

日本人常说，所谓东洋，常常具有欢乐和寂灭两个截然相反的境界。良宽"天上大风"的痴愚，一休正月初一提着骷髅大街跑的狂癫，可谓就是这个境界。小说家室生犀星写蝉，说蝉脸酷肖人脸；说蝉叽叽地鸣叫，又小便了；说蝉想吃东西，奏响了胸腹间两片鱼鳞般的小笛子。太宰治写容貌，说小头小脸是美男子，大头大脸是丑男子。自己呢，鼻子要是没有变红就好了。芥川龙之介写春夜，说春夜的语言是"小安屙了一泡绿苔尿"，说春夜的幻想是"牧场的正中央有一只烧鸡，垂首思考着什么"。诗人与谢野晶子写乱发，说"我的肌肤何其光洁，我的黑发这般柔长"。俳人小林一茶写墓地，说"秋风呀，撕剩的红花，拿来作供"。清少纳言写胡枝子，说花色很浓，树枝很柔，为朝露所湿，非常的好玩。雄鹿最爱啃食它的嫩枝，所以自带一个呆萌属性。

夏目漱石是日本的大文豪，更是日本人的骄傲。但他不知道米饭从稻谷中来。那么，夏目漱石还文化吗？或者文化还配夏目漱石吗？更甚者，这是否就是萌文化的得意之处——任何人休想一网打尽我？《好色一代男》中写：一位名叫飞入的俳谐高手咏出俳句的首句：凉爽呵，昨夜吉田陪我坐。这位江户吉原游廊的吉田游女，即兴配句：萤火虫呀，飞进我的被子里。毫无疑问，这位游女是知风情为何物的，更知萌为何物的。接吻的时候到底是该闭上眼睛呢，还是睁着眼睛？据说一位女学生曾向芥川龙之介询问过这样的萌事。而极端厌弃光亮的谷崎润一郎，喜欢奈良寺院里古旧又昏暗的厕所，说在这样的厕所里，有雨声、虫鸣、鸟叫的三重萌。

日本人喜欢说"雪的碗里，盛的是月光"，这已是极美之萌了，但再暗合佛家的"白马入芦花，银碗里盛雪"，则更合萌系角色了。而松尾芭蕉的"青蛙跃入池中央，一声响"，则是公认的观念之萌的大手笔。

超萌神笔下的美少女

日本的漫画之神手塚治虫去世二十五年之后，他的女儿留美子的一个意外发现，惊喜了自己也惊喜了御宅族。手塚治虫竟然画了许多带萌的裸女。一九七二年《奇子》成熟女人的体味；一九七〇年《人间昆虫记》的蝶蝶秀肉；

一九六九年《千面女郎》进了棺材还不忘搏肉体；当然还有一九七一年的《阿波罗之歌》，肉体的白与长发的黑，还有一双望穿男人的大眼。这些裸画，都亮相于在东京都吉祥寺GALLERY KAI 举办的手塚治虫美女画展。这是二〇一四年十一月的事情。用女人的裸体，展现自己的内面，手塚的女儿说她的爸爸是超萌神。

显然，日本美少女构造在这个时点上迎来了拐点。在手塚治虫之前的日本美少女形象，延续了从平安时代的引目钩鼻到江户时代浮世绘美人画系谱的传统。从竹久梦二到中原淳一，线条般的细眼是美人画的基本。而到了手塚治虫则变得巨大，占了半个脸的眼。幼颜大眼，当然有意图上的年龄算计。而乳儿味的清澈肌肤，是赛璐珞动画角色的特点。创造出"赛璐珞画肌"，是为了寻觅新的爱神，在用以祝福婴儿圣性的同时，亮出的是萌的要素。

女体如何加以人工性？手塚治虫的这个考量，在《怪医黑杰克》(1973 年) 中也有所表现。与杰克同住的女孩，外表看似幼女，实际年龄十八，是杰克医生从其姐姐体内的畸形囊肿之中诞生的。由于在自己的姐姐体内寄生了十八年所以宣称自己是十八岁。即是十八岁也是刚出生。用合成纤维的外皮是为了使女孩不失幼女的外貌。舌头发育不全的发音，是为了强调幼女性。角色的萌要素显然。而在"萨玛利诺的猫头鹰"一集，杰克在一个年轻人身上发现了两种皮肤。奇怪的是不会互相排斥，仅留下深深的疤痕而已。杰克惊叹于手术医生的高超技术。这位年轻人什么记忆也没有了，但还记着一位女孩唱过的歌。超怪，但也超萌。

虽然知道无济于事却依然切腹的萌

天下同萌。这是日本人看穿万事的一个视点。自由作家本田透的《真正的萌的格林童话》，将屡遭暗算也不改脱线个性的白雪公主萌化为天然呆，将变身成美少女的灰姑娘萌化为眼镜娘。川端康成嗜好美少女，萝莉倾向明显，否则如何写得《伊豆的舞女》和《睡美人》？有没有什么东西比那个戒指更重要？在村上龙的小说 Love and Pop 中，十六岁的女高中生吉井裕美没能找到答案。但她还是用身体换了戒指，最终用萌化解了答案。

当然，村上春树也是位萌大叔。《1973 年的弹子球》中，直子自傲得宛如爱丽丝梦游仙境的柴郡猫。而《挪威的森林》中的直子，则自卑地希望你能记住她就可以。二位直子，都萌得转瞬即逝，都萌得令人也想自杀。而有一位自称"极乐鸟"的三十一岁单身母亲这样问村上：我有一个十一岁的儿子，整天只知道打游戏不看书。到底怎样才能把儿子培养成像你一样会一个人去看《四百击》呢？这位"极乐鸟"的儿子十一岁了,那么自己在成人(日本二十岁成人)的时候发生性关系,父亲不知是谁的可能性很大。这当然也是超萌者啦。

当然萌大叔村上对萌还有一套说法。他说我首先在笔记本里画上一道竖线,右侧是要葬送的古旧的想象力,左侧是活着的现代的想象力。这里,何谓古旧的想象力?就是将宏大叙事和完成性作为一种进步的想象力?何谓现代的想象力?就是将非宏大叙事和未完成性作为一种堕落的想象力?从这点看,萌的最本质的一点恰恰就是未完成性。它永远处在变动的火山口上。

而亚文化学者东浩纪的萌学是:像小鸟一样筑巢结网,像青蛙与蝉一样举办音乐会,像动物的幼子般游玩,像成年的野兽般性欲。人活着,究竟从哪里生出意义?东野圭吾曾租借不足十平方米的房间,如厕要跑屋外,屋内会有蜈蚣出没。东野反问东浩纪,意义不就是从破房子里生出吗?这就与蟑螂的萌娘化与找僵尸来破案一样,无疑都属脑洞系的萌。确实,人们虽然知道无济于事却依然切腹。

为什么要守护未成熟?

"小新也有新娘了,不好玩了。"几年前大批小新迷的失落引出的一个话题是:为什么五岁的小新更让人喜欢?

为什么十七岁的柯南始终是七岁的模样？

想守护的感觉就是萌？这里，守护方表现出的是成熟，被守护方表现出的是未成熟。用成熟守护未成熟，这是萌。而未成熟看似需要守护，在逻辑上恰恰又是成熟者不成熟的一个结果。未成熟者在受到守护的过程中反过来又守护了成熟者，这是超萌。《源氏物语》里的主人公源氏，十八岁的时候在北山深处的庵屋，偶遇只有十岁的紫姬，长发黑亮，圆脸小鼻，当属萌态，于是源氏有了守护的冲动："野草生根通紫草，何时摘取手中看。"但从结果看，谁守护谁呢？谁萌谁呢？夕雾中的惊鸿一瞥，紫夫人宛如春之女神，虽然她郁郁寡欢至死，但她还是理解了男人的爱与性，最终是她在守护着永不成熟的萌男。恐怕正是在这一意义上日本人才说，萌的历史可以追溯至《源氏物语》。

这里的一个视点是：动物的小宝宝为什么可爱？奥地利动物学家劳伦茨的研究表明：如果小动物不可爱，动物的父母就不会照看它们。如果这个结论也适合人类的话，那就是人的年龄越大，就越喜欢小孩。而小生命之所以具有天生的萌态，则是在亿万斯年漫长的进化过程中，养成了对周遭事物随时保持警觉，保证自己不受伤害的一种生物本能。其实呆萌也好，笨拙也好，憨傻也好，都是在表白自己的无进攻性。无进攻性，他人就无防范心理。他人无防范心理，反过来也就守护了自己。这里，萌又表现为无进攻性。而不萌又表现为有进攻性。一旦有进攻性，就会遭遇抛弃的命运。

所以，美少女的大眼睛，眨巴眨巴，这是卖萌。抿抿嘴唇，伸伸舌头，这也是卖萌。在头角上配置情感的人工装置——兽耳，可表现耷拉，可表现泪闪，可表现委屈，可表现悲戚。当遭遇无法克服的困难之际，当遭遇自力不及之际，萌上一把，就是将自己退化至孩童时代，放弃成人处事原则的一个聪明做法。这种退行，本质上是一种防御的机制。

那位说过"不怕雨不怕风"的著名童话作家宫泽贤治，被日本人视为"生涯童贞"。但他的性欲则是通过春画来消解这个事实，表明二次元还是能解决一些问题的。用春画消解性欲，是宫泽贤治对萌的一大贡献。一九二一年他完成《夜鹰之星》童话，里面有段独白："啊——每天每天晚上都有许多甲虫和其他飞虫被我吞下了。而吞下许多飞虫的我，这回要被老鹰杀掉。想到这件事，我心里好痛苦喔。好痛苦喔。我再也不吃虫了，我宁愿饿死喔。不不，饿死之前，我大概已被老鹰杀死了。等等。被老鹰杀死之前，我还是先逃到很远很远的太空去吧。"这段独白如果与性欲的处理还有关联的话，则在于说出了将脱逃出去的灵魂，寄生在萌幻之地。而这个萌幻之地在宫泽贤治的眼里就是很远很远的太空。

不想让男性失望的心情

　　凯蒂猫最大的看点是什么？没有嘴。正因为没有嘴，从她的脸上可以看出许多表情。日本人说这就是萌。

　　何谓卡通形象？大圆脸，大眼睛，小嘴，无鼻，短小的四肢和胖胖的身材。为此亚文化学者东浩纪在《动物化的后现代》中，将萌要素定格在动物化上，说动画人物在"嘴巴""瞳孔"和"发色"的三方面具有动物化倾向。如《新世纪福音战士》中的主角绫波丽，形象的特点就在于"小口""蓝发""红眼"与"白皮肤"，颇具兽性。

　　何谓萌语言？绝对领域，天然呆，百合，路痴，夜袭，扑克脸，傲娇，腐女。而"萌"与"燃"同格（日语都为もえ），或者说"萌"是"燃"的一时误用。这样说来，萌还具有燃烧、点燃、着火的意味。这又与狂热和狂喜搭上边，表明萌的状况与爱得过火的状态有惊人的一致性。从这个意义上说，猫耳女与巫女又为同格，因为都朝向那个令人生萌的萌。

　　日本流行"素颜化妆"。化妆又何以是素颜？素颜又何以是化妆？看似一对矛盾但其实是萌的一个新概念的诞生——伪装美肌。日本讲谈社出版的女性杂志 *FRAU* 上曾打出这样的标题："女人们啊，用化妆打造素颜的时代已到来"。文章写道：透过化妆来呈现出比素颜还要漂亮的"伪装美肌"。

涂上肤色隔离霜，再分别使用数种颜色的粉底于局部重复涂抹。最后再用粉红色的蜜粉以呈现出健康感的红润脸颊。看不出有化妆的化妆便是素颜化妆的最大看点。费时费钱刻意化出给别人看的妆，遭遇的尴尬是太假。也因此，感觉不出是花了时间的素颜化妆受到了青睐。而素颜美肌的逻辑层面，则是对婴儿肌肤抱有憧憬的返童。本真的素颜又怕被人看到，便偷偷上妆以伪装成素颜的面貌出现。大叔们无法分辨或以假乱真就是女人的最大满足。刚洗完澡，如何维持素颜般的妆容？有二十四小时不脱妆的粉底吗？为此化妆品品牌高丝干脆打出"实现如素颜般的自然美肌"的营销口号。用"素颜"替代素颜，日本女人这种矛盾的心情，不想让男人失望的心情，不能不说也是一种萌吧。

得不到爱的人将鬼畜化？

日本的萌，还给予了我们这么一个思考点：日本为什么治安好？

原因很多。但一个不可忽视的原因就是日本人再变态也只是体现在电玩游戏和宅男们的脑子里。他们患上了二次元情结或二次元禁断，每天与电波中的二次元美少女互动，与她们在脑内恋爱和在脑内结婚。他们在萌系的二次元游戏里用滑鼠来触摸虚拟世界里的巨乳和长腿，以此消解性欲。现实反而虚幻，虚幻倒反真实。如果触摸现实中的女人，倒反变得不习惯而萌生退意，从而丧失了对女人的兴趣。当这么一件简单的事情被揭穿之后，萌男们追问的是：既然是在风俗店也能干的事，为什么还要花钱花时间谈恋爱？

得不到爱的人将鬼畜化。本田透在《电波男》里的一个观点，得到了印证。人一旦确信自己不被爱，并且不值得被爱的时候，就会对世界感到绝望。绝望之余，就会产生自己是对的，不对的是这个世界的想法。因此对这个世界的复仇就是时间与规模的问题了。而对这个世界的复仇实际上就是对人的复仇。带领着不被爱的人走出这个困境的是萌的二次元。萌的二次元将他们吸引过来，并让他们陷入没有虚假的纯爱，醒来时分则发现自己在二次元里也很幸福。所以日本人说萌带来了和平，"恋爱资本主义"将被"电波男"所取代。

日本有"败犬女"一词，源自酒井顺子的《败犬的远吠》一书。但这里的"败犬女"则是骄傲和有性格的象征，而绝不是"剩女"这个词所包含的无用。这是为何？原因就在于日本的"败犬女"是一种萌，一种自我感觉良好的萌。同样是孤独，同样是对生的无意义的慨叹，但在她们的眼中，宅男则是宠物般的存在，说得再难听点，就如同突然露出性器的狗一样恶心。"败犬女"与"御宅男"就这样各自走着自己的萌之路。看来日本人更在意的是萌这个私人领域以及从这个私人领域所生出的多元角色。这个私人领域的根部又与母性依赖症有关。从江藤淳的《成熟与丧失》、土居健朗的《撒娇的构造》到河合隼雄的《母性社会日本的病理》，文脉上的相承是日本人对母性社会的宽容与包含，而不是切断。

万萌不离其衷的是什么？

萌有未来吗？

想起了手塚治虫的漫画《佛陀》。被幽闭的老人祈求佛陀的救助。佛陀对老人说，在你的房间一角长出的杂草，是你的朋友。老人最初不明白，杂草为何能疗伤？杂草不应该就是杂草吗？但不久杂草变身萌系角色——美少女。老人在惊喜之余发现自己的孤独之魂被萌女疗着了什么。于是老人也变萌了。虽然被周遭之人骂为疯子，但他还是继续卖萌。老人问：今晚也能过来相见吗？可爱的萌女回道：老爷爷你非常的善良，我也非常想见你。这里，内存于脑内的治疗孤独之伤的"卡通"发挥了作用：只有自己救自己。这就涉及了萌的核心问题。其实，孤独的萌男具有在自己的内面发现神的能力。从这一意义上说，所谓的萌也可理解为个人的信仰或只有一个人的宗教。最终，手塚治虫给了这位老人这样的选择：选择回归现实社会就是死，因为这个社会的哲学是弱肉强食。选择封闭自己的自欺式自救，还能暂时地活在感觉中。而后者更像一个男人。

日本学者宇野常宽在二〇〇八年出版《零年代的想象力》，宣称日本在经历了高度经济成长时代之后，从不自由却很温暖（容易理解）到自由却很冰冷（难以理解）这个变化，本质上就是萌的文化性具有了更为宽广的视野。宇野用"ひきこもり"表现日本新生年代人共同的特征：隐蔽—御宅。但美少女不会对御宅们说"感觉真差"。因为爱上一个平凡的男人，也是萌的内在要求。高桥真的漫画作品《最后兵器彼女》中的女主角千濑是个可以毁掉一个城镇的最终战斗兵器，而她的恋人修平则是最为平凡不过的学生。当她对男友说"对不起，阿修，我变成了这副模样"这句话的时候，是本能的母性爱包容着这批隐蔽于社会的宅男。这里战斗的美少女成了重大事端的决策者。庵野秀明的《新世纪福音战士》中的男主角碇真嗣，就是一位不愿做决定的萌男，与隐蔽社会的价值观相吻合。

蠢萌，呆萌，激萌，暗萌，但万萌不离其衷的是即便知道是骗人的，但也可以被感动；即便知道是演技，但也可以被入戏。实质上的无意义，抽取出的则是形式上的价值和志趣。

这时的萌与感动，则用另一种形式被效率化地大量消费。大人们买变身器及各种玩具，穿幼女的周边衣服，看Q娃剧场版，他们照样闪耀着人性的光辉。随着人作为人偶时代的到来，也就等于宣布人作为动物化时代的到来。这当然是东浩纪的一个观点，但也点出了从萌是对未成熟的守护到萌是对成熟的修复来看，萌还是有未来的。至于萌是否会导致全社会的白痴化和幼稚化这个问题，如果反向思维的话，这个"白痴化"和"幼稚化"恰恰是萌所要勾画的未来像：我思故我在。

萌还将是什么？

日本的西式糕点，在放入嘴中的一刹那，就弥漫着牛奶与黄油的香味，吃起来有着松脆的口感，在微微甘甜之中散发着水果的味道；AKB48 的岛崎遥香，据说粉嫩的肌肤可以掐出水来，活脱脱的软妹一枚。这个杀伤力，连她本人都吃惊；日本的蓝眼白猫（セツちゃん），清醒时和睡着后的样子反差巨大，在 Twitter 上爆红了反差萌——醒着是绝美男猫，睡着一秒变丧尸；北海道一家铁道公司为一位高中女生开设了三年的一个人车站；宫崎骏每天对着空屋说声早上好；水木茂的妖怪纪念馆，将整个小城几乎化身为鬼太郎的世界；全日空将星战机器人 R2—D2 涂装飞机；当四千二百种不同颜料陈列在绘画用品店的墙上，你除了说"萌"（もえ）还能说什么？

　　吉永史的《西洋古董洋果子店》中的四位男主角放弃所有的欲望，不谈恋爱，不刻意治愈心中的创伤而与别人交往，而只专注于自己的生活。而作为超一流的西点师的小野裕介则是一个魔性同性恋者。令人不忘的是晦暗房间的乳臭味。河下水希的《草莓100%》中的"草莓内裤"与美少女化为同一视线。都是不可多得的萌。

　　群马县的吉祥物是一匹永远七岁的小马；奈良县的吉祥物是头上长鹿角的迁都君；北海道夕张的吉祥物是哈密瓜熊，它的最大特征就是凶暴无比；千叶县船桥市的梨妖（ふなっしー）是最早的会开口说话的吉祥物；而熊本县的萌熊是日本吉祥物中海外扩张得最为成功的一位。它不仅萌态十足，而且还什么都会。能骑车，能泡澡，能装蒜，能钓鱼，能偷菜，能作死，能做家务，能演歌舞伎，能组合乐队，能会晤寂寞傻男，能献情美女——无所不能到了有一种"啊啊啊啊啊啊啊啊啊啊啊啊真的好妒忌这个家伙"的感觉。这就像一位八十二岁的日本作家，说自己的视线怎么也不愿离开青春少女的超短裙，并为此还引发目眩。你说这位老作家是色还是萌？

　　当然，最大的萌或许就是SMAP从解散到不解散的万众纠集。

喝吧，喝吧，葛根汤

日本汉方文化的一个视点

一

药草 / 罂粟 / 无花果 / 柳树叶 / 红曲。

夹杂着湿润的泥土气息和花草的浓郁香气，我们触到了什么？又闻到了什么？是雨雪风霜、月色阳光，还是怜悯忧伤、晓梦春红？从植物到汉方，本草还是私心不免揣揣地参与了人类重建和人类主导的叙事。

美索不达米亚文明的发祥地底格里斯河川，在被发掘出的黏土板上，留有用楔形文字刻写的古代医书，记录着当时人们为了治病，使用叫作"herb"的带有芬香的药草。

这是在公元前二〇〇〇年前后。

埃及第十八王朝编撰的医药学全书《埃伯斯纸草文》里，收录了超过八百种处方。其中关于罂粟的条目，写有镇痛和催眠等药效。罂粟当时被誉为"神药"，当然也是人类最远久记录。这是在公元前一五五〇年前后。

《圣经·旧约》记载，以色列的希西家王患重病，用干枯的无花果，贴在疮上得以治愈。这位被耶和华判死刑的希西家王，为此多活了十五年。无花果有整肠和抗酸化作用，现在也是自然界的良药。

古希腊医圣希波克拉底，以及古代印度、中国的医圣们，常用柳树叶解热镇痛。到了一八九七年，德国化学家费利克斯·霍夫曼受此启发，从中分离出药效成分，合成我们今天的阿司匹林，开始了一个被称为"阿司匹林的新时代"。一九六九年，阿司匹林被带上阿波罗十一号，为宇航员们缓解登月的头痛和肌肉痛。

日本作家山内喜美子，二〇〇七年出版畅销书《世界上卖得最好的药》（小学馆），直言全球卖得最好的是他汀类抗血脂药物。书中写日本医学科学家远藤章在一九七九年发现了红曲中含有天然降血脂物质——他汀。他成功地从红曲霉菌中分离出了"洛伐他汀"的活性物质，用以改善体内胆固醇含量。据估算，全球每天大约有四千万人服用他汀类药物，以预防冠心病和中风。明代李时珍在《本草纲目》中，评价红曲"此乃人窥造化之巧者也"。当然，更有我们的古代诗人说"瘦尽红曲绿已肥，杜鹃何事苦催归"。

二

日本学者嶋崎正树，在二〇一九年翻译出版了法国哲学家库查（Emanuele Coccia）的新著《植物的生的哲学：混合的形而上学》（*The Life of Plants: A Metaphysics of Mixture*）。库查在书中提出新的自然哲学观——植物是这个世界上最为激进的生命形式。他说，比人和动物更能与这个世界"触面"的是植物。植物体现了生命与这个世界最初始、最密切、最基本的关系。在库查看来，这种"混合的形而上学"，只有通过关注植物才能看到。

日本专攻农业史和食思想史的学者藤原辰史，在二〇二二年出版了《植物考》。作者在书中考察了植物行为，指出植物不食人，但人食植物；植物不用人为自己搭建住所，但人用植物为自己搭建住所；植物不用人的毛发为自己编织衣物，但人用植物纤维为自己编织衣物；植物不命名分类人，但人命名分类植物；植物不爱人类，但人类爱植物。对此作者提出一个新观点："朝向人的内在植物性"——有一些强大的植物对手与我们并肩生活，它们已经溜过了人类意图，影响了人类命运，这让我们既惊讶又高兴。

其实，至少在两千年的时间里，植物在我们的认知里，总是沦为人类情感的载体或反映者，从而最终产生情感误置的迷思。这表现在人类神话中，有无数人变身植物的奇妙物语。美少女达芙妮变成月桂树；美少年纳喀索斯变成水仙花。在日本，也有美少女辉夜姬从竹子里诞生的美丽物语。现在要翻转这种认知。花茎若被折断，女神宁芙也会流出鲜红的血液，不得不走向死亡。将植物与自己的生命联结在一起的是人类。这种信仰，在泛神论的古希腊时代就存在。根、枝、花、果、叶、皮、种——是我们将植物纳入了想象力的结构中而不是相反。这就如同鲜花的宿命是立刻会枯萎，将这些鲜花进行搭配后做成饰物，成了人们"一体共命"的心理。一如三岛由纪夫的《假面自白》中，主人公在海里对着海藻射精。欲望在无意识中朝着植物进发，用一种异教徒式的冲动，稍释罪愆，互表亲密。虽然正值夏末秋初，路旁高大的梧桐树叶已有了些许枯黄。我们将植物对象化，如《诗经》所言："山有榛，隰有苓。云谁之思？"植物也将我们具象化，在我们身上找寻着它们自身，思考着它们自身。如果说法国哲学家梅洛－庞蒂把"身体借给世界"的身体现象学，讲述的是人在世界的呈现方式，那么从某种意义上说人与植物的相遇，绝非主体与客体的关系，而是第一人称"我"与他者的关系，是不同的身体界面触碰整体性世界的关系。这样看，植物与人类有着类似的话语，历史代嬗与植物枯盛也有恰好的重叠之处。"人是一棵思考的芦草"，这是帕斯卡尔的名言，讲最孱弱的人则有最强的思考力，一如"疏花已是不禁风，那更夜深清露、湿愁红"（清·纳兰容若）。所以医圣希波克拉底如是说：所有的病患从肠开始。人生短呀人技长。

三

二〇二二年十二月二日，日本东北大学研究生院医学研究科高山真特命教授率领的小组发表了一项最新研究成果。该项成果宣布：汉方药葛根汤＋小柴胡汤＋桔梗石膏，对急性期的新冠感染者有效。

研究小组在二〇二一年二月至二〇二二年二月的一年时间里，与七家医院互动，将感染者一百六十一人分成两组。一组每天服用三次汉方药，另一组接受常规治疗，根据症状服用退热药和镇咳药。结果显示，在发病后的四天内，使用汉方药的患者恢复得更快，而且发生呼吸衰竭、需要吸氧的重症风险更低。研究小组认为，之所以能取得比较好的疗效，就在于将汉方药三合一并用，有显著的抗病毒和抗炎症效果。领军的高山教授说："汉方药价格低廉，安全性高，可以立即使用。"

这就引出日本汉方文化的诸话题。何谓"汉方"？照我们的理解，不就是中医药吗？不过，日本人并不这样理解。如日本庆应大学医学部汉方医学中心主任渡边贤治，早在二〇一二年出版的《日本人不知道的汉方力》一书中说，所谓汉方就是指日本"独自发展的传统医学"。如果说，中国的传统医学是中医学，韩国是韩医学，那么日本就是汉方学。尽管渡边也承认，汉方是在五世纪至六世纪从中国传来的医学，在传来后，依照日本风土气候和日本人体质而独自发展，形成的专门医学。在江户时代从荷兰传来的西洋医学，日本人叫"兰学"。为了与"兰学"区分，便造出"汉方"两个汉字组合。所以，这位主任强调，"汉方"是和制日语。中国早在一千八百年前就有经典医书《伤寒杂病论》，日本在江户时代有吉益东洞编撰的《类聚方》，日本人说这部《类聚方》虽然不善理论，却强调疗效。因此吉益东洞被日本人视为日本汉方的鼻祖，是中国医学日本化的大功臣。

　　与渡边贤治过于强调"汉方"日本化（独自）不同，最近日本冈山大学研究小组依据文献调查，有了新发现。这个新发现的核心内容是：中医学传到日本数百年后的奈良时代，唐高僧鉴真和尚为日本带来的汉方药，成就了现在日本临床使用的汉方基础。冈大的调查还表明，当初鉴真和尚不仅带来了佛典，同时也带来了医学书和三十六种汉方药。如芍药、杏仁、半夏、厚朴、旋覆花等。在九八四年编撰的日本现存最古的医学全书《医心方》中，就记载了鉴真带来的部分汉方处方。按逻辑，这就表明，没有中国的中医学，就没有日本的汉方学。正如有日本汉方医直言，日本汉方首先是源于中国，然后才能谈论形成与发展的问题。

就拿这部全三十卷的《医心方》来说，当时宫廷医官丹波康赖用两年时间编撰而成。据说丹波康赖是"渡来人"的后代，其祖先可上溯到汉灵帝五代孙阿智王。献给当时的圆融天皇的这套医书，编撰时引用了隋唐和朝鲜等二百零四部医书，收录的医学条目有一万零八百条之多。其中引用最多的是唐代孙思邈的《千金要方》（1273条）。有日本学者说，当时担任陆军军医总监的森鸥外，如果能早点读到《医心方》，日本陆军因脚气病（维生素 B_1 缺乏症）而死的人数就会低很多；如果民俗学家柳田国男和折口信夫能早点解读《医心方》，就会对民俗学研究产生巨大影响。《医心方》最早刻本刊行是在一八五八年。四十八年之后，即在一九〇六年（明治三十九年）由日本医史学会创始人土肥庆藏、吴秀三、富士川游三博士联名，在金港堂书店再次刊行了《医心方》。

《医心方》之所以在日本人气不衰，最大原因在于编入了"房内篇"（第28卷）。"房内篇"更是参照了中国包括《彭祖经》《玉房秘诀》《洞玄子》《玉房指要》等医书在内的二十三种古代书籍，引用其经典用语在一百五十条以上。如"得阴阳之术，则不死之道也""人之所上，莫过房欲""阴阳感激使然，非人力之所致也"等"房内"名言，其实都来自中国。日本战后不久，《医心方》（仁和寺本）被指定为国宝，收藏于日本东京国立博物馆。二〇一七年日本发起"国宝《医心方》登录吉尼斯'世界记忆'"推进会，"房内篇"一度成了《医心方》的代名词。日本古典医学研究家、作家槙佐知子在一九七四年开始着手用现代日语翻译《医心方》全书。筑摩书房从一九九三年开始用十九年时间出齐了《医心方·全译精解》。

四

汉方传入日本，之所以能得到较为顺利的受容与发展，笔者认为这与日本人认知深层有一种基于植物的美意识有关。

成书于七八世纪之交的《万叶集》，在全二十卷四千五百一十六首和歌中出现了一百五十种植物，最高数是萩，一百四十一首，其次是梅，一百一十九首。其中被歌人山上亿良所歌咏的"秋七草"中的葛根和桔梗，则是现代日本汉方的主要药材。葛根对发汗和镇痛有效，桔梗对镇咳、祛痰和消炎有效。

《万叶集》里与药有关联的和歌有三首。一首是《采药歌》，有"四月五月间／服役出药猎／艰难往攀登／偏僻深山里"的句子。另二首是《服药歌》，有"纵有灵药／可以升天""胜服仙药／升天成行"的句子。这里的服药，非为治病，而是想拥有升天能力。显然，这里的药已成仙药。值得注意的是，《服药歌》里出现的"药"字，是用万叶假名"久须利"（即现代日语"药"的发音"くすり"）来表示。《采药歌》里出现的"药"字则是用汉字"薬"来表示。据日本《万叶集》研究者的解说，这里的"薬"字不能保证是当时原作，后人写本的可能性很大。不过在这之前，成书于七一二年的《古事记》写允恭天皇时（5世纪前后），已有"这人深知药方"的记述。成书于七二○年的《日本书纪》有"狩药"（采药与狩猎相同）的记载。完成于九二七年的律令条文《延喜式》里，有"典药寮"记载。所谓"典药寮"是指药用植物的采取、栽培、管理以及医疗担当者养成等的专门机构。

再看成书于平安时代中期的《枕草子》。清少纳言在书中写了一百一十六种植物。如写龙胆，说龙胆花虽杂乱，但在多花霜枯之季节，独有它色泽艳丽，很是可爱。而龙胆作为汉方药材，则有利胆健胃之功效。作者还写了艾蒿，艾蒿可以用来止痛止吐止血；写了菖蒲，菖蒲可以用来健胃祛痰止泻；写了泽泻、桔梗、葛根、厚朴、杨梅、香橙、槟榔、胡桃等本草植物。《枕草子》里还罕见地写了患病——"病是胸，死灵，脚气"，说在八月时节，年轻女人患了很重的胸病，女官们轮流来看望她。按照槙佐知子的解释，这

里的"胸病",并非指肺结核,而是胸部疾患的总称。日本医书《类聚方》里,记载与胸有关的疾病有"武奈智须美也美/むなちすみやみ""武娜加差/むなかさ"等。"むなちすみやみ"是指"胸血澄"病,"むなかさ"是指"胸疮"病。这两种病若按汉方医释义,就是一种痰饮咳嗽的病脉。(参见槙佐知子《日本古代医术》,文艺春秋1999年)此外,《枕草子》还写了被牙痛缠身的美女,说女子十八九岁,很是娇美,这几天牙痛,啼哭得连额发都被眼泪打湿了。

当然还有《源氏物语》。紫式部书写作为姬君的末摘花,鼻尖总是红红的。红鼻→红花→末摘花→光源氏命名系列。表明末摘花就是红花,当时从印度及中国传入。汉方里有红花(コウカ)药材,用于妇科疾病的治疗。鲁迅在留日期间也感铭于日本的药用植物文化,在晚年陆续翻译了药理学家刈米达夫的《药用植物》。翻译文连载在《自然界》月刊上。这些文章又于一九三六年由商务印书馆作为"中学生自然研究丛书"结集出版,书名为《药用植物及其他》。我们来看看"何首乌"的译文:"何首乌,是自生于中国及日本各地的多年性蔓草,根称何首乌,汉方以为强壮药,谓有长生不老之效。约十年以前,在日本也非常流行。何首乌者,令何氏的发变黑之意,是起于'昔何公服之,白发变黑,故号何首乌'的故事的。"

这里值得一提的是,成书于七三三年的《出云国风土记》里，已经出现作为治疗用的"药汤"。白术、独活、细辛、苦参、贝母、茯苓、芍药等，都是今日超人气的生药材。总之，对日本人来说，让这些植物远离食用概念，代之以药的概念，并作为赠答之物和商品流通确立其独自性，这种认识开始于平安时代以后。作为生活的一部分，药开始在村落共同体内出现。从草根木皮为主的食用年代，到能缓解身体不适的植物，经先祖代代的民间传播，作为经验积淀的药方终于被定型。童氏老鹳草、鱼腥草、千振等，这些古来药草，进入了人的身体记忆中。

五

日本作家有吉佐和子在一九六六年出版《华冈青洲的妻子》(新潮社)，第二年获得第六回女流文学奖。华冈青洲是谁？是世界上首次 (1804) 用全麻成功实施乳腺癌手术的日本江户时代的外科医生。他的妻子华冈加惠，则是丈夫实施全麻的人体实验者。小说中，青洲的母亲也是全麻试验的"被害者"。小说生动描写了婆媳俩出于对儿子／丈夫事业的热爱，自告奋勇地争抢全麻试验而引发争执的细节，读来令人感动。让母亲尝试毒性较弱的药，让年轻的妻子尝试毒性较强的药。两人多少次的死去活来。青洲知道自己踏上了一条万劫不复之路。最终，年迈的母亲死于全麻试验,妻子因药物的副作用而双目失明。不过在至爱之女的支持下,麻醉药通仙散终于研制成功。直到今天,芝加哥国际外科学会荣誉会馆里,还挂着一幅《麻睡试验图》。画面上华冈青洲正在做试验,躺在身边的是他妻子。这幅名画是当时日本癌症权威中山恒明博士,委托美人画家立石春美,在一九五六年创作的。青洲的出生地——和歌山县纪州市青洲纪念馆也收藏了一幅同样题材的画作。

青洲用有毒的曼陀罗华和乌头草研发麻醉药。乌头草的花色除紫色之外,还有白、黄、粉色。花形类似鸟帽子或鸟兜。英文名"monkshood"就是僧侣头巾之意。日本有不美女人是"ブス"(丑陋)的说法。这一说法被认为是来自乌头草中毒后造成神经损伤,导致面部表情怪异而变得丑陋。乌头草的毒性仅次于河豚。为此在希腊神话中,乌头草被象征为魔法女神赫卡忒独有之花。甚至有乌头草是从地狱看门狗刻耳柏洛斯(Cerberus)的唾液里萌生之说。曼陀罗华是茄科植物,属牵牛花成员,可长到一米高。在夏季开出与牵牛花相似的白色花朵。传说曼陀罗华是四华之一(即曼陀罗华/摩诃曼陀罗华/曼珠沙华/摩诃曼珠沙华),当佛陀讲经时,这些花会从天而降,给人们带来欢乐。作为药用植物,曼陀罗华的凶狠在于会让服用者神经中毒而产生幻觉。柏拉图曾用笔描述过苏格拉底被执行死刑的细节,说苏格拉底喝了一杯毒参汁颠茄(同属曼陀罗华一员）后，毒性从腿部开始发作，最后到达心脏。据考，曼陀罗华传入日本是在江户时期。

　　青洲开发的内服麻醉通仙散，其灵感来自中国三世纪华佗的麻醉药——麻沸散。青洲在京都的好朋友中川修亭著有汉文书《麻药考》（1796）。其序文开首引用《后汉书·华佗传》文字："若病结积在内，针药所不能及，当须刳割者，便饮其麻沸散，须臾便如醉死，无所知，因破取。病若在肠中，便断肠湔洗，缝腹膏摩。"中川修亭高度评价华佗的麻沸散，说犹如"张午子之地铜仪"。这里，"张午子"指东汉的张衡，"地铜仪"为地动仪。在做完首例全麻乳腺癌手术之后，青洲又做了一百五十多例相同的手术。青洲喜欢中国文化，特别喜欢李白。他曾步李白的七绝《少年行》，写下自己的《少年行》："白马金鞍大道东，扬鞭日暮度秋风。胡姬十五媚于月，一顾忽过酒肆中。"再看看李白的《少年行》："五陵年少金市东，银鞍白马度春风。落花踏尽游何处，笑入胡姬酒肆中。"显然，李白被青洲幻觉化了。笔者以为这是他冒险试制麻醉药，企图"笑入胡姬酒肆中"的最大因缘。这正如白齿所以宜笑，小腰所以窈窕。

六

　　活跃于江户时代的大学问家，被西方人誉为"日本的亚里士多德"的贝原益轩,在八十三岁高龄写下今日本人至今爱读的《养生训》(1713)。他说所谓养生,就是保得老天给你的天寿。没有长寿之药,只有长寿之道。这个道,就是养生。不过,他的"吃熟食、热食,不吃生冷坚硬之物"的养生训之一,则被喜欢生冷的现代日本人"打脸"。他有"己身非私物"之说,虽称得上是日本劝阻自杀第一人,但他把身体归于"天地父母之恩",从而跌入"身体论"的死穴,当然也是养生论的死穴。不过他编撰的数十卷《大和本草》,倒也不乏归纳意义上的本草学,为日本的汉方文化注入活力。江户时代盛行"女训""女大学"等,强调女人"别无主君,以夫君为天"。丈夫是天,女人只能顺天。当时的戏剧家增穗残口写了一本《艳道通鉴》,说"女大学"太虚伪。井原西鹤的《好色一代男》,则写只有七岁的世之介,能对女人说出这样的话:"把灯熄掉,靠得更近一点。"这部小说还暗示,是汉方支撑了世之介遍历女色的过人精力。说起精力剂,日本食文化学者小泉武夫在二〇一〇年出版畅销书《绝伦食》(新潮社),说大蒜不只是让男人兴奋,对女人也有用。大蒜也是女人的春药。这就道出了日本人喜欢大蒜的缘由。德川家至少有三代将军死于脚气病,但田安德川家第十一代当主德川宗英著有《德川 400 年秘传养生训》(小学馆 2018 年)的书,说家康有吃"麦饭"的习惯,其富含的维生素 B 群可预防脚气病,并且由于需要充分咀嚼才能吞下,对健康有益。所以司马辽太郎才写历史小说，赞说德川家康或许是东洋世界第一个知道运动可以健身的人。

在日本，有一种说法，男人到了不惑的四十岁，为了强壮荷尔蒙，必须多利用汉方的精力剂。那么女人呢？特别是单身女人又如何呢？作家中岛玑子在《汉方小说》（集英社 2004 年）里直言，单身女人更要服用汉方药。这就好玩了。这部荣获第二十八届昴文学奖的小说，讲三十一岁的独身女性川波实，有一天在家里不能动了，被救护车送进医院。症状很吓人，但怎么检查，就是查不出病。最后一招只能与汉方医坂口见面试一试。有一段对话如下：

主人公川波实问汉方医：我患的是什么病？

汉方医坂口：没有病名。

主人公川波实：没有病名？

汉方医坂口：是的。没有病名。其实也不需要病名。

原来汉方医不看局部看整体，看到了她自身体内系统的乱。于是汉方医坂口说：疾病是自身的一种变化，所以也应该看作是自己的一部分。之后在汉方药的调理下，川波实的精神状态得到改善。从此之后，她逢人就说："我很好呀，一直在吃汉方药的嘛。"以此隐喻这个社会，要想靠一己之力独自生存，就必须时时刻刻依赖他物才行。哪怕是染发剂、假牙、隐形眼镜、硅乳、人工脏器、汉方药。这样看，这部小说想用汉方来揭破常人的一个认识误区：人，不该对他物有所依赖。其实，恰恰是依赖与调理，才是一种积极的生活态度。作家养老孟司在二〇一〇年出版《养老训》（新潮社），说现代社会轻视身体，强调脑优先，所以也叫"脑化社会"。年轻人自杀多，就是轻视身体，脑化社会的一个结果。

七

那么如何才能重视身体呢？汉方是其出路吗？目前还没有答案。不过，直觉告诉笔者，每天服用汉方药的人，一般不会自杀。汉方药有一种不为眼见的亲和力和调剂力。为此，日本人总结出汉方与西洋医学太多不同之处。诸如汉方是哲学的，西洋医学是科学的；汉方是综合的，西洋医学是分析的；汉方是全体的，西洋医学是局部的；汉方是对"证"的，西洋医学是对"症"的；汉方是经验的，西洋医学是理论的；汉方是个人的，西洋医学是社会的；汉方是顺应自然的，西洋医学是凌驾自然的；汉方重视自觉症状，西洋医学重视他觉症状。如此等等。这样看，汉方的思想就是小宇宙的思想，天人合一的思想。

脑与心。在东洋文化中，"心"并不是一个解剖学意义上的器官，而是一个想象的文化集合概念。在日本，汉方药能做得这么精粹，又能如此持久热销，显然与这个文化集合概念有关。不过，事情总有另一面。既是医生也是作家的海堂尊，在《死因不明社会 2018》(讲谈社 2018 年) 一书中说，日本解剖率是 2%，在发达诸国中为最低。所以日本是真正的死因不明的社会。作者的结论是要动用 AI 为死者验尸。虽然日本早在一七七四年就有前野良泽、杉田玄白从荷兰语翻译的《解体新书》问世。虽然古方派一员山胁东洋，在一七五四年实施了日本最早的人体解剖 (对京都死刑犯尸体的解剖)，其记录就在一七五九年出版的《藏志》，比《解体新书》早了二十年。虽然鲁迅在百年前就向藤野先生学习解剖了，但日本为什么至今还无法盛行呢？一个原因恐怕就在对"心"的理解。心不是解剖学的，而是文化学的。而文化的集合概念是无法解剖的。从这一思路出发，日本人在汉方整治上也强调"证"的集合性。如果说中国重视脉诊，那么日本重视腹诊。如一五〇七年出生的曲直濑道三、玄朔刊行过腹诊书《百腹图说》，一七〇二年出生的吉益东洞的门人桃井安亭也画有腹诊图。重视腹诊也是依据《伤寒杂病论》里的一个方术，表明日本汉方并未脱去古方派的本质。中国思想根源性的一个思考方法就是阴阳五行说。阴——日阴、寒、冷、湿、大地、雌、女、月、受动性、消极的、潜在性。阳——日向、热、温、干、天空、雄、男、日、能动性、积极的、显在性。日本的汉方家和普通百姓，至今还信这个哲学。如经营汉方药局四十五年的川手鲇子，在二○二一年出版《汉方生活的 365 日》(自由国民社),述说永不过时的汉方智慧在日常生活中的作用。

八

葛根汤。针对感冒的汉方药。也是已知汉方药中最受欢迎的。这是源于公元二○○年张仲景《伤寒杂病论》和《金匮要略》里的药方。葛根汤以葛根为主要成分,再配生姜、桂皮、大枣、麻黄、芍药、甘草这七种生药调和而成,相互作用、调节血行、促进发汗,提高分泌和代谢机能。一千八百多年后的今天,疗效未失。

日本人喜欢葛根汤。有单口相声专说葛根汤。一位女人来到医生面前说:先生,我今天早上肚子疼。医生说:怎么会肚子疼的呢?喝葛根汤吧。又有一个男人来到医生面前说:先生,我今天头疼得厉害。医生说:怎么会头疼的呢?喝葛根汤吧。医生又指着一位站着的人说:这位是谁?喝葛根汤吧。那人说:我不是病人。我是病人同伴者。医生说:喝吧,喝吧,大家都喝葛根汤。你看,葛根汤在日本成了万能汤。

日本在明治之前,汉方使用的药材叫本草。明治以后,替代本草的生药这个词语开始流行。当下日本汉方市场上有两百余种生药,不过常用的也就十数种而已。以二〇一六年公布的数据来看，使用量占前几位的生药有：甘草 1638 吨、茯苓 1555 吨、芍药 1513 吨、桂皮 1037 吨、苍术 884 吨、大枣 883 吨、当归 873 吨、半夏 866 吨、人参 735 吨、薏苡仁 700 吨。

目前日本有医疗用汉方制剂一百四十八种，医疗用汉方草药一百三十七种，一般用汉方制药二百九十四种。据日本药史学会二〇一七年数据显示，一百四十八种医疗用汉方制剂的出典分别是：汉代七十二处方 (49%)，宋代二十四处方 (16%)，明代二十三处方 (16%)，清代以后处方为零，日本自有处方二十五种 (17%)。日本在一九六七年开始将汉方药纳入医保，至今汉方药已经扩展到一百四十八种。所谓汉方药，是从各种生药中抽取精华，加工组合成颗粒状。种植药草，确立药理，优质提炼，技术精湛。为此，目前全世界百分之七十以上的中药市场，都被日本汉方药占据。日本最大的汉方药研发制造企业是津村（ツムラ），创建于一八九三年（明治二十六年）。这家百年企业截至二〇二二年三月，从业人员有三千九百二十一人，国内市场占有率为 83.3%，医疗用汉方制剂 88.1%，处方数量一百四十八种。首任创业者是津村重舍，他在年轻的时候，心中燃起良药普及的大志——良药必定畅销。之后他便离开故乡奈良，前往东京创立津村顺天堂。此外，日本还有多家百年以上的汉方制药企业。如武田制药创立于一七八一年，帝国制药创立于一八四八年，太田制药成立于一八七九年，小林制药创立于一八八六年，大正制药创立于一九一二年。

　　日本的大街小巷，都能看到以"××堂"命名的既传统又现代的汉方药局。如高岛堂、仁生堂、一二三堂、龟命堂等。这一传统当然是仿制创建于一五七三年的中国老字号时济堂。而跑进任何一家日本药妆店，琳琅满目的是非处方（OTC）汉方药：龙角散、太田胃散、正露丸、五苓黄散、清肺汤、银翘散、柴胡桂枝汤、五虎汤、救心丸等。据统计，至二〇二〇年年底，日本全国的药剂师有三十二万一千九百八十二人。其中女性为多，占61.4%。每十万人口中有二百五十五名药剂师。这些药剂师包含了西药和汉方药剂师。日本各地药妆店有两万两千多家，药剂师两万一千六百五十三人，医药品登录贩卖人员八万三千五百八十六人。在江户时代，日本煎药占70%～80%，粉药占10%～20%，丸药占10%。现在正好反过来，煎药只占10%左右，其他都是丸药和粉药。

<h2 style="text-align:center">九</h2>

　　日本汉方文化的花开花盛，是在吉益东洞们活跃的江户时代。

　　在那个时代，仅本草学的研究，就有很多有价值的书籍得以刊行。当时较为著名的以本草冠名的医书有：吉田宗恂在一六〇三年完成《本草序例抄》，刊行于一六二三年。曲直濑道三在一六二九年完成《宜禁本草》，刊行于一七〇〇年。山冈元隣在一六三〇年完成《和歌食物本草》，刊行于一六四二年。就安齐玄幽在一六五〇年完成《本草简便》，刊行于一六五八年。下津元知在一六八〇年完成《图解本草》，刊行于一六八五年。林罗山在一六六六年完成《本草纲目序注》，刊行于一六七三年。远藤元理在一六八一年完成并刊行《本草辨疑》。大江颐轩在一六九七年完成《本草和解》，刊行于一七一二年。贝原益轩在一七〇八年完成《大和本草》，刊行于一七〇九年。山冈恭安在一七七八年完成并刊行《本草正正伪》。杉山维敬在一七七九年完成并刊行《本草正正伪刊误》。曾槃在一七九八年完成《本草纲目纂疏》，刊行于一八〇二年。前田利保在一八四八年完成《本草通串》，刊行于一八五九年。(参见上野益三《日本博物学史》，平凡社 1973 年)

江户时期还出现了将本草汉方文学化和娱乐化的风潮。专攻日本近世文学的福田安典，在二〇一六年出版《医学书中的"文学"》(笠间书院)。他在书中证实江户时代确实盛行将汉方医学改编成戏仿作品。如与医书拟态，药与病的异类合战书《神农花合战》。出版之前伪装成医书的《加古川本草纲目》。从"纲目"到"盲目"的文字游戏之作，如《翻草盲目》《垣视本草盲目》。井原西鹤的《武道传来记》，讲述江户不为人知的医案世界。曲直濑玄朔的《医学天正记》，则是讲述从将军到庶民间的各种病历卡。而装扮成汉方医学的御伽草子《不老不死》，讲了个耆婆的故事。医家书生的正统戏作《本朝色鉴》，则是挖苦《本朝食鉴》。拟态汉方世界的汉诗文，柏木如亭的《诗本草》，至今日本人还爱读。

这些都表明日本远在江户时代，就开始了对自然去神话的过程，并对自然物做系统且正规的研究。关于这点，普林斯顿大学东亚研究专家费德里柯·马孔曾说"这与欧洲自然史有着惊人的相似性"（《博物日本——本草学与江户日本的自然观》，卫城出版 2022 年）。这就令人想起一六三三年吉田意安编撰《历代名医传略》一书，留下一句名言："明性理者是儒学，保寿命者是道教，兼有之者是医也。"表明医是儒道合体之物。所以日本一开始就想走汉兰（东西）折中之路。日本首部内科书《西说内科选要》在一七九二年刊行，当时的汉方大家、江户医学馆的多纪元间亲自为该书撰写序文。不过多少年后这本书改版再出时，这篇序文被拿下。这表明东西医学对立在那个时候变得尖锐。这个尖锐，当然也与十九世纪后半叶至二十世纪前半叶的一百年间，西洋医学频出辉煌业绩有关。这个时期全球病死率第一的是传染病。天花、伤寒、痢疾、肺结核等被西洋医学悉数征服。不过,日本汉方受到决定性的打击,则是一八四九年牛痘法的导入。英国医生爱德华·詹纳发现牛痘疫苗之后五十年,日本开始导入这个新技法,超高的病死率终被控制。东西医学的能力差,在这时点上显现无疑。不久日本迎来全盘西化的明治维新。一八七〇年汉方界巨匠尾台榕堂去世。一八九四年汉方界最高指导者浅田宗伯去世。汉方大家接连死去,使得当时的日本汉方医处在历史的最低点。再度盛行则是在二十世纪五十年代。

十

汉方与科学。汉方与艺术。

其实汉方更接近艺术。因为汉方面对的是各种释义均有可能的世界。比如头痛,或许是感冒引起的,或许是情绪引起的,或许是新生物引起的,又或许是脑卒中引起的。对病状的领悟,对个体的执拗,对处方的忖度,仅用精准的科学恐怕难以奏效。这是汉方走向艺术的最大公约数,当然也是汉方世界的现实。

将正解归结为一,这是西洋医学的理想图式。要达成这个理想状态,前提条件必须是诊断和治疗得准确无误。这就是所谓各种疾病的"指南"。有了这个指南,不管患者是谁,不管谁是医者,接受相同治疗将成可能。将正解归结为多，这是东洋医学的理想图式。同样的患者，A 给予甲药方的治疗药，B 给予乙药方的治疗药。看似是完全不同的释义与归结，但这个不同，内在又同时趋向改善相同的病状。这也就是说，尽管给予的药方不同，但都获得了正解。

确实，汉方具有模糊和暧昧的特性。或许由此故，仅用理论和逻辑建构汉方学是徒劳的。必须运用艺术的感觉来理解和应用汉方这一现实的医疗手段。那么，理解汉方意味着什么？或者，我们如何才能理解汉方内在的艺术性？当人们看到一幅画，企图理解它。这种行为本身并没有什么不对，因为知性活动永远是艺术的乐趣所在。不过，觉得蝉鸣声声入岩石就是理解蝉鸣了吗？我们从周遭获得的"肯定"感觉，是否真的基于知识？其实"我听到""我看到"有时并不是一种理解，而是一种感觉。积累这种感觉，才能真正理解何谓汉方。因此，首先是感觉，然后用知识理解。知识总是出现在感觉之后。山谷的晨雾，随季节的光线纹理而变化。这就是感觉。这样看，你从周遭的一切事物中获得的实在感，才是理解何谓汉方所需要的表象"钝感"。日本人在文化养成方面有一个与众不同，就是他们非常重视"只有他们才能理解"的东西。如茶道，如花道，如赏樱，如切腹，如打扒金库，如演色情片。

说实话，这很扭曲，也不时髦，更不是赞美。不过，它有一种不言而喻的令人耳目一新的神秘感，如果你释义了它，那就是故事的结局。所以日本人说，汉方也是只有他们才能理解的"边境"文化之一。这正如对于一个真正的原创画家来说，没有什么比画一朵玫瑰更难的了。因为要做到这一点，他必须首先忘记他迄今为止所画的所有玫瑰花。用身体而不是用头脑去理解的感受性，才是汉方世界所需要的。如果说中医讲辨证论治，那么汉方讲辨病论治。如感冒开葛根汤，流行性感冒开麻黄汤，消化不良开六君子汤，慢性肝炎开小柴胡汤，大肠癌手术后开大建中汤，更年期障碍开桂枝茯苓丸，老年痴呆开钩藤散等。这样看汉方之所以能延续至今，就在于它是一门基于感受的想象力医学。

十一

这就引出一个期待。

《黄帝内经》讲"从阴阳则生，逆之则死"的逻辑；讲"天有八风，触五脏，易发病"的真相。日本人信这套说教吗？看来还是信的。一九七六年去世的龙野一雄，是医学博士，汉方医学权威。他去世后的一九七八年，日本雄浑社出版了他的全十八卷的《汉方医学大系》。这套皇皇大系，就是以《黄帝内经》为其内在之理而编撰的。日本江户后期医师中西惟忠埋头研究张仲景《伤寒杂病论》三十年，出版《伤寒论辨正》《伤寒名数解》经典大著。日本作家黑川达郎在《汉方历史小说集》(谷口书店 2005 年)里，有一篇写中西惟忠，说他对《伤寒杂病论》的评价是"感觉完全不像人能够写出来的"。

日本有"同源异流""同根异枝"之说，表明日本人既讲同也讲异。创建日本早期卫生行政系统而至今被日本人记住的长与专斋，在一八七五年创生新词"卫生"。虽然是从《庄子》里取出"卫生"二字，但对应的是英语和德语中的"hygiene"一词。这个词既结合了个人行为，又强调了国家角色。这一卫生的现代意义和导出的制度安排，在一九〇〇年后的东亚变得极为重要。从这一视角看，日本的汉方文化导出的现代意义和未来对人类长寿的贡献，恐怕也是可期待的。日本人的健康长寿，是否与汉方有关？虽还缺乏实证数据，但"汉方可信"在日本确实已深入人心。

在咖啡之神与咖啡之鬼之间

日本咖啡文化的一个视角

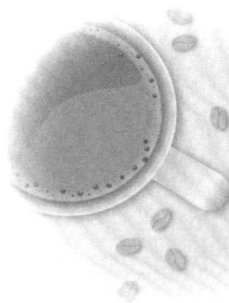

一

当有一天，你想起一个人，再想起你与这个人在雨夜一起喝过咖啡。那你就知道，孤独是什么味道。

亮光从窗口射进。照射到的壁墙，用褐色涂上，显得黑；照射不到的壁墙，显得暗。黑与暗的交错，酝酿出幽玄的氛围。而幽玄这个色彩理论被运用得极限化，莫过于日本的咖啡店了。如同西红柿是雨夜中唯一的红一点，日本女人涂上的红唇，与杯缘收薄的亮白瓷器咖啡杯相触碰，而穿过红唇的黑咖啡，则把这个红给颠覆了。

对了。这就如同西洋画很少画出浴后的女子，而日本画则倾心出浴女子的"清爽媚态"。出浴后的女子总能让人联想起不久之前的裸体。而亮白的瓷器咖啡杯上的红唇印，也总让人联想起刚完不久的情事。这里"清爽媚态"给予的是一个黯然和乖僻。

你看，日本的咖啡文化，从一开始就亮出自己的独特思路：这个世界最为沉静的时间，是在黎明破晓前的一瞬。就像喝了一杯手冲咖啡，眼睛更加清亮。然而周遭并没有可视之物。只能望着杯底残留着的半圆形的咖啡渣。

这如同日本诗人北原白秋（1885–1942）在《苦涩的咖啡》一诗中所歌：六月斜阳高照的咖啡屋／流淌着苦涩的咖啡／寂寞的心灵在哭泣。

心灵何以是哭泣的？原来，日本人发现咖啡与时光是咖啡得以成为文化的关键要素。没有无时光的咖啡，也没有无咖啡的时光。所以，日本有《咖啡时光》这部电影。当然是因为纪念小津安二郎的百年诞辰，但叙说的却是"下午茶"的普遍主义哲学。而普遍性的存在必然会触及生命的本质。因为在咖啡店里总有咖啡杯令人眷恋的温煦，总有少女们撩人情思的芳香。

二

一粒小小的咖啡豆，竟然改变了世界。

磨豆机，手冲壶，滤杯纸，令人生奇的咖啡工具主义，竟然能调教出令人生畏的精神主义。

据日本人的研究，咖啡可能是这个世界上被使用最为广泛的精神活性物质。咖啡的芳香物质多达九百多种，是葡萄酒的五倍。这九百多种的芳香物质，又是如何转换成人的精神活性物质的，或许永远是个无解之谜，但没有将咖啡视为违禁药物，则是人类的万幸。

因为是最广泛的精神活性物质，所以当我们喝着咖啡达人烘焙出的不同味觉的咖啡时，女人可能在复活被一个个男人彻底爱过的记忆，男人可能在想象被一个个女人妖魔化的记忆。这时，咖啡店就变得像爵士音乐，像午后阳光，像夜空星辰，处在一种感性直觉的流动之中。小说家渡边淳一说过，只要女人一进咖啡店，男人就会感到一阵飘飘然的慵懒香味。而身为小说家的村上春树，则从咖啡领悟人生。他说所谓的人生，不过就是一杯咖啡所萦绕的温暖。当然，小说家冈崎琢磨在《咖啡店推理事件簿》系列小说中的开首，干脆引用了法国人佩里戈尔的一句话：所谓的好咖啡，即是如恶魔般漆黑，如地狱般滚烫，如天使般纯粹，同时如恋爱般甘甜。

原来，人活着，需要被路径里诞生的各种物语支撑。所以，从这个思路出发，日本人又生出这么一个问题：在夕阳西下的暮色时分，或是在明月清风的深秋之夜，是喝茶好，还是喝咖啡好？转换这个设问，就如同去京都，是喝福寿园的伊右卫门茶好，还是喝大象工厂的咖啡好？

原来，美，一直在旁静观着我们。也就是说，当我们把语言的烟头一下子丢进烟灰缸的同时，咖啡的黑色液体也就如同夕阳一般壮美。

三

一千多年前，日本天台宗开山大师最澄和尚从中国带回茶籽，栽于近江（今日本滋贺县境内）的台麓山地区。最澄成了日本植茶技术的第一人。日本人喝着清香的中国茶，心里想着如何进行精美的包装。终于有一位聪明的千利休大师，把喝茶提升为茶道。他用禅学的东方式思维，抽取出日本式茶道的精髓：和敬清寂。而在五百多年前，日本人又从西方人那里"拿来"了属于西方世界的咖啡。喝着苦涩的西方咖啡，日本人这次却没有把它修炼为咖啡道。这是为什么？

原来，同样是拿来主义，日本采取了两种截然不同的做法：对中国的茶，把它提升为一门审美艺术，这充分体现了日本人对美的纤细的感受性；对西方的咖啡，则把它改造成简约实用的饮料，这又充分体现了日本人对现代商务精神的理解。一九〇六年，日本就开始贩卖即溶咖啡。一九六九年，UCC上岛咖啡开发出世界上第一罐灌装咖啡，它的巨大意义就在于咖啡成了能在任何地方、任何时候都能饮用的饮料。在自动贩卖机里，日本人把灌装咖啡堂堂地和可口可乐、矿泉水、各类果汁饮料等排列在一起，宣告了商业社会的到来，更是宣告了大众消费时代的到来，真是"春江水暖鸭先知"。

一个是对生命意义的领悟而对远古时代怀有永远年轻的崇高幻想，日本人一下变得书生气十足；一个是对现代文明的敏感而对实用理性精神怀有莫名冲动，日本人一下变得老成而又清醒。这是相当有趣的文化论课题。

四

据日本剧作家梅田晴夫在《咖啡》一文中的考定，作为舶来品，日本人最初知道咖啡为何物的时间是在一六八九年。这一年，在法国巴黎开张了"普罗可布"咖啡店，从此开启了巴黎沙龙文化的新纪元。而咖啡给日本人留下印象则是在一七八九年。因为在这一年，日本开始在小笠原诸岛试种咖啡豆。一八〇四年，一位叫太田南亩的日本人，在一本名为《琼浦又缀》的书中这样描述咖啡："喝了由红毛船运来的叫作咖啡的东西。它是一种烘焙出来的黑豆，很苦涩，必须加糖。但总有一股焦煳味，较难忍受。"

这是两百多年前日本人对咖啡的最初认识，当然是感性的，浅显的。看来幕府的锁国之策不仅锁住了日本人的视野，也锁住了日本人咀嚼新物的口味。和欧美人相比，日本人接受咖啡晚了至少二百五十年（欧洲第一家咖啡店在1554年诞生，店名为"咖莱丝"）。因为就在日本人还把咖啡视为有焦煳味的"黑豆"的时候，德国大哲学家康德已经在哥尼斯堡乡村一家小小的咖啡屋里，完成了不朽名著《纯粹理性批判》的宏大构想。

有意味的是，咖啡在日本渐次流行、被日本人所接受的第一推手竟是一位中国人。一八八八年四月十三日，一位出生在长崎的中国人郑永庆，在东京下谷区上野黑门町二番地开了一家"可否茶馆"。这是一幢二层楼的洋馆，加上庭院共有六百多平方米。二楼雅座，一杯咖啡是一钱五厘，加牛奶是二钱一杯，如再配糕点则是三钱一杯。楼下喝咖啡则是免费的。应该说，郑氏的"可否茶馆"初具了近代欧式咖啡屋的雏形，并迎合了日本文明开化思潮，成了日本史上第一家咖啡屋，其本人也成了日本咖啡店的先驱。

随着明治维新的发足和西风渐进，日本迎来了开设咖啡屋的全盛期。一位首批移民巴西的日本人叫水野龙，他从巴西引进咖啡豆，于一九一一年十二月十二日，在现在的银座八丁目二楼的洋馆开设カフェーパウリスタ（café-Paulista）。"Paulista"为巴西"圣保罗之子"之意。当时雷人的广告用语是"黑如鬼，甜如恋，热如地狱的烫咖啡"。水野本着不为盈利只为宣传的经营宗旨，在随后的几年里陆续在大阪、名古屋、仙台等地开设了十九家咖啡店，其中还有一家开设在上海的南京路。为表彰水野推广巴西咖啡有功，巴西政府每年无偿提供他九千公斤的咖啡豆。由于原料有保证，圣保罗咖啡店的价格并不高，是当时一般日本人都接受得起的。也因此咖啡店逐渐成了当时文青们的聚会场所。如吉井勇、芥川龙之介、菊池宽、德田秋声、佐藤春夫、狮子文六等都是这家咖啡店的常客，并由此创生出"银ブラ"（Paulista 的简称）的用语。就这样，水野龙在日本咖啡史上也留下辉煌。他为大众咖啡文化（全球首家连锁店的创生）的普及做出了贡献。从这一意义上说，谈论日本的咖啡文化，不能不提郑永庆和水野龙。

五

コーヒー与珈琲，哪个更有情调？

这是一个日本式的问题。

在雨夜绵绵的南青山，在夕阳西下的有乐町，你是要坐在用片假名书写的コーヒー店，还是要坐在用汉字书写的珈琲店？换句话说，你是要坐在星巴克コーヒー店或ドトール（Doutor）コーヒー店要一杯咖啡？还是要坐在椿屋珈琲店或堀口珈琲店里点一杯咖啡？心绪会不一样的，思考也是有异的。片假名给人时尚的感觉，汉字给人时光的感觉。

　　如上所说，日本第一家咖啡店的店名叫"可否茶馆"。这个"可否"的发音就是"かひ"。当时咖啡的发音是"カヒー/kahii"，所以表示为"可否"。江户时代的文献里除了用"コオヒ/かうひい/カウヒイ"等假名表示之外，还用"可非/加非/骨喜/骨川/古闘比伊"等汉字表示。现在使用的"珈琲"二字，造语者是江户时代的兰学者（洋学者）宇田川榕庵（1798–1846）。他在著作《博物语韵》中，将咖啡豆和树枝的形状想象为当时女性流行的发髻。珈是发髻上的花，琲是扎结发髻之绳。用女性发髻的美来表现咖啡，可见咖啡在当时日本人心中的情感。现在宇田川榕庵的出生地冈山县（当时为津山藩），开有"榕庵珈琲"店。广告用语也同样雷人："来一杯铭刻二百年历史的至极咖啡吧。"

　　将"coffee"转换成汉字"咖啡"，有一种怀旧、沉淀、优雅的感觉，比英语"coffee"用语更显品位。日本诗人木下杢太朗（1885–1945）在一九一〇年写有一首题为《饭后之歌》的咖啡诗。其中写道：白净的餐桌上／端放着一盏瓷器花瓶／插着一束薄红的牡丹花／咖啡、咖啡、苦涩的咖啡。这首诗里"咖啡"两个汉字就写成"珈琲"，并标注"かふえ／kafue"发音。这表明当时"珈琲"二字虽有所统一，但读音还较杂乱繁多。

如今的日本，对咖啡的表示至少有如下五种：カフェ／コーヒー／coffee/Cafe／珈琲。在中国是"咖啡"，在日本是"珈琲"。口字旁当然有其合理性，但日本人以咖啡豆的形状为意向，将口字偏旁变成了斜玉旁，倒也生趣。但生趣也是要花钱买的。在东京，一些带有"珈琲"二字的店，一般都要九百到一千日元一杯。而用片假名表示的"コーヒー"店，一般只有两百到四百日元一杯。

日本人说这是汉字的情感学。因为是情感学，所以你要多花钱。

六

一九八〇年四月一日，日本咖啡文化史上重要的一天。

这一天，在东京的原宿，开张了一家咖啡店。

在每天都有开店闭店的二十世纪八十年代的东京，谁也没有把这区区二十七平方米的咖啡店放在眼里。但谁也没有想到这一小小的店铺会引发两场革命：一场是经营方式的革命——一律采用自助式服务；一场是价格的革命——将当时五百日元一杯的咖啡价格降至一百八十日元。就是这两场革命，使这家咖啡店沾上了日本咖啡史上的两个第一：第一家自助式咖啡店；第一家便宜的咖啡连锁店。

Doutor（ドトール），原为葡萄牙文的"博士"之意，公司社长鸟羽博道用它来命名咖啡店。Doutor 从此深入人心，鸟羽社长便也一夜成名。这位在一九五九年就去巴西实地考察了四年的社长，十几年后才开第一家店，足见他是对现代咖啡精神心领神会之后才动手的。Doutor 咖啡选用巴西、哥伦比亚优质咖啡豆，使用世界上最先进的热风烘焙技术，确保每一杯咖啡香醇浓郁。出远门的日本人，只要下了车出了站，就能看到 Doutor 咖啡黑黄相间的熟悉标记，就能闻到咖啡店飘出的香味，心里就有了一种安稳感。

一样的咖啡杯，一样的咖啡味，一样的装潢设计，一样的品牌标记，一样的价格，一样的音乐。这种被日本人称为"均质化"的咖啡文化，带来了两个结果。一个是咖啡从商务走向了休闲，日本人开始用舌尖触感咖啡之味。这种触感与心相连，是一种难以言喻的东西。一个是由于均质化的缘故，咖啡的个性也因此被扼杀。Doutor 咖啡在把奢侈品变为消费品的同时，咖啡原本的人文精神也就死了。这就如同春天虽然值得赞美，其实早已芳香殆尽。

七

正当 Doutor 想坐稳日本咖啡界老大的位子时，美国人"杀"了进来。当一九九六年第一家星巴克咖啡店在东京最繁华的银座落户时，日本的年轻女性看起来并不想把她们手中漂着绿茶的茶杯换成时尚的马克杯。但星巴克之父霍华·舒尔茨在为这首家分店剪彩时却大胆预言——星巴克将席卷日本。他的话迅速得到了应验。在东京都中心区域的新宿、六本木等几家最早的星巴克连锁店门前，无论什么时候都能看到长长的队伍。对外来文化吸收极为敏感的日本人，很快就对星巴克的菜单倒背如流。每当有新饮品上市，日本女孩总是争先恐后地尝试，生怕自己跟不上时尚。现在无论在日本的哪座城市，只要是在最摩登的街角，大商场的中央，或者车站的检票口对面，都很容易找到那个绿色风火轮套一张毕加索式面孔的标志。

和袖珍的 Doutor 咖啡相比，星巴克的特点是大。大的空间，大的杯子，大的座椅，甚至连音响都是大的。美国佬把他们的大胃口带到了日本。他们想撑开日本人只吃几块生鱼片的小胃，好大口大口喝他们的咖啡。一开始这一招还真灵。不到三年，日本已有四百六十七家星巴克分店。

喝着星巴克咖啡，悠闲地度过下午时光的同时，配着甜点，一边追怀夏季炽烈的阳光，一边体味柔美秋色的同时，日本人终于发现，作为连锁店，星巴克在本质上和 Doutor 咖啡犯有同样的错误：均质化。它有历史，但缺乏个性；它有实力，但少有底蕴。日本人终于明白，在这种均质化的空间里，很难构筑自己私生活的一部分。果然，如今星巴克在日本已经沦为在麦当劳点咖啡的档次。看来想致力于为人们创造一个有别于家庭、职场的第三种"精神绿洲"的星巴克，在日本遭遇了个性的抵抗，遭遇了多元的回击。

聪明的美国人眼见此景，便也无心恋战。因为他们又发现了一个更大更容易扩张的市场——中国市场。还是同样的色调，同样的味道，同样的灯光，同样的座席，同样的音响。

听到落叶被踩碎的声音了吗？

八

一杯咖啡，如何从中读出文学作品的气息？或者，文学作品中蕴含的气韵，能用不同的咖啡味来表现吗？具体地说，当我们在读夏目漱石《我是猫》这部小说的时候，端上来的咖啡，是否也能搭配《我是猫》的气息？或变身成猫咪，窥视着主人苦沙弥和世间的一切？可以想见，一般人是不会这样思考也不会尝试去做这件事的。但日本人这样做了。

日本 NEC 与咖啡豆专门店 Yanaka 合作，推出"可以喝的文库本"咖啡系列。这一系列包括岛崎藤村的《若菜集》，太宰治的《人间失格》，夏目漱石的《三四郎》《心》《我是猫》，森鸥外的《舞姬》六款咖啡。简言之，就是大数据地分析读者阅读文学作品后的感受，再用咖啡的口味体现这种感受。

这里，NEC 用人工智能（AI）作帮手。首先是数据手们收集上万条相关文学作品的评论，编制一个叫作"NEC Advanced Analytics-RAPID"的学习软件，搭建分析模型。最后，上万条评论内化为"口味指标雷达图"，再由 Yanaka 依据咖啡口味数据，承担咖啡豆味觉的调制。实际上，NEC 是用古老的话题做出新鲜的事情。因为味蕾与心绪的关系，早已被心理学家和哲学家揭破。味觉的酸甜苦辣与人生的酸甜苦辣，在观念上当然是重叠的。因此，当《三四郎》里的主人公有青春恋爱的心路历程，相对应咖啡的味觉也就偏甜。

当然，日本人的这一微观创意，还是具有相当意义的。物语与 AI 碰撞，然后用味蕾再现物语的故事性，人的体验就进入了一个新的层面。看似穿透了一切浮于表面的现象，深入到了本质，但这恰恰是文学所呈现出的假面。现在这个假面可以用咖啡来测试，倒是开了世界尽头与冷酷仙境的先河。如《舞姬》的咖啡，苦味和甜味都适中。《若菜集》这部诗歌集的咖啡，苦味较淡，口感柔和。《三四郎》的咖啡，甜味明显，口感顺滑。《我是猫》的咖啡，苦味最重，口感也最重。《心》的咖啡，回味无穷，口味几近峰值。《人间失格》的咖啡，回味和苦味也都接近峰值，口感醇厚。

嗅到玫瑰香味而回想过去的时候，并不是说玫瑰的香味让人回想过去，而是在玫瑰的香味里面，嗅出了从前的回忆。哲学家们曾如是说。这样来看，日本人确实是玩弄咖啡文化的高手。这就令人想起日本人泡完温泉，擦干身体，要做的第一件事就是在自动贩卖机买一瓶冰咖啡牛奶。于是，我们的脑海里总浮现出这么一个身姿图：日本人单手叉腰，仰头而饮。为什么要叉腰？原来是受限于瓶口的形状，必须仰头才能喝到咖啡牛奶。而为了保持身体平衡，就必须单手叉腰。冰咖啡牛奶能让泡热的身体快速凉爽下来。这里，咖啡以一种最沉默的温柔，记录着普通人的生活与情感。

九

当然，若要描画日本咖啡文化最为浓重的一笔，就不能不提及这家咖啡店。

在东京都世田谷区代田一丁目的街面上，有一家叫作"邪宗门"的咖啡店。店面不大，看上去甚至有些破旧，但这并不影响它散发出旧式文青气息。黑糖牛奶咖啡是这家咖啡店的一绝。口感香滑柔软，一点也不单调。咖啡里的黑糖恰到好处，绝不喧宾夺主。不过，这家"邪宗门"最大的看点则与明治作家森鸥外的长女森茉莉有关。

女作家森茉莉在一九七五年发表长篇小说《甜蜜的房间》。这部用十年时间写就的小说，是当时七十二岁的森茉莉，故意要用放慢的节奏，故意要用边喝咖啡边吃三明治的漫不经心，写下的人的精神史，实际上就是魔性史，就是癫痫史。

森茉莉确实了不得。她在七十岁后，置生理上的老朽而不顾，在精神上暗恋着一位男人。她每天去"邪宗门"咖啡店，每天占据同样的靠窗座位，每天等候心中要来的一位中年男人，竟然风雨无阻，一等一盼就是十三年（她84岁去世）。但这位男人毫无察觉，她也不捅破这一心中的秘密。在她死后的一九八七年，人们在整理遗物时，发现了她用法文写的日记："没有来""来了""今天又没有来""来啦"。据当时的店主道明说，遭遇森茉莉暗恋的那位中年男人，是一位广播作家。森茉莉都七十多岁了，尤其还是一位女人，照世俗的说法，这样的年岁，一切的爱慕，一切的思恋，一切的色欲，都不应再让其复苏才是。但森茉莉相信色欲与年龄无关，更与老朽无关，而与美有关。因为美不像思想那样肤浅。用文字重现色欲对思想的占有，自己就必须身体力行。她演绎着共同幻想论的男女之情，这让人想起九鬼周造的一个说法，只要男女之间总是保持二元的紧张关系，媚态就永远存在。而媚态的存续，就是"永恒的女性"这个浪漫故事的由来。

当初谁也没有察觉到，天天开门营业的"邪宗门"咖啡店，正在悄悄上演精神的东西要在时间中朝圣的精神恋剧。今天来看"邪宗门"，毫无疑问，它为日本咖啡文化赢得了白昼之光，岂知夜色之深的高分。

十

把开水注入滤纸杯中，刚研磨的咖啡粉像布朗尼蛋糕一般松软鼓起。在等待液体滴落壶中的时间里，阳光从小窗户里洒入。

在日本有很多咖啡达人。这些咖啡达人所追求的咖啡个性，其实也是日本咖啡文化所具有的魅力所在。比如：堀口咖啡店（东京都世田谷区）的伊藤亮太店长，他的咖啡个性是"追求高品质的咖啡豆"；关町咖啡店（东京都练马区）的毛利善伸店长，他的咖啡个性是"所有的一切，都是为了最好喝的一杯咖啡"；麻布咖房（东京都港区）的田中达郎店长，他的咖啡个性是"咖啡的新鲜度是咖啡的生命"；咖啡舍藏（东京都千代田区）的铃木裕之店长，他的咖啡个性是"喝完再想续杯才是咖啡的最高"；咖啡之树（东京都葛饰区）的杉山黎店长，他的咖啡个性是"最艰难的挑战就是烘焙新咖啡豆"；MOKAJAVA 咖啡店（东京都多摩市）的近石勇人店长，他的咖啡个性是"高品质的咖啡是开店的唯一追求"。

当然，谈论日本的咖啡文化，日本咖啡界的"御三家"，是绕不过去的。

"御三家"的首位就是在二〇一八年三月因衰老而逝世的世界咖啡名人关口一郎。这位享年一百零三岁的咖啡之神，在战后第三年，即一九四八年，在当时的西银座（20世纪70年代移至现在的银座八丁目）开设了"カフェ・ド・ランブル"（琥珀咖啡店）。关口一郎从十四岁开始，每天重复做的一件事，就是手冲一杯让客人满意的咖啡。同样，他每天也只关注一个问题：咖啡豆的品质，以及研磨时的粗细与湿度，冲煮时的水温，手冲时的水流粗细及注入角度。这家六十年的老店，坚持只提供三十多种咖啡而无其他饮料，从而赢得了日本咖啡界"唯一"的声誉。这位咖啡之神的咖啡理论是：陈年咖啡豆的香味，是咖啡美学的最高境界。因此他与所有的咖啡大师唱反调：只有经过岁月沉淀的咖啡豆，才是咖啡之极。

"御三家"的第二位是现任日本咖啡文化学会烘焙萃取委员长的田口护。他是南千住巴赫咖啡店的店主，是一位一九三八年出生于北海道札幌市的咖啡达人。一九三八年的札幌，是怎样的呢？恐怕除了风雪还是风雪吧，或许故乡和风土的记忆是如此刻骨铭心，所以田口护总是喜欢听咖啡烘焙后的第一次爆裂声和第二次爆裂声。就是在爆裂声中，他感觉出咖啡的好喝不好喝。这虽属个人的领悟力，但正确不正确只有一个标准，这个标准就是咖啡的美味在于烘焙，冲煮手法只不过是隐恶扬善而已。他的咖啡理论是，精品咖啡就像是血统良好但难以伺候的纯种赛马。二〇〇三年，这位咖啡达人出版了《田口护的咖啡大全》一书。在书中他大谈咖啡的生意经：虽然一杯咖啡只要五百日元，但客人喜欢了，一个月会来好几次。假设客人每两天来一次，两个月是一万五千日元，三个月就是两万两千五百日元，这与去高级餐厅消费差不多。现在田口咖啡在日本有一百家分店。

"御三家"的第三位是有"咖啡之鬼"之称的标交纪。这位一九四〇年东京出生，二〇〇七年十二月离世的咖啡达人，他的咖啡理论是，美味的咖啡需要精美的器皿。一款安静净白细致剔亮的咖啡杯，大小适中的开口，雍容如半开花苞的杯身，最适合满上一杯好咖啡。由此故，一九六二年他在吉祥寺开设モカ／摩卡咖啡店，所用的咖啡杯都是杯身够厚，杯缘收薄的上品之物。标交纪说，唯有如此，才能用岁月一点一点摩挲出悠绵长长的情味。为此他著有咖啡随笔集《苦味礼赞》，大谈日本有田烧的咖啡杯，厚实质感，能保持咖啡的温度在温暖而不烫人的最佳状态，让每一滴咖啡的香浓都得到更馥郁的呈现。此外，这位咖啡达人还是"1秒/1℃/1g"的彻底追求者。为此，日本咖啡评论家嶋中劳在《被咖啡吸引的男人们》一书中，如此评论道：大师之中的狂者，标交纪无人可及。他的咖啡已经无法用好喝不好喝来描述了，而是达到了一种"令人感动的高超境界"。

十一

　　日本有很多深入到山峦脚下，绿林深处的独立咖啡小店。这些咖啡小店，远离了商业烟火气息，历经时光与灵气的打磨，散发出深沉而温暖之光，宛若茂林丛中的一棵草，又似山峦脚下的一块石，低调且无声。客人都是游客，那倒是真正意义上的一期一会。一杯接一杯的现磨与手冲，日复一日，接续着最平凡的日常，但给客人留下独特而鲜明的记忆。

　　店内各种绿植、木纹、干燥花，不经意地点缀着各个角落，暖黄色的灯光，氤氲而不明亮。聚合离散，短暂而形形色色，但都有一个属于自己的故事。吞下一杯略带苦涩的咖啡，或许就是一个惊天动地，或许就是一个无声无息。村上春树在《寻羊冒险记》里，写一位和谁都上床的女孩。这个女孩，一整天都坐在咖啡店的椅子上，一杯接一杯的咖啡，一支接一支的香烟。边翻书边等待着有人来付咖啡和香烟钱，之后同对方上床。然后，她死了。她想活到二十五岁然后死掉的，但人算不如天算，在一九七八年七月，她死了。二十六岁，比心里想的多活了一年。对这位女孩来说，一杯咖啡，就是一个无声无息。

日本经济记者高井尚之在二〇一四年出版了《咖啡与日本人》一书。他在书中谈到，日本地方城市里的咖啡店，为现代日本的咖啡文化增添色彩。这里，有个话题是：日本四十七个都道府县魅力度排名连续五年最下位的茨城县，意外地在咖啡业界非常亮眼。如茨城县常陆那珂市，是一个只有十五万人口的超小城市，但却有着一家全国有名的 Saza Coffee。这家咖啡店的菜单上足足有二十多种咖啡。比如 Saza glorious（哥伦比亚），瑰夏 natural 97（巴拿马），Gorda Los Pirineos 农场（萨尔瓦多），肯尼亚，曼特宁（印度尼西亚）等。创业者铃木誉男不仅多次飞往世界各国的咖啡产地，甚至还在南美的哥伦比亚开设公司直营农场。二〇一七年九月举行的咖啡职人技术竞赛上，进入决赛的六人中，有三人是 Saza Coffee 的店员。这家一九四二年创业的咖啡店，在茨城县内有九家，东京都内有两家，埼玉县有一家。在 JR 水户站与星巴克对决，Saza Coffee 在营业额上取胜，足见其人气度。Saza Coffee 的口号是"爱茨城"。店堂里贩卖的咖啡豆以"德川将军咖啡"冠名。这是专为水户德川藩主德川齐昭的第七个儿子——江户幕府最后的将军德川庆喜而开发的。担当烘焙的是德川庆喜的曾孙德川庆朝。

而广岛县广岛市的 Ruhe Brazil café，是日本推广特价早餐最早的一家。早在一九五六年，就以六十日元的价格，提供咖啡＋吐司＋荷包蛋的早餐服务模式。这个价格，比当时一杯咖啡五十日元仅高出十日元。这种做法经报刊介绍，在全国得到推广，从而定格了日本咖啡店早餐服务的模式。此外，北海道的宫越屋咖啡（札幌市），秋田县的 Nakahama／ナガハマ咖啡（大仙市），京都府的 Inoda／イノダ咖啡（京都市），也都是很有名的地方咖啡店。从这一意义上说，日本地方咖啡店之所以有它独特的吸引人之处，就是因为它贩卖的不仅仅是一杯咖啡，更是一种品质、一种文化和一种思想。

十二

当然，我们都有雨夜难归的时候。

这时，若独坐咖啡屋，望着窗外如注的雨帘，独享那么一种宁静与柔情，倒也感到这时的思维是最富激情与超然的。提起咖啡杯轻轻摇晃，一条乳白小河就这么温柔地流泻在杯底。咖啡如黑夜一般黑，如爵士乐旋律一般温暖。但这绝不是谷崎润一郎的阴翳论，也不是千利休的蹦口论，而更接近村上春树的喜悦论。因为他曾经说过："每当我将这小小的世界喝干时，背景便为我祝福。"咖啡杯与桌面接触的瞬间，发出"咔嗒"一声惬意的声响。就是这不经意间的一声响，使我们乐享其成一件事：相逢的人必会再相逢。

咖啡屋的文化密码，或许就隐藏在这"咔嗒"一声中。

日
本
料
理
的
文
化
观
察

一

料理是什么？

是东坡肉放入口中的油腻润滑？是醋拌黄瓜的清爽脆冷？是金枪鱼中腹的软糯肥美？抑或是秋茄的凄清孤寂？

都不是。

刀口的尖锐之锋，轻轻滑过洁白肌肤的表层，渗出丝丝殷红的血痕，然后你高举手臂至唇边，并用嘴唇舔吸汩汩的血痕。是冰凉是温润还是血腥？总之，你可能会打个寒噤。

料理就是结束一个生命并让另一个生命存活的妙不可

言。或者可以这样说，料理就是杀生的代名词。因此料理在接续着死与生的同时，也带有我们为之困惑的原罪。

所以，我们始终不明白的一个问题慢慢变得清晰。厨房必须干净，餐具必须优美，厨师必须清爽，进食必须礼仪。因为料理是在向鲜活告别，所以你必须感恩，必须祈祷，必须冥福。

原来，无时无刻不触动生的本质和死的本质的，就是料理。由此故，日本人在进食前必说"我受领了"（いただきます），进食后必言"感恩款待"（ごちそうさまでした），述说的就是这个理。由此故，在日本点的菜吃不完也不能打包回家。这里，除了对食材的安全考量之外，还有一个潜在的观念：料理本身就是一个无法原谅的罪恶。要洗刷这个罪恶，一个基本的作法就是人必须在料理店里进食。料理店在这里又被外化为一个祭坛，一个敬仰所。如此而言，料理完毕的菜肴，怎可随意带进带出呢？由此故，在日本料理人的一个基本意识就是不弄脏白衣。因为只要持有这个意识，在洗刷、切菜、蒸煮、油炸和盛盘的时候，就始终会以一个虔诚内敛的姿态出现。而一个虔诚且内敛的姿态，本质上就是对料理的敬重。

日本和食的调味料——高汤（ダシ），被料理世界公认为一种新的味觉诞生：UMAMI（うま味）。这是一种什么味？不就是生命之味吗？用水、昆布和鲣节制成的高汤，其内在拥有的复杂与混沌，正是生命的本源。松树林下，一脚踩上刚出土的鲜嫩蘑菇。那白里泛红，水灵灵的富有弹性的肌肤给予你的，是否也是生命力的意象？即使舌尖上仅仅是一颗草莓，在含住它的瞬间，也能感受到草莓的鲜活风情。也正如樱花落后，初鲣上市。与不适于做下酒菜的金枪鱼相比，初鲣则是新绿心爽时期的发疯药。这时的日本人，不惜借钱，也要将鲜活吃个痛快。

二

什么是美味？

美味就是日常。

凡是日常的，一定是美味的。在中国，对上海人来说，大饼油条是日常的，所以一定是美味的；对东北人来说，小鸡炖蘑菇是日常的，所以也一定是美味的；而对日本人来说，一碗味噌汤是日常的，所以一定是美味的；一碗酱油拉面是日常的，所以一定是美味的；一碗牛肉盖浇饭是日常的，所以也一定是美味的。而日常之所以是美味的，则在于日常一定是连接生的喜悦，它与人通心，与生命通幽。

我们曾坚信时间总是匀速且单向流逝，我们曾坚信时间总是从过去走向未来。但我们在享用日本料理的时候，我们会怀疑这个曾经的坚信。因为在日本料理中，时间并不匀速也不单向，更不呈现从过去面向未来的走向，而是呈复合的多重流动。在流动中的某一时刻，某一瞬间，会有新的时间诞生，会有新的机缘孕育。如果说关灯后的卧室才幽然十足的话，那么，味噌汤沉底的幽暗才是显微黎明的晨曦万丈。暗通明，黑往亮，人生的欢愉尽在这通往之中。

让看不见的东西显形，让心里想的东西显像，这是造物哲学。人静如森林，人默似深海。人心中的细小碎片，会漂流至一个遥远的港湾。然后集合成一个新概念——寿司。寿司是什么？就是在掌间将生命力寂灭寂生的春红灯热。所以寿司一定是美味的，因为它显现的是人心港湾中的一个最大日常。所以寿司之神小野二郎这一辈子干的一件事，就是在最大的日常中，将寿司风雅化。而所谓风雅乃清冷之物，通往人心之物。

平松洋子是东京女子大学文理学部毕业的食文化随笔家，她在《买不到的味道》中说，毕竟，美味就存在于再平常不过的热炒卷心菜或一滴酱油中，甚至是变酸的腌制白菜里。只要足够留意，到处都有美味。反之，即便挥金如土，即便假座米其林三星，但还是有人买不到美味，吃不到美味。这是为什么？精妙在日常。如若没有一颗日常心，没有一副日常相，美味就会在你的指尖处，在你的味觉处悄然溜走。日常，这个说土也土说洋也洋的东西，实际上就是楔进时光长河中的一个楔子。

生鸡蛋拌饭，至今还是日本人定于一尊的美味早餐。小钵里的一颗生鸡蛋，刚煮出来的白米饭，专用酱油。日本人说，这令人想起昭和的乡愁。即便是在五星级酒店，只要有和食的地方，早餐必有生鸡蛋拌饭。米饭、生鸡蛋、酱油——这就是日常。如潮涨潮落，如月亏月盈，当然更如春天到，地上必有小青草。

三

日本料理的灵魂是米饭。

这是为什么？

原来在日本的神道信仰中，与祭祀稻米有关的稻荷大神始终占据着至高地位。而这个地位的取得在于日本人将稻米区别为"自者"与"他者"有关。尽管从源头上看稻米耕作来自于中国，但日本人却把它打造成大和文明的源头。如今，新潟县鱼沼的越光米，是日本顶级大米。仅次于越光米的是秋田产的"秋田小町"。用美女小野小町的名字来命名，表明口感是黏糯绵香。

日本料理的基本形式是一汤三菜。一汤当然是指味噌汤。三菜分主菜、副菜、副副菜。主菜为鱼或为肉。副菜有二，一为蔬菜料理的副菜，另一为豆腐料理的副菜。副副菜以纳豆、煮豆等大豆系为主。

　　日本料理的卓越智慧还表现在"膳"上。所谓膳，是指正方形木制餐桌。三十六厘米见方的漆具。当属一人用餐桌，上面正好配置一汤三菜。一个汤一个主菜二个副菜就是四个食器。再加上主食米饭的饭碗和放置腌制物的食器，共六个食器。六个食器，六种意味。非常的有趣。"膳"的日语发音又与"全"（ぜん）相通。寸法为二寸的餐桌上，维持健康的营养得以平衡，搭配季节的色彩得以俱全。山之物、海之物、川之物、野之物、乡之物。连接的是大豆、鱼类、肉类、鸡蛋、蔬菜、山菜、蘑菇、海藻。色彩则为白绿黄赤黑五色。这是一汤三菜的基础框架。

　　在一汤三菜的餐桌前坐下，然后用手中的筷子进行运作，非常的绝妙与愉悦。首先是抿一小口味噌汤漱漱口，调整味觉，然后用筷子挑起米饭放入口中，接着是主菜，再接着是米饭。一个回合结束后，循环至第二回合：味噌汤—米饭—副菜。循环至第三回合：味噌汤—米饭—副副菜—米饭。然后进入无限循环：米饭—味噌汤／米饭—主菜／米饭—副菜／米饭—副副菜。看似是无意味的单调循环，其实是自然四季在膳桌上的循环，人的心绪在膳桌上的循环。循环的主线始终是米饭，中间夹着腌制物。腌制物的意义在于含有发酵的乳酸菌、酵母与酵素。对米饭民族来说，为了加快碳水化合物的消化，腌制物中的消化酵素是必要的。但更为观念地看，一汤三菜中的腌制物，则是存乎一心的料理之妙。这正如寒冬时节比目鱼是白肉鱼之王，也正如虾蛄在春天最美味。

要深入理解日本料理的一汤三菜精髓，还必须知晓人的牙齿构造。肉食的狮子，要有猎食的锐齿；吃草的兔子，要有发达的前齿。人的牙齿总数为三十二颗。臼齿最多，为二十颗。其次前齿为八颗，犬齿为四颗。臼齿占全体的百分之六十，功用是为了嚼碎谷物。前齿占全体的百分之二十五，功用是为了对付蔬菜和果物。而针对肉食的齿为犬齿，占全体的百分之十五。齿的构造决定了人的"进食法则"。人在一天中从谷物中获取的卡路里为百分之六十，从蔬菜等中获取的卡路里为百分之二十五，从肉鱼等中获取的卡路里为百分之十五。这些数据完全是人齿构造的翻版。从这个观点看，以谷物为主的一汤三菜，恰恰是今日日本人长寿的一个因子。

四

秋草与月亮——和食秋季料理的基本图式。

芒草、荻花、桔梗的图案，选用凄清孤寂但触感温润的器皿，如武藏野碗，它抽象地表现着菅芒花。还有料理店里四周粗糙的"砂壁"，在表现幽暗的同时也使人有静下来的力量，有着松尾芭蕉的"静寂蝉声入岩石"效应。都说日本的漆器是美的，但何以是美的？不也是在朦胧的昏暗中，诉说着美这件事吗？漆盘与漆碗，在烛光摇曳拉长的阴影中，散发着独特的魅力。

一贯朱红的赤贝，非常的艳丽，十分招摇地诱惑着人们的食欲，甚至性欲。它带有"贝裙"，更让人遐想无边。酸味、涩味、甜味，交织着隐隐的血味与铁锈味。白质的肌理带有丝红的甜虾，如无名状的细细血管，通往需要的地方，激活胴体的本真。柔软是其天性。放入口中，滑嫩的肉质丰满地缠绕在唇齿间。然后强烈的美味渗入味蕾，与醋饭相融滑入胃袋。章鱼，咀嚼起来富有弹性是其特点，松散的滋味快速在口中作扩散运动。这让人相信，只有在海水中经历磨难的杂食性生物，才会生出这番风味。洁白连带着纯洁，想起人体隐蔽深处的光溜溜，以及欢愉的快感。那么鲣鱼呢？微微的血腥味轻轻地掠过鼻孔，少许的铁锈味夹杂在肉香中。一小撮淡黄的姜末与青青的葱花，为血色增添清爽。初鲣为春之物，回归鲣鱼为秋之物。缠绕于舌尖的鱼脂，会有不同。还有渗透着海水香气的海胆，那种浓厚之味让人不禁猛烈地抽动鼻子。将淡泊的寿司放入口中，暖暖的口感充满整个口腔。浓密的海味与天然甘甜融化在口中，令人心荡神驰。海洋生物的卵巢就这样放入口中，怎么想也是不可思议的，怎么想也是振奋不已的。当然啦，寿司店里的鲑鱼子，一贯军舰卷放入口中，又是另一种滋味。小小鱼子的皮质"扑哧"地崩溃，脂质黏黏糊糊地融化开来，慢慢在口中渗透。鱼卵独有的浓烈美味，令人想起床笫之事。但据说不是其他而是星鳗，其口感会让人兴奋得想要惊叫。因为它太仿真美少女柔软润滑的肌肤了。

村上龙的料理小说，将三十二个吃遍天下的故事，收纳在一个小小的胃袋里，然后顺着这个胃袋，再滑向敏感的性器。在村上龙的逻辑里，如果说体验味觉是对生命的残忍，那么体验性觉则是对生命的张扬；如果说料理的滋味，是无法原谅的罪恶感，那么情事的快感，则是无法忘怀的鲜活感；如果说味觉以杀生为前提，那么性觉以养生为前提。大啖牛排后就想上床，情事完后大叫肚子饿。怎么看味觉和性觉都是一对孪生子。无怪乎古人说食色性也。

你看，这秋季，这食季，这味季。满大街的银杏黄叶和满山坡的森林红叶，助你发现日本料理存在的美。

五

京都写手柏井寿著有《京料理的迷宫》，直面何谓"京料理"这个设问。冠上一个"京"字就是京料理？他说这种真情泛滥确属前所未有。

京都三面环山。东山三十六峰以及西山、北山的险峻，表明京都是个离海很远的山国、新鲜的鱼类入手困难。于是生出各种办法，诞生了独自的食文化。最负盛名的就是盐鲭。从若狭小浜的鱼市场往京都贩运，昔日曰十八里路，也就是今天的七十二公里山道。京都人为了能吃到不腐烂的鲭鱼，就撒上到达京都正好能吃上的盐。鲭鱼就成了京料理中的人气一品。是味噌煮鲭还是烧烤盐鲭，京都人一直争论不休。在春秋季的祭礼上，鲭寿司则作为京都名物的代表而亮相。都说京都人喜欢清淡，现在看来这是不懂盐鲭料理的一个想当然。远离大海无法享用鲜活的京都人，想清淡也不可能。如果只是以乌冬面面汤以及其他汤类颜色较为清淡，就先入为主，则是来自颜色的错觉。

有一点对京料理很重要，就是京都有好水。三面环山形成的盆地，地下水极为丰富。而大多数町家、庭园里都有水井，料理用井口之水。如嵯峨豆腐老铺"森嘉"，面筋老铺"麸嘉"等店，至今还在用地下水制造食材。银阁寺附近的料理名店"草喰中东"，也是用地下水主打料理。京都的地下水属软水，用于浸泡昆布制作高汤为最上。即便是使用同样昆布的关东，则难以抽取出这种京味。关东与关西食味不同，一个要因就是水。江户时代咏唱的民谣，将京都好物排队，第一位就是水，其次是水菜、京女、染物、豆腐、面筋、鳗鱼和松茸。京都最具代表性的寺院清水寺，其由来就与地下涌出的清水有关。由此故，清水寺的周边，包括祇园附近，散落着多家名料亭。捕获的鲇鱼和鲤鱼并不马上食用，而是利用嵯峨里山喷涌而出的清水，放养一段时间再料理。京都人的这种耐心表明他们才是料理真人。从鱼市场运转而来的明石鲷鱼，马上宰杀烹煮，这不是京料理。京料理就是要沾上京都的水和土，并不惜花时间等候。这才是京料理的绿槐深深。

现在京都最难预约的料理店有三家。一家是"祇园佐佐木"。坐落在祇园花见小路的拐角处。店长叫佐佐木浩。五人进店只能挤一下的小店，但料理好吃。比目鱼、鲍鱼、秋刀鱼的料理是其特色，当然还有松茸饭。第二家是"米村"（よねむら），坐落在有京都最美之称的祇园下河原。若从八坂神社的鸟居走过，有一段是石子小路。店长叫米村昌泰。他的料理哲学是美味加美味，才是好吃的原点，更是料理的原点。因此他喜欢用高级食材，如生海胆、金枪鱼中腹、块菇、酱鹅肝、鱼子酱等。并不是为了料理的高级而使用高级，而是为了美味。第三家是"草喰中东"，坐落在银阁寺的参道附近。店长叫中东久雄。山蔬菜、川对虾、鲭鱼、蕨菜的海苔卷，用日常食材做出洗练感是其特点。追求色香味的白米饭，一如店名中的"草喰"。

京都与山地有关。与山地有关的另一个恩惠就是松茸。日本国内产的松茸，以京都的丹波为中心，近郊诸山采集的松茸称之为"地山松茸"，被评定为最上等，故价格也最贵。一小包地山松茸要十五万日元。料理店一旦使用地山松茸，一个人就要数万日元费用。为了降低价格，更多的料理店采用他县产的甚至是进口的松茸。

由于远离海的缘故，京料理诞生的是煮（煮る）文化。由于靠近海的缘故，东京料理诞生的是割（割く）文化。如同样是一条鱿鱼，在东京的料理人会用刺身的方法来解决，在京都的料理人会用煮的方法来解决。而作为商魂的大阪，则将东京的割和京都的煮结合起来，来个"割烹"。因此大阪料理诞生的是割烹文化。由此故，京都人看不起东京人的江户前料理，说酱油味太浓，属无品的乡下人料理。但东京人也看不起京都人的京料理，说万物皆煮，哪有趣味可言。所以京都人小气，全在于无趣味的缘故。

六

日本料理名人高桥拓儿著有和食入门书《日本料理十品》。他在书中论述道：日本料理的精妙之处，日本料理带来的味蕾飨宴，全在这十品料理之中。第一品八寸（下酒菜），第二品造身（生鱼片），第三品御碗（汤品），第四品烤物（烧烤），第五品扬物（油炸），第六品焚合（炖菜），第七品醋物（凉拌），第八品蒸物（蒸食），第九品饭、汤、香物（腌菜），第十品便当。

当我们惊艳于和食十品的时候，当我们企图发掘它背后内存的理性力量的时候，一个意外的发现是日本人的食事作法，竟然是来自于禅宗的食事，也就是说来自于精进料理。佛教在平安时代就已经深入日本。僧侣们在寺院里作起居修行的同时，食事本身也成了修行的一环。僧侣们这些作法很快在贵族社会中得到传播。平安后期的关白藤原忠实在《中外抄》《富家语》的说话集中，记载了日本最初的食事作法。其中就包括食事时的姿势必须正座，边吃饭边说话属禁忌之事等。这种平安时代的作法，在镰仓时代被原封不动地继承下来。日本曹洞宗的开祖道元禅师在《赴粥饭法》中，记载的食事作法有六十条之多，如食堂内要"动静一如"，食事时的举动要"简洁流畅"，食材要适应"四季之变"等。包括现在日本人在饭前饭后所说的"我受领了"和"感恩款待"等感恩之语，都在《赴粥饭法》中有所规定。之后，精进料理的作法被怀石料理所继承并一直是现在日本人食事作法的理论根基。道元禅师去中国开悟禅道，然后归国开祖曹洞禅，一二四六年著书《赴粥饭法》，即是对禅者的一个规矩，也是对全体日本人的一个规矩。这表明早在八百多年前，日本人的和食作法就已成形并一直延续至今。

和食作法中一个不可或缺的思想就是筷子的使用。在日本，使用筷子的规则与禁忌早在奈良时代就变得清晰。而对弘扬箸文化有突出贡献的则是弘法大师空海，是他将

"动箸"与"救赎"相连,宣扬每天动箸就能"众生济度"。筷子里宿营着佛力与救济力,使得日本和食文化先天地具有了某种神秘力量。当然用箸禁忌也与佛力相连。如"立箸"之所以被禁忌,就与祭祀死者有关。

更令人惊诧的是,日本人还将阴阳哲学用于料理的配置上。他们规定:阴=四角形/偶数/月/女性。阳=圆形/奇数/太阳/男性。所以,圆型料理(阳)要用四角器皿(阴)盛盘。四角料理要用圆型器皿(阳)盛盘。圆形饭碗(阳)盛饭之际,中央部要高出并呈三角形(阴)。生鱼片的话,扮演主角的金枪鱼三片(奇数=阳),章鱼就用两片(偶数=阴),合计五片(阳),用四角器皿(阴)来盛盘。你看到了吗?黄昏的灯火在风雪中摇曳,虚实景象交替重叠,山川寂寞,隐约还能看到山上行将融化的雪。

再比如,餐垫是用来干什么的?在日本人看来,餐垫既不是餐桌上的时髦女,也不是餐桌上的清洁士,而是在清楚地划分每人用餐时不可侵犯的区域。为此日本料理基本都是分食制。这个分食,表明的理念是:相互独立,彼此拥有。

七

日本作家与日本料理互动,也为日本料理文化带来如同春季之竹笋、秋季之松口蘑、初夏之鲣鱼般时鲜。也如同日本人用昆布和鲣节熬煮出高汤，我们直呼"真好喝"的同时，你不能忽视鲣节厚切与薄切之间的交错与重叠。

最有趣的是明治作家德富芦花，他将那个时候的生鱼片写成船老大用生锈的菜刀大块大块切成的鲷鱼和鲈鱼，那鱼片比木匠用斧头砍下的木片还要大，但却是那般香甜可口。而美食家北大路鲁山人则说无味才是美食的最高。他说河豚就是无为之为，无味之味。在鲁山人看来，海有河豚山有蕨菜，是日本料理最顶级的配对。蕨菜，水煮去涩，蘸酱油蘸醋，也乃无味之味。鲁山人还智慧地点出中国菜的灵魂是燕窝。但燕窝也属无味之味。鱼翅与银耳都是燕窝的延长线。他说日本人和中国人，都是迷醉于寻找终极味觉之人。还有那位七十多岁还在写洛丽塔物语的小说家森茉莉，她即是性欲家也是食欲家，她说切过荷兰芹菜的新砧板冲洗后残留的浅绿色印痕，也令她有快感。她说自己是深入骨髓的嘴馋。由于嘴馋，就连毛衣的颜色，也都用上胡椒色、可可色、栗色、雪糕色等。原日本首相吉田茂的长男吉田健一，这位著有《吉田健一著作集》（全三十卷）的文化人，写有《我的食物志》随笔集。照理说视觉盛宴是日本料理的本位主义美学，但这位美食家则不以为然，在他看来好吃有味才是料理的精髓。如群马的猪肉、长崎的唐墨、佐久的鲤鱼、镰仓的大虾、石川的棒鰤、九十九里的鳎、关西的牛肉等。历史小说家陈舜臣在《美味方丈记》里说白塔塔的西施乳是河豚的别名。而男女共吃生鸡蛋的那种黏糊糊，则是大导演伊丹十三《蒲公英》电影里令人难忘的镜头。

当然，不能不提及的是作家吉冈幸雄写《京都人的哑嘴》，说同样是汤汁，其味也微妙。东京人强调鲣节的味道，京都人强调昆布的味道。鳗鱼亦有不同。京都人喜欢细细的鳗鱼，然后原形火烤。而东京人则把蒸过的鳗鱼再烧烤，整个鳗鱼就有了柔软的食感。更亮眼的是日本女作家小川糸在二〇〇八年发表的《蜗牛食堂》料理小说，销量达六十万册。二〇一〇年又被搬上银幕。故事讲这个世界上只有爱和美食为真，其他一切皆假。其实，唱反调的是，这个世界上最假的就是爱。至于美食，只是在满足口欲的瞬间带有至福感。但就像芥末的刺激，来得快去得快。她在小说中有一段华彩的描写："我戴上手套，用专门的刀具撬开生蚝的硬壳，露出肥美雪白的蚝肉。直接把生蚝放在白色盘子上，什么也没有加。旁边再放上薄片的甘鲷。撒上盐和浇上橄榄油。"

在日本料理作家当中，作品最多的恐怕就是小山裕久了。他除了著有《日本料理的神髓》这一代表作之外，还著有《鲷之鲷》《味之风》《右手料理刀，左手酱油》《用日本料理作晚餐》《日本料理的重要事》等著作。如在《日本料理的神髓》中，他说日本料理其实是非常简素的料理。但在简素中见乾坤则是日本料理的至难。这就要求在一点一滴中见真情，在一举一动中显美感。在他看来日本料理的精髓就蕴藏其中。

东京都目黑区驹场公园里有一座日本近代文学馆，文学馆里有"文坛咖啡馆"（BUNDAN COFFEE & BEER）。这家咖啡馆的一个特点就是再现经典小说里的料理套餐。如"冷酷仙境"的早餐套餐——番茄酱伴煮香肠佐沙拉与土司，一千日元，加饮料是一千三百日元。这是源自村上春树的《世界的尽头与冷酷仙境》。小说描写主人公在末日来临倒数二十四小时，替自己下厨，享用最后的晚餐。番茄酱炖史特拉斯堡香肠，咬上一口，紧实而有弹性的食感溢满口中。再配上咬着"咯吱咯吱"响的土司，小麦的香甜很诱人。再如，在谷崎润一郎的小说《食蓼虫》里出现的鸡肝酱香肠肉三明治佐炒蛋套餐，在咖啡馆是一千日元。还有以梶井基次郎的短篇小说《柠檬》为发想的餐后点心"柠檬冷冻果"，八百日元。片山广子的料理随笔集《灯火节》里出现的"烧烤牛肉饭"，一千两百日元。此外还有风情小说家永井荷风发想的鸭南蛮料理等。

八

在作日本料理文化观察的时候，笔者发现了一个难以想象的现实困境：日本的寿司界，还是一个男人的封建世界。在寿司吧前，从来没有看到有女性手握寿司的。原因何在？一个说法就是女性自带的乳香味和人为的化妆味，会破坏生鱼片和米饭的味道。另一说法是女人的掌心比男人温热，这对制冷要求严格的寿司来说，是个致命伤。另外，女人一人进寿司店，心照不宣地说也是一种禁忌。对此，日本女作家汤山玲子写过《一人女子的寿司》。她在书中说，一人女子很难入道，因为有的寿司店根本没有菜单。而有的寿司店根本不理睬女客的点菜，把女客晾在一边喝绿茶。而女人与男人同行，男人会利用这个机会卖弄寿司知识。如男人们常这样说：这是石川县的鲷，这是北海道的海胆。而女人只有唯唯是从：啊，原来如此。现在这个时期的鲷是很棒的呀。作者的结论是：如果说现在日本男人还觉得自己完全凌驾于女人之上的话，那么传统的寿司店就是最后一块风水宝地。

是回转寿司解放了日本女人。因为回转寿司不需要点菜也能将寿司吃到口中，只要在传送带上不停地取自己喜欢的就可以。也为此，吃寿司的战后女子派干脆把寿司当喝酒的下酒菜。抹着口红，涂了指甲，穿着高跟鞋、超短裙，飘着香水气堂堂地走进寿司店，然后说：我喜欢鲔鱼。不，喜欢赤贝。不，是海胆啦。这表明在吃寿司方面，日本早就男女平权了。可能正是在这个意义上，以前的文化人横光利一、北大路鲁山人，包括谷崎润一郎，都非常讨厌女人进寿司店。他们或许感受到了寒蝉叫声显出的<u>丝丝凉意</u>。

在作文化观察的时候，还有一个意外的发现。寿司店结账的时候，女收银员会对客人娇哆哆地说"お愛想"，也就是说对不起，照顾不周，没有给你留下好印象。于是，"お愛想"日后就演变成了结账之意。而高级寿司店的女服务生，会对客人细声细气地说还要点"紫"（むらさき）吗？你不要误认为是某种清酒的名字，而是问你还需要点酱油不。酱油说成"紫"是从室町时代开始的，当然也是女性专用的隐语。看来，如果说老庄的中国是男人文明的话，那么源氏物语的日本则是女人的文明。这种文明说得形象些就是身处东京之秋，哪儿都不想去的雨潇潇。

据食文化史研究家、长寿食研究所所长永山久夫，在二〇一二年出版的《和食何以成了世界第一》中统计，在美国和食料理有一万四千一百二十九家，在法国和食料理有一千多家，在英国和食料理有五百多家。这就提出了一个问题：长寿时代、不言退休的时代、超信息化时代的理想食料，究竟是什么？这也就是说，现代人究竟吃什么，怎么吃为好？为此，日本人创生出"豆腐力"的新语。它是要告诉人们，豆腐的蛋白质是牛肉的两倍。人生一百年的时代，就是"豆腐力"的时代，就是和食的时代。

日本列岛降雨量多，年平均为一千八百毫米（世界年平均为九百七十毫米）。雨水多利于稻作，但湿气也重，容易发霉。所以，日本又是一个万物发霉的大国。日语"霉"字的读音为"かび/kabi"。但这个"かび"又通"麹"字。这个"麹"则是发酵的元素。日本酒、味噌、酱油、米醋等。和食文化的大黑柱（顶梁柱）就是这个"麹"字。

这就如同草园里，有一根苦瓜吊在棚架上，开着黄花，好看。

这个秋天的寿司，有点寂

日本食鱼文化的一个视角

寿司将一万九千年放入了嘴里

对四面环海的岛国日本来说，是山之幸，更是海之幸。

日本山幸彦和海幸彦的神话故事，叙说的就是将日本第一代神武天皇纳入了大海之子的"软件"系统。因为这位天皇的母亲和祖母都是海神之女。

稻作文化的另一面是食鱼文化。这两大文化是日本人的血脉。

先有稻作文化还是先有食鱼文化？这就如同设问先有绳文时代还是先有弥生时代是一样的。

当然先有绳文时代。有一万两千年的历史。

当然后有弥生时代。有七千年的历史。

绳文时代是狩猎采集的时代。当然也是食鱼文化的时代。

弥生时代是稻作播种的时代。当然也是稻作文化的时代。

日本人喜爱的寿司，是在生鱼片下面放置米饭。米是从事稻作的弥生文化的产物，生鱼片是从事狩猎的绳文文化的产物。在弥生文化之上放置绳文文化。或者说，在绳文文化的底部，接续了弥生文化。日本人一口将寿司放入嘴里，也就表明这鼓鼓的腮帮里一气放入了一万九千年的历史。日本思想家梅原猛说，这就是日本文化的精髓。

日本人讲七福神信仰。而这七福神中六个都是外来神，只有一个是本土神。这唯一的本土神就是惠比寿（エビス）神。这位大神的形象如何？就是身着猎衣，满脸堆笑，左手持鲷鱼，右手执鱼竿。原来惠比寿神就是渔业神。因为在当时渔业就是日本的最大商业，所以惠比寿神也叫商业神。

于是我们看到，在日本供奉神祖不用四足兽而用鱼介类。日本有海人族的神社。如志贺海神社、住吉神社、宗像大社、严岛神社等。

于是我们看到，在位的明仁天皇，他的第一篇学术论文就是《关于虾虎鱼科类的肩胛骨》。明仁天皇是虾虎鱼研究方面的世界级权威。这位天皇的学术底气来自哪里？当然是来自于初代的神武天皇——大海之子。

于是我们看到，日本最古文献《古事记》里就已经有五种鱼的记载：鲷鱼、香鱼、金枪鱼、鲈鱼、鲨鱼。现在日本的小学生都可以随意地说出十种以上鱼的名字。

于是我们看到，一五八二年织田信长在安土城招待德川家康。从本膳到五膳都是鱼。本膳是烧烤鲷鱼，醋拌鲤鱼丝，鲣鱼的生鱼片。

于是我们看到，日本鱼介类的消费量是法国的二倍，美国的五倍。世界上每捕获的六条鱼中就有一条是日本人的。

于是我们看到，日本鱼料理的排名是：烤鱼第一占81.4%。如烤青花鱼、烤鲑鱼、烤秋刀鱼。生鱼片第二占69.6%。日本人都喜欢早上吃烤鱼，晚上吃生鱼片。第三位是煮鱼占47%。如鲽鱼煮，金目鲷鱼煮，鰤鱼煮萝卜等。

对此，东京农业大学名誉教授小泉武夫说过这样的话：日本人的血液里流淌着鱼的血。日本人可食的鱼有四百多种，至于料理方法更是无法统计。

秋刀鱼是日本男人的泪

讲究食鱼文化的日本人，食无鱼，一日不可，一日不安。

但在所有的食用鱼中，注上观念色彩的、打上人生况味的又是什么鱼？笔者以为就是秋刀鱼（さんま）。秋刀鱼脊背青黑，腹部银光闪闪，身姿细长精悍，嘴角呈尖形，宛如一把寒气逼人的日本刀。但如果要问：秋刀鱼是什么味？该如何回答？

日本人说去问猫。猫说去问哭泣的大叔。哭泣的大叔说去问失恋的女孩。失恋的女孩说去问夺走我恋人的那个女人。最终，猫又发声了：看来，最能况味的就属我啦。吃鱼嘴角腥，闲看午后雪。看来猫毕竟与人不同，它还是有着有奶便是娘的天性。可不，嘴角腥腥的猫，还有闲心。

人的感受就截然不同了。北海道的秋刀鱼一上市，日本人就会下意识地打个冷战。啊——夏天过去了！轰轰烈烈、红红火火的夏过去了。肃杀的秋，感伤的秋，风卷残叶的秋，满地枯黄的秋，还是悄悄地来了。家家户户，用炭火烧烤着肥美晶亮的秋刀鱼，淡淡的青烟，在空气中化作思绪的千千结。外表是焦黑的皮，但体内则溢出嗞嗞作响的脂肪味，满街飘香，更觉丝丝悲秋袭人。秋刀鱼的焦味和香味，能找回初恋的感觉吗？很难。秋刀鱼在本质上并不述说青春的况味，而是叙说分别的苦与涩；并不话语初恋的记忆，而是述说情思的枯与寂。秋刀鱼的泪，是日本男人的泪。

作家佐藤春夫多年前在《秋刀鱼之歌》里直抒心怀：

呵，悲凄的秋风，你若有情，请传达给人们，

有一个男人，今晚独食秋刀鱼，令他耽思又茫然。

原来，这位诗人恋着艺妓石川千代子。而这位千代子恰恰又是谷崎润一郎的妻子。而佐藤与谷崎又是好友。这段离奇纷乱的情，这段美学之绚烂、哲学之堕落的恋，当属凉意袭袭的悲秋了。于是佐藤泪洒秋刀鱼，独自发问秋刀鱼：究竟是苦还是咸？但又有谁知道呢？但一个不争的事实是，从此秋刀鱼的意象重叠了凄楚的秋风；凄楚的秋风又幻影着孤寂的秋刀鱼。

当然，还有小津安二郎最后导演的一部影片《秋刀鱼之味》（1962），也把日本人带进了难以走出的苍凉之中。故事情节并不是讲秋刀鱼，而是借用"秋风起，在七轮烧烤秋刀鱼"的意象，燃烧起臻至成熟的男人美学。人，总是要在看似安宁中思考沉重，总是要在看似幸福中体味苦涩。一杯清酒，一条烤熟的秋刀鱼。可以是午后，也可以是深夜，甚至可以在凌晨。琐碎平淡，悲中有喜，五味杂陈。这是否就是日常的况味或况味的日常？"想起秋刀鱼之味，清酒带着黄连的苦味。一个人留在这里，只是感到茫然，残落的樱花有如布碎。"这是小津日记中的感言。看来他也把自己比喻为秋刀鱼了。暮秋长嗟吁。或者，鱼肉鲜嫩多味，搭配白萝卜泥、柠檬和酱油，真正的秋刀鱼之味。

秋刀鱼，实在是日本人心向的再发现和再出发。

河豚无毒是谁的悲哀？

谁都知道河豚有毒。

但日本人还是喜欢吃河豚。仅东京就有一千五百多家河豚专门店。日本人为什么能放心地食用呢？因为他们相信，有的时候将生命托付给不相识的人，是人间性互动的最高体现。同理，让不相识的人承受生命之重，这是做好万事的源头。原来日本人在食用河豚时，在情感上注入了一个"信"字。调理河豚的职人，在成为生命的"守护神"的时候，在道德上注入了一个"诚"字。

在中国有"拼死吃河豚"的说法。而在日本则有"北枕"的说法。这个词来源于日本佛教释迦的故事，是说人死后要将尸体头朝北脚朝南放置。说的都是一个"死"字。可见河豚中毒的恐惧。但日本人的说法似乎更将吃河豚而死与释迦齐列了，暗含了死得其所之意。可能正是在这个意义上，江户俳句大师松尾芭蕉才有"河豚与鲷鱼没有分别"的说法。但是陶艺美食家北大路鲁山人则在《河豚是毒鱼吗》一书中批评芭蕉的无知。显然这位鲁山人是从美味的角度评判河豚，强调其他鱼类均无可企及。一个是味觉，范围不出品尝美学；一个是对死这个本质的看透与看穿，高扬的是死亡哲学。

与死相连的东西必定是美的。或者，极致的美往往通向的是死亡。日本人坚信这一点。所以日本人在处理河豚上，也贯穿着这个"物哀"思想。在日本河豚的主要食法是生鱼片。每片生鱼片的厚薄与外形必须保持一致，而且每一片的光泽都必须能透出食器的图案。好像图案就在鱼片的中间层里浮动恍惚。河豚生鱼片的装盘造型也很讲究。一般有四种：菊造型、鹤造型、孔雀造型和牡丹造型。为什么没有樱花造型呢？日本人没有这方面的说明。依笔者之见，恐怕是樱花与凋零的意象相重叠的缘故，在食用河豚的时候，更易引起对死的联想。看来，这就是日本人对河豚料理精髓的理解：河豚是生命的感官盛宴。因此除了美味还必须悦目。或者按照鲁山人的说法，河豚是对美食家的致命一击。

剧毒的食材与极品的美食。心存恐惧的人还是大有人在。如松尾芭蕉。禁不住诱惑的他，在食用了河豚后写下这几句俳句：

啊呀没事啦

昨晚平安度过

这河豚的汁

没有因食用河豚而死去，芭蕉在侥幸地庆生，心情也大好。所以说出了河豚与鲷鱼"无分别"，意思是说何必拼死吃河豚呢？

同样是对生的感悟，比芭蕉要来得洒脱的是小林一茶。同样是江户俳人，他写出了这样的句子：

> 年过五十岁
>
> 方知河豚味
>
> 快哉夜

他还拉人下水。写下这样的句子：

> 不食河豚者
>
> 岂能让你看
>
> 富士山 的 美

对五十岁方食河豚的一茶来说，河豚的美味与富士山的美景，都是要用生命去体验去朝圣的。

另一位大伴大江丸，这位活过八十四岁的江户中期的俳人，则将河豚与恋色相连，非常有特色。请看：

> 河豚的汤汁呀
>
> 舌三寸上的回味
>
> 恋衣不离身

是美味如恋心还是恋心如美味？交融在一起，既是美味又是恋心，这才是河豚的最高。

一般而言，河豚拥有自然毒素中最强的毒力。据说一条河豚鱼所具有的神经毒素（tetrodotoxin）是氰化物的一千两百多倍，且半毫克至一毫克就会置人于死地，再怎样加热处理其毒性均不减。而且因种类与季节的不同，其毒素还不一样。雌雄而论，雌的更为有毒。但河豚也有它的可萌之处。它在遭遇强敌的时候，能瞬间将自己的身体吹大数倍，如同鼓囊囊的气球，以吓退对手保护自己。

在日本，河豚正宗地是山口县的下关。据说下关的河豚口感更滑润，肉质更紧实。日本的一些渔民还将别处的河豚放养于下关海峡，以获得下关河豚的身份认同。这就如同在中国，明明是别处的大闸蟹，但只要沾上阳澄湖的水，也说是阳澄湖的大闸蟹一样。

下关的河豚作为美谈，当然与日本的初代大臣伊藤博文有关。时任初代首相的伊藤博文时常到下关的春帆楼，由于天候的原因正巧没有其他的鱼贝可以献上。机灵的老板娘就将河豚料理上桌了。伊藤对河豚的鲜美赞不绝口，然后下令解禁。这是一八八八年（明治二十一年）的事情。持续了两百多年的丰臣秀吉的"河豚禁食令"，一朝被解禁。除春帆楼之外，月波楼、大吉楼、风月楼、福辰、前竹、常六、赤间町的镇海楼、小门梅林亭等地，也都是明治时期食用河豚的好去处。

一九四二年（昭和十六年）日本在法律上解禁河豚。一九四七年商品卫生法实施，认可了河豚的贩卖。一九四八年，大阪府在全国率先制定了违反河豚规定的惩罚条例。第二年东京都也制定了类似的条例。由于河豚是具有猛毒的脊椎动物，所以河豚的调理必须要有河豚调理师的许可证。其考试分笔试和现场考。河豚处理的基本要求是必须将卵巢和肝脏等摘除干净。战后，昭和天皇出访下关，当地作为招待也献上了河豚料理。但昭和天皇就是没有动筷。昭和天皇不吃河豚，也令日本皇室至今没有人敢吃河豚。一九七五年，日本国宝级的歌舞伎演员第八代东三津五郎，在京都一家高级料理店吃了四份河豚肝，数小时后死亡。随后日本厚生省宣布食用河豚肝不合法。

本来有毒就是河豚的价值所在，人们拼死吃河豚就是为了寻求一种挑战和刺激。这种挑战与刺激使得日本的河豚文化达到了一种结合，一种精湛的处理技术与高度信任感的结合。自己的生命托付给不相识的河豚职人，相信他们。这种信赖关系既是职人精神的精髓所在，也是河豚文化的精髓所在，同时也是食用河豚的意义所在。饱口福的同时，印证的是人的生命可以在他人中的存续。但现在科技进步，养殖出没有毒性的河豚看来是没有问题的。日本的河豚专家野口玉雄说，如果严格控制饲料，河豚可以无毒。这就表明河豚的毒素并非来自于自身，而是来自于海里的食物链。河豚对这些有毒的食物链不但有免疫力，而且还用这些毒素保护自己的卵。现在日本河豚专门店，96% 以上都是养殖的虎河豚。虽然还具美味，但少了刺激与挑战，其食用的意义又何在？所以《鱼道——海的四季》这本书的作者水谷修呼吁日本人，一年中要有一到二次的机会品尝野生河豚，说这才是人生的最高。

可以说日本食鱼文化中，最为精彩也最为深奥的一章就是河豚文化。但现在日本人与河豚职人之间的绝对信赖关系，随着大量养殖河豚的出现，已经发生了根本性的动摇。这究竟是谁的悲哀？人为了大量杀人，发明了原子弹。但人并没有为此反省自己。这又是谁的悲哀？而河豚并没有大量杀人，人却惊恐万状。从这点看人还不如一只猫。因为日本有一只猫在吃了河豚肝后，马上发生呕吐，而呕吐则救了这只猫。

日本人将河豚发音为"ふぐ"，隐含了"福"的意味。吃河豚不死，有福气。这才是初心，食用河豚的初心。不忘初心，就是不忘河豚有毒，而不是不忘河豚无毒。

鰯是日本最古的国字

食鱼民族必然要有食鱼文化来支撑。而食鱼文化的一个重要表征就是鱼语言的丰富。日本人在这方面也是很有创见，造出了很多鱼字旁的国字。平安初期编撰的《新撰字镜》里，有鱼字的国字已经收录了四百个左右。而在一九八八年对"长屋王家"的发掘调查，发现了"鰯"（いわし）这个字。这又把日本国字的创造向前推进了二百多年。

长屋王是持统朝代（690—697）的太政大臣，高市皇子的长男，天武天皇的孙子，在朝廷担任左大臣。但是在七二九年被诬陷为篡夺皇位。犯了所有罪名中最大的罪——不敬罪。朝廷派人包围了长屋王的住宅，五十四岁的他和妻儿一族自杀。历史上长屋王的住处一直不明，直到一九八六年才出现转机。因为要建百货店，在平城宫东南地带进行开发，发现了三万件以上的木简，时间是从七一〇年到七一七年。在这些木简中，有很多从中国传来的汉字。如"鯵""鮒""鮎""鯛"等。但也有中国没有的汉字。如"鰯"（沙丁鱼）。木简上记有"鰯五只"等字样。这个"鰯"是日本史料里出现的最古国字。德川幕府的御用文人新井白石在《东雅》（1717）里说："鰯就是弱的意思。只要一离开水，即刻死。"但也有异说。贝原益轩在《日本释名》（1699）中说，鰯是下贱鱼的表示。据说《源氏物语》的作者紫式部偷吃了鰯，留下被夫君斥为下贱之人的逸话。日本人制造的这个国字，不久也被传到了中国。当时新井白石认定，在中国的辞书里未收入的日本鱼旁国字有二十五个。如：鳕、鰡、鰯等。

这里做个比较。中国《诗经》里有鱼旁的汉字是十一个。战国时代成书的《尔雅》鱼旁汉字是四十四个。后汉的许慎《说文解字》鱼旁汉字是一百一十七个。宋代刊行的《类篇》鱼旁汉字是四百零六个。清朝的《康熙字典》收录鱼旁汉字是六百三十三个。《汉语大字典》（1993）和《中华字海》（1994）则分别收录鱼旁汉字七百一十九个和八百二十个。而日本的诸桥辙次编撰的《大汉和辞典》(1959) 收录的鱼旁汉字是六百九十七个。后来筱崎晃雄编著的《有趣的鱼的杂学》(1982) 里，收录了鱼旁汉字一千零六个。这是迄今为止最多的。涩泽敬三的《日本鱼名集览》和《日本鱼名研究》记载，鰤 (ぶり) 有九十六种地方名。有关川鱼鳉 (メダカ) 的方言有四千七百九十四种，如 "鳉虽小也算鱼"(メダカも魚も [とと] のうち)，这在辛川十步的《鳉乃方言》(未央社) 中有记载。

鰊 (にしん)、鯵 (あじ)、鲭 (さば)、鲽 (かれい)、鳍 (ふか)、鳟 (ます)、鲔 (まぐろ)、鳢 (はも)、鲋 (ふな)，像这样的鱼旁汉字，有时日本人也念不出。因此他们就干脆标假名。此外，鱼名与季节的相连性，也是日本食鱼文化的一个特点。如秋刀鱼 (さんま)、鲀 (かじか)、鰶 (このしろ)、春告鱼 (はるつげうお)、鰆 (さわら) 等。《诗经》里有 "鲔" 这个汉字，但日本人拿来指代金枪鱼了。"腐っても鯛"(瘦死的骆驼比马大)，"鲭を読む"(打马虎眼)，"鰯の頭も信心から"(世上无难事，只怕有心人)，这些用鱼指代的熟语，在日本语里有很多。

鱼中之王是鲤鱼

一千九百多年前，景行天皇去美浓国行幸的时候，看到一位叫作弟媛的美女，便向其求婚。美女感到难为情，便躲进竹林。天皇为了引诱美女出现，在水池里放生鲤鱼。有一天美女真的悄悄来到水池边偷看鲤鱼了。这在《日本书纪》里有记载。所以"鲤"日语发音为"こい"，与天皇的恋有关。虽说这个语源有点牵强附会，但是日语的"恋"确实是读"こい"。

美浓国现在是岐阜县加茂郡东白川村。这个村里饲养着叫作"花子"的锦鲤（にしきごい），长寿得连吉尼斯纪录都有记载。名古屋大学教授用显微镜测定鱼鳞的年轮，得出的结论是这条锦鲤有二百一十岁以上了。除此之外这个村里还有六条一百五十岁以上的鲤鱼。鲤鱼的寿命一般是十年，长命的话也就是六十年。但"花子"们显然是长寿中的长寿了。鲤鱼的生命力很强。寒冷中放在蒲包里运输也能存活。伊势神宫的二月祭，作为供品的鲤鱼在完成了祭祀任务后，还能活着放入水池。

日本有鲤鱼神社，坐落在栃木县小山市桑绢町高椅神社，在平安时代从井里挖出一条很大的鲤鱼，非常奇异。当时的神主就进都奏给后一条天皇。朝廷也认为是灵异，便赐下"日本第一社禁鲤宫"的敕愿。从那个时候开始，当地的氏子民们就被禁止食用鲤鱼以及使用有鲤鱼图案的器物，一直到今天都没有人违反。当然不能高扬五月鲤旗的风习也一直沿袭至今。

大阪市藤田美术馆附近的都岛区中野町二丁目有个大长寺，里面有人所共知的"比翼冢"。说的是《心中天网岛》的主人公纪伊国屋小春和纸屋治兵卫二人慈悲的殉情之恋。但这个大长寺里还有一座不为人知的"鲤鱼冢"。宽文八年（1668），淀川的网岛渔师们通过格斗最后捕获到了巨大的鲤鱼。再仔细一看，鱼鳞上有非常珍贵的巴纹（漩涡状）图样。但鲤鱼已经死去。这天夜里，大长寺住职的梦枕上，穿戴巴纹甲盔的武士现身了。他们说我们是大坂夏之阵（德川家康攻打丰臣家的战役之名）的阵亡者。由于前世结下的因果，不能变鲤鱼而成佛。请帮助我们吧。于是后人托上这个梦建造了鲤鱼冢，还起了法名"竜登鲤山居士"。像这种祭祀鲤鱼的灵社寺庙日本各地都有。如岐阜县各务原市苧濑池的慈眼寺，用红白面筋制作的神轿喂鲤鱼吃，这是占卜天候的七月行事，每年都要举行。京都的修学院离宫杉户，挂着鲤鱼游向夜晚水池的画作，这是江户初期的雕刻职人左甚五郎的名作。

成书于一三三五年前后的吉田兼好的《徒然草》里，有两处讲到鲤鱼。一处是在第一百一十八段，说只有鲤鱼才能在御前剖杀，故被称为"尊贵之鱼"。并说这与鸟中的"野雉"同格。这一表述表明当时剖杀鲤鱼要走"庖丁式"程序。而鲷一般不用。鲷作为庆贺的赠答和料理是近世形成的。到了室町时代确立飨膳形式，还是鲤鱼上位。《大草殿相传之闻书》里记载，式三献首先就是鲤鱼。鲤鱼缺货的时候，上位的是鲻鱼。此外，被视为室町时代烹饪书的《四条流庖丁书》里，也明确记载"上为海物，中为河物，下为山物"。鲤鱼是河物，但属最上。书中还记载了几种鱼的佐料：鲤鱼用芥末和醋，鲷鱼用生姜和醋，鲈鱼用蓼和醋。《徒然草》还有一处是在第二百三十一段，讲一流厨师园别当入道在众人面前剖杀烹饪鲤鱼的故事。表明当时能亲手剖杀鲤鱼，也会沾上荣耀之光。

　　至于说到五月鲤旗的起源，那是在江户末期的文政时期。在这之前有高知县武者绘鲤鱼登龙门的旗。有二帖榻榻米大小。高知县人叫鲤旗为"フラフ"，荷兰语"旗帜"的意思。在伊势志摩等地方，每当端午之际，有将活的鲤鱼作为礼物送给生下长男的家庭（如是女儿的话送绯鲤鱼）的风习，后来就演变成用鲤旗送人。如今每到五月，鲤鱼旗在风中飘飘。家家户户的屋顶上，夏日之光，闪闪烁烁。鱼嘴、圆眼、鳞片和尾巴。五月的天空像一弯碧水在流动，那几尾布制的鲤鱼像在水中不住地游动。这便是对孩子们的祝福。以天空为河，五月的鱼，不可思议地鼓满各种欲望：健康、勇气、天才、腾达、名誉。幼小的心灵，随着迎风鼓动的鲤鱼旗，催生着未来之梦。尽管有时在无风的深夜，屋顶上的鱼尾疲软地耷拉着，显得有气无力。多少年了，这个风俗在日本一直延续至今。这就是一种传承，意念的传承，更是文化的传承。

生鱼片让人感受生的颤动

有什么能把男女相爱挤出局的东西吗？日本人说那就是生鱼片了。

一个人独坐居酒屋，点了活生蚝。老板娘端了上来，铺垫着满满的碎小冰块，周边是绿叶与海藻，好大的生蚝，惨白地躺在绿色丛中。挤点柠檬汁，一下子送到喉咙口，冷冰冰，滑溜溜。玩的是瞬间快感。其实，舌吻的感觉不也是这样的吗？再或者，按摩了一小时的乌贼，放入口中如玉般滑润，每咬一口都感觉到乌贼收缩般的颤动，真的惊艳无比。生命在你的口中做最后的一搏，还有比这更刺激的吗？

如果说生鱼片的滋味是无法原谅的罪恶感，那么，生鱼片与女体盛就是一对"罪恶感"的绝配了。鲜活对鲜活，润滑对润滑，肥嫩对肥嫩。女体成了"美器"，而"美器"上的生鱼片也因此鲜活了起来。兴奋不已的当然是食客。如何下筷？从哪里下筷？还是不急于下筷？都要当机立断。因此日本人发明了"迷箸""泪箸"这些用语，表示寸心的紊乱和思绪的迷惑。女体盛在日本已经有一千多年的历史了。这就表明那个时候的日本人就十分感性地将海鲜与美女、刺身与青春连带起来了。刺身不死。这个不死是因为青春的女体传递了鲜活。这就令人想起川端康成的小说《睡美人》。垂死老人的生命在青春女体上狂欢，客栈的女人叮嘱江口老人说，不要把手指插进昏睡姑娘的嘴里。老人的生命吸入了睡美人的青春肉体之气，老人的生命得以延续。

这生的传递和命的延续。日本人显然是从生鱼片生的颤动上受到启发。吃生鱼片的感觉，就是凉凉的嗖嗖的感觉，就是软软的小清新的感觉。滑入喉咙的触感，能引发情欲的触感，这是否就是日本人喜欢生鱼片的最大看点？江户时期浮世绘大师葛饰北斋的《章鱼与海女》交媾图，表现的就是章鱼与海女都从未体验过的歇斯底里的喜悦。日本人说，这幅浮世绘充满了不变的旬味——生殖崇拜与情欲。

其实，生鱼片的口感不是最舒服的，但能生出其他食材所不具有的快感。这个快感有时也表现为对时光的快感。日本腐女作家森茉莉在《我的美的世界》里有一篇写比目鱼刺身，说将刺身浸在酱油里蘸成赤红，弄碎三片左右放在米饭上。"食物入口的瞬间，就是昔日某段午后时光重现的时刻。和煦的小阳春，那时逝水般的刺身年华。"蘸成赤红的刺身与午后时光重现之间的逻辑连带，被这位情性女作家敏感地"小阳春"了。当然不乏新意。

确实，生鱼片让人感受生的颤动。

一口入魂与寿司之神

　　日本人将鮨、鮓和寿司合成一个读音："すし"。过去关西寿司店用"鮓"字，关东寿司店用"鮨"字。"鮨""鮓"二字都是中国古汉字。《尔雅·释器》："肉谓之羹，鱼谓之鮨。"意指剁碎的鱼肉。汉朝刘熙编撰的《释饮食第十三》："鮓，滓也，以盐米酿之加菹，熟而食之也。"意为鮓是一种将鱼肉用盐米发酵，剁碎而成的食物。而许慎《说文解字》里称"鮓，藏鱼也"，表明鮓是对食鱼的保存。而"すし"的语源，比较有力的说法是从"酸っぱい"到"酸し"，最后形成"すし"的说法。

　　村上龙在一篇短篇小说中发问：临死之前可以吃三个寿司，你会选什么？

　　是金枪鱼中肥（中トロ）、海胆（ウニ）、鲑鱼（サケ），还是金枪鱼赤身（アカミ）、星鳗（アナゴ）、鲑鱼子（イクラ），或者干脆是鲣鱼（カツオ）、白鱼（シラウオ）、比目鱼（ヒラメ）？嘿，这秋天的寿司，真有点寂。青春，无知，又有点虚荣的十七岁的女孩，会如何选择呢？寂寞，寂寞，还是寂寞的单身女，会如何选择呢？孤独，孤独，还是孤独的离婚男，会如何选择呢？这味觉的隐喻，便是"人之初"的隐喻。但绝不是"性本善"的隐喻。性本善遭遇生鱼片，会在带点生命的味道也带点海腥味的面前，害羞与脸红。痛

楚与快感是一枚铜板的两面。人之初与性本善则是生鱼片的二面。

当然还有回转寿司。它带着鲜活一圈一圈地转动，不慌不忙，不急不躁。是一种沉默着的有序，有序中的沉默。本来是带着寂寞与孤独而来的食客，坐在它的前面，倒也生出了做文明人的感动。因为有一种默契在流水线上互动着。寿司职人与食材的互动；食客与寿司职人的互动。这里，食客和职人之间的互动，其实就是一种生理反应。寿司职人用手将体温和心情放入刺身与饭团之间，当传递给食客的时候，这个体温还存在。这也是寿司最好在十秒之内食用的一个原因。因为在十秒之内食客的舌尖还能温存并感知这个体温的存在。日本人说这个温存就是"天人感应"。手与舌尖，两种活物在交谈。显然这是更为自然更为生命也是更为本体的一种交谈。这就令笔者想起早在一九三九年就去世的作家冈本加乃子，她在那个时候就写有《寿司》的短篇。孤僻而古怪的老人阿凑，一旦吃到寿司就想起母亲的体温。寿司与母亲之间有什么私情呢？小说没有说。但肯定是寿司放入嘴里的瞬间触感，令日本男人勾想起了母子间难以启齿的隐情。

更为要紧的是日本人通过寿司料理，形成了一套自己的寿司哲学：不要在寿司吧前炫耀寿司知识，这会令人生厌。店主喜欢吃寿司而非聊寿司的客人。

寿司应该一口吃下。温存的米饭能带动对刺身的口感。

寿司吧是日本男人最后一块世袭地，是日本男人完全凌驾于女人之上的最后一座后院。

寿司职人每天必须要做的一件事就是磨刀。只有锋利的刀刃，才能不破坏生鱼片的细胞。

手捏寿司时的灵巧而富有节奏感，会令小孩也发笑。但这是天性，食鱼民族的天性。

当然还有九十高龄的"寿司之神"小野二郎，曾在记者的逼问下，也冒出了几句"心灵鸡汤"：最值得人用一生时间去等待的就是寿司，而最能体现寿司精髓的是金枪鱼寿司。不同部位竟然有不同的脂肪含量，显然是天赐之物。这家开在银座四丁目地下室的小店数寄屋桥次郎，硬是将日本的寿司文化推向了一个绝对高度。

世间还有一种味叫"旨味"

日本有世界上最古老的料理学校。在十六世纪的时候，日本就出现了四条流、大草流、进士流这三个流派的料理。这三个流派的竞争就是味觉的竞争。于是，设考场考试。如何考试呢？

首先是喝茶。然后问这个茶水的水是哪里的水？因为光喝水很难品出是哪里的水，但如果水有其他东西做媒介，就会生出不同的味道。茶水也是这个逻辑。这是淀川水，这是琵琶湖水，这是宇治川水。考生的回答肯定会有不同，但这种斗茶的游戏，之后成了茶道的源流。

其次是鲤鱼的味道考试。将鲤鱼做成生鱼片放入嘴里，问这是哪里养的鲤鱼。回答当然也有多个。如这是大津周边的鲤鱼，这是琵琶湖竹生岛附近的鲤鱼，这是宇治川的鲤鱼等。

早在几十年前，日本杂学家樋口清之就谈论过味觉的分类。他说西洋人是四味，中国人是五味，日本人是六味。甜酸咸辣。甜酸咸辣苦。甜酸咸辣苦旨。他说只有日本人的舌尖才能发明味之素。味之素的发明就是表明世间还有一种舌尖，它品出了还有一种味叫"旨味"（うまみ）。

就像日本人对鲸鱼的悲情折射的是饱经沧桑的历史感一样，日本人的食鱼文化也是在秋色赋里属于有点寂的文化。日本人对樱鲷的超级动心是因为白身鱼的素雅和对切身美学（剖杀樱鲷的技巧与美感）的入魂；日本人将鲣鱼的头批上市叫"初鲣"，说这是宁愿典当老婆也非吃不可的美食；日本人将鳗鱼定位在土用丑日（立秋前十八天）食用，这天成了全民食鳗宗教日；而淡水鱼鲇（あゆ，香鱼）的体香，在日本人看来是在晚秋的红叶点点中传开的。玩弄的是"落鲇"之寂；纪伊半岛的南纪海面，在夏季出现的鲭鱼群，日本人用"鲭火"一词来表示。后来这个"鲭火"又成了俳句季语。如"鲭火片片,直上长天挂晚霞";可能也只有日本人的眼睛,才能看出鱿鱼不是白色而是通透。不仅通透,身上还有磷光般的光斑。

当然,日本人称米为舍利子(佛教用语,指佛陀火化留下的遗骨),根据乡野传说,每一粒米里面有七个灵魂。日本人说这就是寿司"旨味"的秘密所在。是米饭而不是生鱼决定寿司的好吃。所以还是美食家鲁山人厉害,他的名言是:日本料理最关键的就是把米饭蒸好。

图书在版编目（CIP）数据

秘花：日本文化的深层 / 姜建强著 . -- 上海：文
汇出版社，2024.8. -- ISBN 978-7-5496-4038-6

I. G131.3

中国国家版本馆 CIP 数据核字第 2024SR2095 号

秘　花

姜建强　著

出 版 人 / 周伯军
策 划 人 / 顾红梅
策划编辑 / 齐晓鸽　钱　斌
责任编辑 / 陈　屹
审读编辑 / 徐海清

装帧设计 / 达　醴

出版发行 / 〔M〕文匯出版社
　　　　　　上海市威海路 755 号
　　　　　　（邮政编码 200041）
印刷装订 / 上海颛辉印刷厂有限公司
版　　次 / 2024 年 8 月第 1 版
印　　次 / 2024 年 8 月第 1 次印刷
开　　本 / 889×1194　1/32
字　　数 / 221 千字
印　　张 / 12.75

ISBN　978-7-5496-4038-6
定　　价 / 68.00 元